SACERDOTES
para o terceiro milênio

Conheça nossos clubes

Conheça nosso site

@editoraquadrante
@editoraquadrante
@quadranteeditora
Quadrante

Copyright © 2024 Quadrante Editora

Capa
Gabriela Haeitmann

Dados Internacionais de Catalogação na Publicação (CIP)

Llano Cifuentes, Rafael
Sacerdotes para o terceiro milênio / Rafael Llano Cifuentes — 1ª ed. — São Paulo: Quadrante Editora, 2024.

ISBN: 978-85-7465-682-3

1. Sacerdócio – Ensino bíblico 2. Sacerdotes 3. Sacerdotes – Conduta de vida 4. Psicologia 5. Vocação – Cristianismo 6. Vocação sacerdotal – Psicologia I. Título

CDD—248.89

Índices para catálogo sistemático:
1. Vocação sacerdotal : Cristianismo 248.89

Todos os direitos reservados a
QUADRANTE EDITORA
Rua Bernardo da Veiga, 47 - Tel.: 3873-2270
CEP 01252-020 - São Paulo - SP
www.quadrante.com.br / atendimento@quadrante.com.br

SACERDOTES
para o terceiro milênio

RAFAEL
LLANO
CIFUENTES

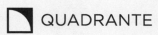

SUMÁRIO

1
PERFIL DO SACERDOTE · 7

2
SANTIDADE SACERDOTAL · 27

3
O AMOR: A PAIXÃO DO SACERDOTE · 49

4
A DECADÊNCIA DO AMOR E A
MATURIDADE AFETIVA · 83

5
OUTROS CRISTOS: *A PERSONALIDADE
INTEGRAL DO PRESBÍTERO* · 123

6
A LIBERDADE DO PRESBÍTERO:
A POBREZA · 133

7
A AUTENTICIDADE DO PRESBÍTERO:
A HUMILDADE · 151

8
A FORÇA DO PRESBÍTERO: A OBEDIÊNCIA · 171

9
O DISTINTIVO PECULIAR DO
PRESBÍTERO: O AMOR 185

10
A ESPIRITUALIDADE DO PRESBÍTERO:
VIDA DE ORAÇÃO 233

11
O BOM PASTOR 267

12
COORDENADAS FUNDAMENTAIS DA
AÇÃO PASTORAL PARA O TERCEIRO
MILÊNIO 293

BIBLIOGRAFIA 343

1
PERFIL DO SACERDOTE

Quem sou eu?

Nós vivemos excessivamente familiarizados com a nossa própria vida. Ela foi, pouco a pouco, evoluindo, integrando-se, desde a infância até o momento atual; em cada ano algo ia incorporando-se sem sobressaltos, sem impetuosas estridências ou abalos... Fomos crescendo... e um dia entramos no seminário... Cada um tem a sua história pessoal. Impossível de ser reduzida a um esquema único. Veio, depois, o grande momento da ordenação. Os nossos sonhos se concretizaram. Os primeiros encargos pastorais... Talvez a primeira paróquia... Alegrias... Contradições... Crescimentos... Recuos...

É a nossa vida. Aceitamo-na como ela é, sem talvez nos aprofundarmos demasiado nela...

Vamos vivendo o nosso sacerdócio no dia a dia, provavelmente sem grandes tristezas, sem grandes alegrias... Mas é necessário que em alguma ocasião submetamos essa vida a uma análise mais radical: por que estou aqui? Qual é a última razão do fato de ser padre? No fim das contas, quem sou eu? O que define a minha identidade?

Pode-se pensar que esses questionamentos não seriam necessários. No fim das contas, tudo está correndo em paz... "Para que suscitar todos esses problemas?", poderíamos perguntar. E também poderíamos responder: porque eles são como um teste de segurança nos pilares que sustentam a nossa vida.

Lembro que um dia, no meio de um dos corredores da Universidade de Salamanca — cursava eu o segundo ano de Direito —, um amigo aproximou-se para me dizer:

> Hoje estou sentindo-me muito estranho, muito esquisito. Não sei o que está acontecendo comigo, parece que já não me conheço. Quando, hoje de manhã, olhei para o espelho, não sabia muito bem quem era aquele "cara" que estava olhando para mim. Talvez fosse a primeira vez que tomei consciência da minha existência pessoal. Sim, faz alguns anos que comecei a pensar na mesma razão pela qual o cachorro, lá no meu quintal, começou a latir ou a lamber uma latinha de leite. Mas desconheço o significado desse meu modo de existir. A existência me agarrou sem pedir licença; jogou-me num mundo estranho, como se me jogasse no meio de um palco de teatro sem indicar que papel devo desempenhar. E estou sentindo-me, pela primeira vez, angustiado. O que estou fazendo da vida? Que estou fazendo na universidade?

Alguma vez, de repente, poderíamos surpreender-nos, pensando: o que estou fazendo nesta paróquia? Qual é a finalidade última desta reunião pastoral, desta homilia com a qual estou tão preocupado? Por que fico tão ansioso quando está em perigo meu prestígio como presbítero? Por que fiquei tão deprimido quando numa ocasião o bispo fez-me uma advertência um tanto dura...?

Às vezes, vem uma contradição; uma expectativa que não se concretiza; uma decisão da autoridade que não leva em consideração as nossas possibilidades; um acontecimento que desvaloriza nossa personalidade ou a posição que ocupamos no contexto da diocese... E se produz um estremecimento, um abalo. Essas circunstâncias podem ser inúmeras: um colega de ordenação ganha um posto ou uma paróquia bem melhor do que a destinada para nós; a comunidade entra em desacordo sobre algumas medidas que nós determinamos adotar; um grupo jovem contesta nossa atuação ou se revolta por uma indicação; o conselho paroquial discorda da nossa opinião; a comunidade não corresponde a nossas expectativas na construção de uma dependência paroquial ou de uma capela; crescem as "fofocas" em relação à administração do dízimo e dos ingressos paroquiais; surgem as críticas sobre o nosso relacionamento com as moças ou com uma pessoa em particular; o bispo decidiu transferir-nos para outra paróquia quando estávamos muito bem situados na presente; ficamos impressionados pela atenção preferencial que nos dispensa uma moça bonita; algum padre mais novo e menos dotado passou na nossa frente na "carreira eclesiástica"... E começam a aparecer rachaduras nos nossos alicerces, ficamos desanimados e deprimidos ou nos sentimos despencar no vazio, como o meu colega universitário...

Por quê? Porque os nossos fundamentos eram pouco sólidos. Estávamos à procura de êxitos ou da elevação a outro cargo superior. Expectativas demasiadamente humanas que, quando frustradas, nos levam ao desânimo e à depressão. Equiparávamos o nosso nobre estado sacerdotal a outra profissão qualquer, excessivamente dependente de promoções, num carreirismo semelhante ao que se procura em outras situações sociais... Vivíamos numa autossuficiência muito natural, mas pouco sobrenatural. Girávamos em torno do "eu" com um egocentrismo que muito se parecia com o egocentrismo do mais comum dos mortais...

É por isso que necessitamos mergulhar no último *porquê* da nossa existência, na última razão de ser do nosso sacerdócio.

No ambiente destas reflexões vêm à minha memória aquelas palavras de Isaías: *"Ante mundi constitutionem ego vocavi te nomine tuo"* (Is 49, 1). Aí está a razão de ser da nossa existência: fomos chamados antes da constituição do mundo. Deus nos diz: "Eu te chamei pelo teu nome. Tu és meu". Aí está o sentido, a estrela do nosso destino. Ele criou-nos para cumprir uma missão. A eleição precede a nossa existência. Mais ainda, determina a nossa existência. Não nos escolheu porque tínhamos determinadas virtudes. Ao contrário, concedeu-nos determinadas virtudes para cumprirmos a missão que nos queria conferir. Assim foi para Maria: fez aquela mulher maravilhosa, imaculada no corpo e na alma, belíssima e perfeita, porque haveria de ser a sua Mãe. A vocação é a razão de ser da nossa vida. Não é *um estado de ânimo* — "sinto-me realizado, não me sinto realizado..." —; é um vínculo superior e indissolúvel que confere um *status* a toda a nossa existência. Não partiu de nós, mas dele: "Não fostes vós os que me escolhestes, mas fui eu que vos escolhi" (Jo 15, 16). E São Paulo acrescenta: "Os dons e o chamado de Deus são irrevogáveis" (Rm 11, 9). A vocação é algo *constitutivo*, que transforma essencialmente a nossa vida, como mudou o nome de Simão para Pedro, pedra fundamental da Igreja.

O sacerdote mendigo

Um programa de televisão, nos Estados Unidos (EWTN), ressaltou um episódio pouco conhecido da vida de João Paulo II. Um sacerdote norte-americano da Diocese de Nova York dispusera-se a rezar numa das paróquias de Roma quando, ao entrar, encontrou-se com um mendigo. Pareceu-lhe uma pessoa conhecida. Depois de observá-lo atentamente, percebeu que aquele era um contemporâneo seu, do seminário, que recebeu o presbiterado no mesmo dia em que ele se ordenou. E agora mendigava pelas ruas... Que coisa estranha e estarrecedora...

O sacerdote, ao identificar-se e saudar o mendigo, veio a saber dos lábios dele como havia perdido sua fé e sua vocação. Ficou profundamente estremecido.

No dia seguinte, aquele padre chegado de Nova York teve a oportunidade de participar da missa privada do Papa, fato que lhe permitiu saudá-lo ao final da celebração. Ao chegar a sua vez, sentiu o impulso de ajoelhar-se diante do Santo Padre e de pedir que rezasse por seu antigo companheiro de seminário, e descreveu brevemente a situação em que ele se encontrava.

No dia seguinte o padre americano recebeu do Vaticano o convite para jantar com o Papa, solicitando que levasse consigo o padre que mendigava pelas ruas. Conseguiu convencer o colega e forneceu-lhe a roupa necessária para comparecer dignamente ao jantar.

No jantar, João Paulo II convidou o padre mendigo para que se sentasse na cadeira em que o Santo Padre costumava sentar-se. O pobre homem resistiu ao máximo, mas o Papa fez absolutamente questão. Depois do jantar, o Papa solicitou ficar a sós com ele e pediu-lhe que escutasse a sua confissão. O homem, impressionado, respondeu que já não era sacerdote. O Papa retrucou com força: "*Sacerdos in aeternum!*" (Uma vez sacerdote, sacerdote sempre). "Mas eu não tenho licenças ministeriais para confessar...", insistiu o mendigo. "Eu sou o Bispo de Roma e essas licenças estão sendo-lhe concedidas neste momento."

O homem escutou a confissão do Santo Padre e lhe pediu, por sua vez, que escutasse a sua própria confissão. Depois dela, chorou amargamente. Não parava de soluçar. João Paulo, comovido também, abraçou-o com extremo carinho e o designou assistente do pároco da mesma paróquia em que ele estava mendigando. Hoje, é um presbítero no sentido cabal da palavra.

Seja qual for a veracidade desse episódio, em todo caso, apresenta-se para nós como uma verdadeira *parábola*. O sacerdócio não se perde nunca. O Sacramento da Ordem outorga *caráter*. O *caráter* — na sua raiz grega — significa a marca indelével que se colocava nas pedras para marcar a fronteira de dois países. A nossa vocação está esculpida, como na rocha, no mais fundo do nosso ser, e marca a nossa identidade de forma indestrutível.

Tive já a experiência de orientar espiritualmente algumas esposas de sacerdotes que tinham abandonado sua vocação. Elas sentem que eles são *diferentes*. Uma delas dizia-me: "Não consigo chegar ao âmago da sua personalidade. Parece que, lá no íntimo, bato em uma barreira intransponível. E tenho a impressão de que essa barreira é o sacerdócio que está escondido no mais profundo dele".

O sacerdócio está gravado, de forma indissolúvel, no nosso ser. E parece que nos grita: "*Sacerdos in aeternum!*"

Podemos ficar desanimados; podemos sentir-nos profundamente abalados ou, ao menos, decepcionados com nossos irmãos sacerdotes, com um dos nossos superiores, com a nossa comunidade, com nós mesmos... Podemos perder toda motivação ou ficar fortemente atraídos por uma mulher... Nesse momento delicado, temos de descer até as nossas raízes mais íntimas e encontrar força no chamado divino pessoal:

> O Senhor escolheu-me a mim, pessoalmente, antes da constituição do mundo. Sou sacerdote para sempre! O meu sacerdócio representa a dignidade maior a que um ser humano pode ser elevado. Eu tenho a condição do filho do Rei; tenho a mesma dignidade radical que tem o Santo Padre; posso sentar-me na sua própria sede Papal... Estou acima dos anjos. Maria Santíssima trouxe para a Terra o Filho de Deus uma vez na história. Eu, com a força da minha palavra sacerdotal, posso trazê-lo todos os dias na Santa Missa...

É dessa raiz que tiramos nossa força. Agarremo-nos à vocação como a criança se agarra à mãe; o náufrago à sua tábua de salvação... Melhor: deixemos que a vocação se agarre a nós, possua-nos e embebede-nos como o Espírito Santo deixou ébrios de amor os apóstolos, no dia de Pentecostes.

Insistimos: a vocação não é *um estado de ânimo*, é algo *objetivo;* estabelece um *vínculo constitutivo* entre nós e Deus, entre nós e o nosso destino eterno, entre o nosso desejo de sermos felizes e o caminho para consegui-lo.

Quando sentirmos uma tentação contra a vocação, não devemos ficar curvados introspectivamente, perguntando-nos: "Estou sentindo-me feliz? Será que vou realizar-me como homem? Será que tenho capacidade para perseverar? Será que tenho vocação?". Não! O nosso modo de pensar deve ser diametralmente oposto: é porque tenho vocação, precisamente por isso que Deus vai dar-me as graças necessárias para perseverar e ser feliz.

Ao nos sentirmos fracos, em vez de nos afastarmos do sentido da nossa vocação, devemos refugiarmo-nos nela, como o guerreiro detrás do seu escudo: a vocação nos protege diante dos dardos do inimigo; a vocação garante a nossa vitória: Deus dá sempre as graças necessárias para o perfeito cumprimento da missão que nos confia...

Talvez se pense que são duras determinadas renúncias; que é doloroso dilatar os campos da alma para os grandes amores, mas posso assegurar que é muito mais duro ter de ruminar durante a vida inteira a frustração de uma vocação divina não correspondida. É que, como disse Kerkhoven, uma das personagens mais características de Wassermann, "precipitar-se fora do sentido da vida pessoal é como o pecado dos pecados. Quando um homem não encarna a vida que ele representa no plano da criação, é como um relógio desprovido de ponteiros. Não indica a hora, está sem direção".[1]

Ser fiel à vocação pessoal é tudo na vida:

> A vocação acende uma luz que nos faz reconhecer o sentido de nossa existência. É convencer-se do porquê de nossa realidade terrena. Nossa vida, a presente, a passada e a que virá, adquire um relevo novo, uma profundidade que antes não suspeitávamos. Todos os sucessos e acontecimentos ocupam agora seu verdadeiro

---

1 Cf. Jakob Wassermann. *Etzel Andergast*. Buenos Aires, 1946.

lugar: entendemos onde quer conduzir-nos o Senhor e nos sentimos como que arrastados por uma avalanche, por esse encargo que nos confia[2]

A força da vocação

Não podemos imaginar, se não o experimentarmos, a mudança que se pode operar em nossa personalidade quando nos deixamos possuir, até a medula, pelo imperativo da missão sacerdotal que nos foi confiada. É como se a mais forte motivação nos empurrasse; como se, de lá, do nosso futuro, partisse um braço de ferro que nos levantasse de todos os desânimos: sentimo-nos como se fôssemos arrastados por uma *avalanche de força impetuosa*[3] para superar o último obstáculo e vencer nossa última batalha.

Nietzsche escrevia: "Quem dispõe de um *porquê* é capaz de suportar qualquer *como*". Diria que este pensamento, que tão a fundo explica a realidade do comportamento humano, é válido especialmente quando se tem consciência de que o *porquê* coincide com o impressionante desígnio de Deus sobre cada um de nós ao nos escolher para o sacerdócio. Então, sabe-se suportar qualquer *como*, qualquer forma sob a qual se encobre a vontade de Deus, ainda que seja esta a secura espiritual e a monotonia dos dias iguais; as cargas do trabalho; as contrariedades e as dores; as incompreensões; a atração de outros amores; a falta de valorização das nossas qualidades ou do nosso trabalho pastoral; a dureza ou frieza dos nossos superiores...

---

[2] São Josemaria Escrivá. *É Cristo que passa*. Editora Quadrante, São Paulo, 2018, p. 84, n. 45.
[3] São Josemaria Escrivá. *Op. cit.*

SACERDOTES para o terceiro milênio

Quando alguém, apesar de todos os sacrifícios, dispõe-se a assumir o seu destino sacerdotal, a missão a cumprir gozosamente o arrasta. A vocação o chama, primeiro na alma, em forma de exigência; depois, propulsiona-o para frente com a força de um guindaste, com o ardor do ideal e, no fim, outorga-lhe a jubilosa certeza de que está caminhando na direção da sua plenitude completa.

Quando ouvimos em nossa alma aquele grito de São Paulo: *"Hora est iam nos de somno surgere!"* (Rm 13, 11) — já é hora de levantarmos de nossa inércia! — quando Deus nos chama para algo muito maior do que possa desejar o nosso egoísmo e, sentindo a natural indolência, o medo do desconhecido e a aversão à renúncia, somos capazes, ainda assim, de superar tudo isso e levantamos o voo nas asas da nossa vocação sacerdotal, que termina protegendo-nos como uma couraça. Nela encontramos sossego, novos motivos de luta; nela se renova nosso ânimo e até parece que nos agigantamos ante os obstáculos e nos alargamos no meio das dificuldades como as pupilas que se dilatam na escuridão da noite. É assim que impedimos que os espectros do desalento encontrem seu refúgio em nosso peito.

O importante é que, quando chegarem os desânimos e os quebramos, exista algo muito superior a qualquer carga, sofrimento ou *pena*; algo que nos diga lá no fundo: todos esses trabalhos, labutas e dificuldades sofridos por esse ideal realmente *valem a pena, mil vezes valem a pena*.

É impressionante ver um homem como São Paulo. Depois de sua decisão — tomada em Damasco —, não houve nada que pudesse detê-lo. Foi perseguido, caluniado, apedrejado e, todavia, seguro, constante. Mais ainda, vibrante: *"Superabundo in gaudio in omni tribulatione nostra"* (2 Cor 7, 4). No meio de suas tribulações, sentia que a alegria, como um rio inflamado pelo temporal, transbordava em seu coração... Existia nele uma força sobre-humana. É a força da vocação. É a energia da *graça vocacional*; da ajuda com que Deus acompanha nosso empenho em cumprir a missão por Ele a nós confiada. Uma força que renova o ânimo em meio às naturais depressões e debilidades de nossa condição humana. Segundo as palavras de Cristo: "Minha força, meu alimento é fazer a vontade de meu Pai" (cf. Jo 4, 34).

A consciência da nossa missão sacerdotal arranca energia das próprias raízes de nosso ser e nos impulsiona ao nosso último destino. Ela nos faz retroceder até a origem de nossos dias e, recolhendo toda a força vital de nossa existência — herança, sangue, sonhos jovens, recordações animadoras, experiências e conhecimentos, fecundos desejos, paixões e entusiasmos —, lança-nos ao futuro, para a plenitude de nosso ser.

Em sentido contrário, diríamos que os homens sem consciência de vocação são homens de futuros mortos. Essa dimensão do homem, que o arrasta a crescer, a progredir, a "ser mais", está apagada neles. O futuro está mudo. Não os chama. Não existe para eles um incentivo fora da realidade opaca do dia a dia. Não há motivação. Um homem assim é, enquanto não muda, um *caso perdido*.

Quem está entregue a si mesmo e não à sua missão é um homem à deriva: ai daquele que não se sentir *convocado!* Ai daquele que não tiver encontrado ainda essa nobre paixão pela qual vale a pena lutar e vale a pena morrer! Ai daquele que, depois de encontrá-la, a perder! Agarrar-se-á à primeira satisfação que tiver à mão, ao fogo de uma paixão doentia, a uma parcela de poder, ao dinheiro, a uma vaidade passageira, a um prazer leviano, à bebida, à droga, a uma caótica vida boêmia... — e terminará dissolvendo-se na sua própria corrosão. Aquele que procura só a si mesmo termina por asfixiar-se dentro de si mesmo.

A identidade sacerdotal

Paulo VI, em audiência concedida a mais de 500 sacerdotes da diocese de Roma, referiu-se ao problema da identidade sacerdotal, abordando-o da forma mais direta e clara que poderia ser encontrada em seu rico magistério:

> O problema da identidade sacerdotal caiu como um penhasco sobre a consciência sacerdotal contemporânea, oprimindo-a e esmagando-a, em alguns, com uma pergunta elementar e terrível: quem sou eu? Essa radicalidade da pergunta cria um tormento interior e representa, às vezes, o prelúdio das contestações mais duvidosas e mais tristes.

"Quem sou eu?", podemos perguntar. E o Papa responde em nome de Cristo: *"Tuus sum ego"* (Eu sou tu). *"Sacerdos alter Christus"* (O sacerdote é outro Cristo). Esta é a nossa suprema e verdadeira identidade.

Um processo de dessacralização invadiu a instituição sacerdotal com o fim de demolir sua consistência; uma mania de laicização tem arrancado os sinais externos do hábito sacro e tem arrancado do coração de alguns a sagrada reverência que se deve à própria pessoa, para substituí-la por uma ostentosa vaidade do profano, às vezes, revestida com a audácia do descaramento e o comportamento ilícito. As motivações que levam a isso suscitam em nós certamente reverência e compaixão, mas nos proporcionam uma dor imensa[4].

O Santo Padre recorda, comovido, a estes presbíteros:

> O momento insubstituível em que se acendeu em cada um deles a vocação divina, com esta característica: *"tu es sacerdos in alternum"*: irrevogavelmente impressa nas entranhas da nossa personalidade, terrivelmente indelével e, às vezes, capaz de inefável revitalização[5].

Esta identificação irrepetível entre Cristo e o sacerdote, delimitando a sua identidade, fica claramente desenhada na *Pastores dabo vobis:* "O Senhor estabelece uma estreita conexão entre o ministério confiado aos Apóstolos e a sua própria missão: 'quem vos acolhe acolhe-me a mim, e quem me acolhe, acolhe aquele que me enviou' (Mt 10,4)"[6]. "Portanto, os presbíteros são chamados a prolongar a presença de Cristo, o único e Sumo Pastor"[7].

Ser outro Cristo

Promulgar a presença de Cristo! Ser outro Cristo, o mesmo Cristo, o filho de Deus vivo entre os homens! Será que existe no universo todo uma dignidade maior?

---

4   Paulo VI. *Revista Palabra.* Madri, março de 1978, p. 103.
5   *Ibidem.*
6   São João Paulo II. *Exortação Apostólica Pastores Dabo Vobis*, 25 de março de 1992, n. 14.
7   Idem, n. 15.

Olhando para o meu rosto, para as minhas mãos, para o meu corpo, tenho de sentir a presença de Cristo em mim. O meu porte, a minha compostura, a minha fala e o meu sorriso têm de ser iguais aos de Cristo no meio dos meus irmãos.

Eu não posso tomar qualquer atitude ou dizer qualquer palavra; tenho de tomar a atitude e formular a palavra que Cristo assumiria se tivesse o meu nome, se morasse na minha residência, se fosse o pastor da minha comunidade. Os franceses têm essa expressão característica: *noblesse oblige*, nobreza obriga! Podemos e devemos misturar-nos com o povo, sentar-nos no chão de um barraco, percorrer as vielas infectadas de uma favela, participar de um alegre encontro de jovens descontraídos, fazer esporte na praia... Mas devemos fazê-lo como Cristo o faria em tais circunstâncias: com essa dignidade e essa simples nobreza de um filho predileto do nosso Pai, Deus do universo, Senhor dos senhores, Rei dos reis.

João Paulo II, na homilia da missa de ordenação de sacerdotes no Maracanã, no Rio de Janeiro, em 1980, diz, nesse sentido, algo especialmente expressivo:

> Jesus nos identifica de tal modo consigo no exercício dos poderes que nos conferiu que a nossa personalidade como que desaparece diante da Sua, já que é Ele quem age por meio de nós. "Pelo Sacramento da ordem", disse alguém com justeza, "o sacerdote se torna efetivamente idôneo a emprestar a Jesus Nosso Senhor a voz, as mãos e todo o seu ser. É Jesus quem, na Santa Missa, com as palavras da consagração, muda a substância do pão e do vinho na do seu corpo e do seu sangue"[8].

---

8   São Josemaria Escrivá. *Sacerdotes per l'eternità*, Milano, 1975, p. 30.

E podemos continuar. É o próprio Jesus quem, no sacramento da penitência, pronuncia a palavra autorizada e paterna: "Os teus pecados te são perdoados" (Mt 9, 2; Lc 5, 20; 7, 48; cf. Jo 20, 23). É Ele quem fala, quando o sacerdote, exercendo seu ministério em nome e no espírito da Igreja, anuncia a palavra de Deus. É o próprio Cristo quem tem cuidado dos enfermos, das crianças e dos pecadores, quando os envolve com o amor e a solicitude pastoral dos ministros sagrados. A expressão *sacerdos alter Christus*, "o sacerdote é um outro Cristo", criada pela intuição do povo cristão, não é simples modo de dizer, uma metáfora, mas, sim, uma maravilhosa, surpreendente e consoladora realidade[9].

Eu sou Cristo/Eu atuo, não apenas em nome, mas também na pessoa de Cristo, dentro do perfil da sua personalidade, olhando através das suas pupilas, sentindo nas próprias vísceras as sensações de Cristo, expressando com a minha boca os sentimentos de Cristo...

Fiquei extraordinariamente contente quando, no dia do enterro de João Paulo II, o cardeal francês, Philippe Barbarin, disse: "O que peço a Deus é que seja eleito um papa santo. O importante é que, ao olhar o seu rosto e ao ouvir a sua voz, possamos sentir que Cristo está entre nós"[10].

Eu, como sacerdote, assim como o Papa, tenho de ser uma transparência de Cristo.

Às vezes, não reparamos bem no que dizemos. Quando atendemos uma confissão, ao dar a absolvição, dizemos: "Eu te absolvo em nome do Pai, do Filho e

---

9 São João Paulo II. *Homilia da Missa de Ordenação de Sacerdotes*. Maracanã, Rio de Janeiro, 2 de julho de 1980, n. 11 e 13.

10 Juan Ariaa, "Conclave pode eleger um santo", in: *O Globo*, 9 de abril de 2005, p. 37.

do Espírito Santo". Não dizemos "Cristo te absolve"... Não! Dizemos *eu te absolvo*. Porque *eu sou Cristo*, que levanta a sua mão cheia de misericórdia para perdoar, num gesto de benignidade, o meu irmão, a minha irmã, — que, humildemente, pedem perdão. E quando consagramos o pão, dizemos: "Isto é o meu corpo". Não dizemos "isto é o corpo de Cristo". Porque *eu sou Cristo*, que volta a pronunciar com os nossos lábios as palavras da última ceia dirigida aos seus discípulos — É algo extraordinário!

O Santo Padre Bento XVI faz nesse sentido umas considerações sobre as quais deveríamos meditar em profundidade: "O mistério do sacerdócio da Igreja encontra-se no fato de que nós, pobres seres humanos, em virtude do Sacramento, podemos falar com o seu Eu: *in persona Christi*. Além disso, recordemos que as nossas mãos foram ungidas com o óleo. O Senhor impôs as suas mãos sobre nós e agora quer as nossas mãos a fim de que, no mundo, se tornem suas. Deseja que elas transmitam o seu toque divino, colocando-se ao serviço do seu amor"[11].

> Acreditai no poder do vosso sacerdócio! Em virtude do sacramento recebestes tudo o que sois. Quando pronunciais as palavras "eu" ou "meu" ("Eu te absolvo... Este é o meu Corpo..."), vós o fazeis não no vosso nome, mas no nome de Cristo, *in persona Christi*, que quer servir-se dos vossos lábios e das vossas mãos, do vosso espírito de sacrifício e do vosso talento. Quando as vossas mãos foram ungidas com óleo, sinal do Espírito Santo, elas foram destinadas a servir ao Senhor como as suas mãos no mundo de hoje. Elas não podem

---

11 Homilia do Papa Bento XVI na Missa Crismal de Quinta-Feira Santa. Basílica de São Pedro, 13 de abril de 2006.

servir mais o egoísmo, mas devem transmitir ao mundo o testemunho do seu amor[12].

Eu desenvolvia conceitos semelhantes no retiro anual do clero de Curitiba em janeiro de 2003, e, no fim de uma meditação, um sacerdote já maduro, emocionado, quis conversar comigo para me dizer:

> Nunca tinha tomado consciência da minha dignidade. *Eu sou outro Cristo, o próprio Cristo, de verdade!* Não apenas de nome, não apenas segundo a inveterada expressão *Sacerdos alter Christus*, mas na realidade sacramental de cada dia. Sinto-me pela primeira vez orgulhoso, santamente orgulhoso, de ser padre. Sou um privilegiado!

O alegre alvoroço desse nosso irmão, ao redescobrir a sua vocação sacerdotal, corre paralelo à redescoberta que fazem também os nossos fiéis da verdadeira significação do sacerdócio na figura do seu pároco.

Tenho recolhido, nesse sentido, muitos depoimentos. Transcrevo aqui apenas um deles que, pela sua beleza literária, poderia abranger muitos outros:

> Um dia assisti a um batizado na paróquia: no centro, aquele pingo de gente, botão de rosa escura — Judite. Em volta, a família, a mãe, os padrinhos, algum curioso, a Igreja e o mundo. E atrás, de pé, o padre. Corria tudo como de costume, tudo muito repetido, muito sabido... quando, de repente — basta uma fresta de atenção diferente —, vi o padre moço, que tem cara de menino, transfigurado em sacerdote de Cristo. Com humildade de escravo e paramento de Rei, o padre estendeu a mão

---

[12] Discurso do Papa Bento XVI no Encontro com os Sacerdotes e Religiosos. Catedral de Varsóvia, 25 de maio de 2006.

sobre a cabeça escura com um gesto de Deus. E então... e então... para mim ficou evidente, fulgurantemente evidente, que não há nada no céu, na terra e no fundo do mar mais belo do que um padre que abre para os homens as portas do Reino de Deus[13].

Será que nós sabemos valorizar a nossa inigualável e radical dignidade, quando, às vezes, nos surpreendemos alimentando certos sentimentos de frustração e de inferioridade? Será que o fato de termos assumido a nobre condição de *sacerdote eterno* não tem suficiente força para levantar-nos, como um potente guinaste, das nossas depressões e dos nossos complexos?

Nós, sacerdotes, temos de pensar, com agradecimento — utilizo palavras de São Josemaria Escrivá — "nessa divinização até do nosso próprio corpo; nessa língua que veicula Deus; nessas mãos que o tocam; nesse poder de fazer milagres, ao administrar a graça. Nada valem as grandezas deste mundo em comparação com o que Deus tem confiado ao sacerdote"[14].

Assumir plenamente essa nossa identidade — sermos *outros Cristos* —, voltar sempre a nossas raízes, é o que abre espaços à alegre exultação do sacerdote. O esforço da nossa luta consiste em ir conseguindo, pouco a pouco, fazer transparecer o rosto de Jesus no nosso semblante. A nossa vida espiritual tem de estar dirigida, toda ela, para conseguir estampar na tela da nossa existência o perfil extraordinariamente atrativo do Filho de Maria.

---

13 Gustavo Corção. *O assunto é padre*. Editora Agir, Rio de Janeiro, 1968, p. 83.
14 São Josemaria Escrivá. *Carta*. Roma 8 de agosto de 1956, cit. por Álvaro del Portillo. *Escritos sobre el Sacerdocio*. Editora Palabra, Madri, 1970, p. 56.

Em certa ocasião, uma pessoa, ao observar o comportamento de Dom Bosco, ao ouvir os seus ensinamentos, fez, em voz baixa, em tom de confidência, um comentário revelador: "Parece Nosso Senhor...". Confesso que, quando li essa passagem da sua vida, senti uma forte interpelação interior: "Alguém poderá dizer isso de mim um dia?".

Caríssimos irmãos, às vezes estamos esperando um elogio, um comentário de admiração, uma promoção pastoral, mas poderíamos perguntar: esperamos, principalmente, que alguém possa dizer de nós simplesmente: "pela sua disponibilidade, pelo seu espírito de sacrifício e de desprendimento, pelo grande amor que tem a seus fiéis, ele *parece Nosso Senhor*"?

Pode ser que também alguém possa comentar: ele é um grande pregador; um padre inteligente, atualizado, bom administrador, extremamente competente, simpático, amigo de todos... Isso naturalmente há de agradar-nos bastante. Mas não deveria alegrar-nos mais do que se dissessem simplesmente: *parece Nosso Senhor.*

Girolamo Dal-Gal, o biógrafo oficial para a Postulação da canonização de São Pio X, relata como a vida desse grande pontífice foi deixando no seu rosto as experiências sacerdotais de um ministério que percorreu todos os escalões da hierarquia eclesiástica: de Capelão a Pároco; de Chanceler Episcopal a Bispo e Patriarca; de Cardeal de Veneza a Papa...

> Cada etapa ia marcando os traços de Cristo no seu semblante. Depois de uma de suas primeiras audiências, o Ministro representante de Prússia, no corpo diplomático, falando com o Cardeal Merry del Val, perguntou: "O que tem esse Papa que, no primeiro relance, atrai

imediatamente com um fascínio tão irresistível?". "O que tinha?", pergunta o seu biógrafo. Ele responde: "Nos seus olhos suaves e perscrutadores tinha a força e o ardor de Cristo, o poder de ler em cada fisionomia e decifrar cada espírito, inclusive o mais complexo: tinha santidade; era verdadeiramente um homem de Deus"[15].

Seria maravilhoso que, com a passagem dos anos, cada etapa da nossa vida de presbíteros fosse estampando no nosso rosto a compreensão, a misericórdia, a firme suavidade do rosto de Cristo.

A tomada de consciência íntima de sermos outros Cristos deverá comunicar-nos um júbilo inigualável; haverá de dar-nos uma paz e uma alegria tão grandes que nos sentiremos contentíssimos, sacrificando-nos para chegar a identificarmo-nos com Cristo. Nós, como Maria no *Magnificat*, ao vislumbrar em nós um lampejo do semblante de Jesus, poderíamos vir a exclamar: *a minha alma exulta de alegria no meu Salvador* (Lc 1, 47).

---

15 Girolamo Dal-Gal. *Pio X El Papa Santo*. Editora Palabra, Madri, 1985, p. 121.

SANTIDADE SACERDOTAL

A tarefa para nos identificarmos com Cristo equipara-se à luta para conseguir a santidade. A santidade não é algo excepcional, mas o resultado do crescimento pleno da graça batismal. Assim como a semente tende a desenvolver todas as potencialidades que estão no seu código genético, da mesma maneira a vida da graça, recebida no Batismo, tende a desdobrar-se em toda a sua plena maturidade. Essa maturidade, no seu sentido mais pleno, é *santidade*. Santidade e maturidade, neste sentido, são sinônimos.

A vocação universal à santidade

A santidade não é algo extraordinário, mas a consequência ordinária do amadurecimento da alma. João Paulo II, na carta apostólica *Novo Millennio Ineunte*, diz-nos que esta é uma *verdade que diz respeito a todos os cristãos*: "Perguntar a um batizando: 'Queres receber o batismo?', significa ao mesmo tempo interrogá-lo: 'Queres fazer-te santo?'. Este ideal não é um caminho extraordinário, que possa ser percorrido apenas por algum 'gênio' da santidade, mas o caminho ordinário que deve ser palmilhado por qualquer cristão"[1].

Chegar à santidade é, repetimos, tão normal para um cristão como chegar à plena maturidade. A santidade

---

1 São João Paulo II. *Carta Apostólica Novo Millennio Ineunte*, n. 31.

é o fruto maduro da vida espiritual. A árvore dá naturalmente o seu fruto: os frutos constituem o último esforço da árvore, a sua natural consequência e, ao mesmo tempo, o mais nobre resultado que ela é capaz de produzir; o que assegura a conservação da espécie e, na linguagem mais comum, o mais gostoso que ela pode oferecer: "Chama-se fruto" — escreve São Tomás — "ao produto da planta que chega à perfeição e tem certa doçura"[2]. E a santidade é — insistimos — o fruto natural, perfeito, sazonado, da vida que nos foi comunicada pelo Batismo.

Elegit nos ante mundi constitutionem ut essemus sancti: "Antes da constituição do mundo, Deus nos elegeu para sermos santos" (Ef 1, 4). Fomos eleitos para a santidade antes de sermos criados. Ou melhor, fomos criados porque tínhamos sido eleitos para sermos santos. Na palavra *santidade* devem estar compreendidos todos os nossos projetos. Isto é o que integra o sentido da nossa vida. Se não somos santos estamos frustrando os desígnios de Deus e também a nossa própria realização pessoal.

A específica vocação à santidade do presbítero

A exortação apostólica *Pastores dabo vobis* enfatiza que essa vocação universal para a Santidade "encontra particular aplicação no caso dos presbíteros: estes são chamados não só enquanto batizados, mas também e especialmente enquanto presbíteros, ou seja, *por um*

---
[2] São Tomás de Aquino. *Summa Theologica*, I-II, q. 70, a. 1.

título novo e de modo original, derivado do Sacramento da Ordem"[3].

Há, portanto, para o sacerdote, "uma *vocação 'específica' à santidade*, mais precisamente uma vocação que se fundamenta no sacramento da ordem"[4]. O texto destaca alguns elementos para definir o conteúdo da "especificidade" da vida espiritual dos presbíteros: a sua "consagração", que os configura a Jesus Cristo, Cabeça e Pastor da Igreja; a sua "missão", típica dos presbíteros, que os compromete a serem "instrumentos vivos de Cristo, eterno Sacerdote" e a agirem "em nome e na pessoa do próprio Cristo"; enfim, a sua vida inteira, vocacionada para testemunhar de modo original a "radicalidade evangélica"[5].

João Paulo II, num dos seus últimos livros — *Alzatevi! Andiamo! (Levantai-vos! Vamos!)* —, publicado em 2004, escreve que o pastor — o sacerdote, o bispo — "está chamado de uma maneira especial à santidade pessoal, para contribuir com o incremento da santidade da comunidade eclesial que lhe foi confiada. É responsável por levar a cabo a vocação universal à santidade, de que fala o capítulo V da constituição conciliar *Lumen Gentium*"[6].

Às vezes, caríssimos irmãos, temos certo pudor — para não dizer vergonha — de falar de santidade àqueles que fazem parte do nosso presbitério. Nós deveríamos pensar que falar desse tema deveria ser para nós tão

---

3   São João Paulo II. *Exortação Apostólica Pastores Dabo Vobis,* 25 de março de 1992, n. 19.
4   Idem, n. 20.
5   *Ibidem*, n. 20.
6   São João Paulo II. *Levantai-vos! Vamos!* Editora Plaza & Janés, Barcelona, 2004, p. 49-50.

natural como para um homem comum falar da sua *realização profissional*. Santidade é igual a plenitude. Chegar à santidade é tão normal para nós como para o grão de trigo chegar a converter-se em espiga. É *normal* — reiteramos martelarmente — que um homem chegue à *maturidade*; é *normal* que o sacerdote chegue à *santidade*.

Santidade e maturidade

É extremamente sugestivo que o historiador Vianna Moog, no seu conhecido livro *Bandeirantes e pioneiros*, de um ponto de vista puramente antropológico, apresente *a santidade como sinônimo de maturidade*. E o faz no contexto da vida de Antônio Francisco Lisboa, o Aleijadinho, que, de acordo com esse autor, "imitando a vida de Cristo", no exemplo de São Francisco de Assis, superou o complexo da sua deformidade física progressiva e também da sua fraqueza psíquica e espiritual. Só através dessa imitação é que ele, um imaturo, atingiu a plena maturidade.

> Na primeira fase da sua vida, era um homem folgazão, medíocre e imaturo. Mas, quando a doença traiçoeira parece prostrá-lo no chão e inutilizá-lo, ele se lança nos braços de Jesus Cristo. Envereda pela estrada da santidade. É então que chega não só à maestria artística, mas à maturidade humana e espiritual. Daí datam as suas maiores realizações artísticas e a maior de todas as suas realizações: a arte de realizar-se a si mesmo, vencendo a doença física e a limitação psíquica, tornando-se um gênio tocado de um halo de *santidade*.
> Que rega conterá essa nova e edificante lição do Aleijadinho — continua dizendo Vianna Moog? Contém uma regra velha de dois mil anos: a estrada real para a

plena maturidade é a busca da santidade. Como? Então normalidade é sinônimo de santidade? E os heróis de Carlyle, e as pessoas que nos rodeiam, tão boas, tão amenas, tão cordiais? Em verdade, não são normais. São subnormais. Normal é o Santo.

O que é normal? Psiquiatras e psicanalistas relutam em defini-lo. Entretanto, não há dúvida sobre o que é anormal. Anormal, imaturo, segundo eles, é o desajustado, o inibido, o egoísta, o avaro, o que nada dá de si mesmo e só recebe. Esse é o imaturo, esse é o anormal. Ora, se esse é o imaturo, o anormal, normalidade e maturidade devem ser — só podem ser — o contrário. Quer dizer: aquele que mais der de si mesmo e menos exigir da sociedade em que vive, esse é normal, esse é maduro. E quando é santo, então acontece a maturidade plena, a grande normalidade[7].

Valfredo Tepe corrobora com essa opinião de Vianna Moog numa linguagem mais espiritual:

Realmente, se o dom de si é sinal de maturidade humana, o santo é o homem perfeito. Pois a libertação de toda a reversão sobre o Eu, a total doação ao Tu, seja o Tu divino, seja o Tu humano, não são efeitos dos métodos psicológicos, mas do dom divino, da graça. É na vitória progressiva da caridade sobre o egoísmo e a agressividade que se patenteia o desdobramento do homem em direção à maturidade humana e sobrenatural[8].

Seguindo essa linguagem espiritual, recordemos que o Evangelho de São Marcos nos fala do crescimento da semente lançada na terra (cf. Mc 4, 26-32) que, uma vez semeada, cresce independentemente do fato de o

---

7   Vianna Moog. *Bandeirantes e pioneiros*. Editora Globo, Rio de Janeiro, 1977, p. 402-03.
8   Valfredo Tepe. *O sentido da vida*. 4ª ed., Mensageiro da Fé, Salvador, 1972, p. 171.

dono do campo estar dormindo ou acordado e sem que ele saiba como isso acontece. Assim sucede com a semente da graça que recebemos do Senhor no Batismo: se não lhe levantarmos obstáculos, se lhe permitirmos crescer, dá o seu fruto — fruto de santidade e de apostolado — sem depender da ação de quem semeia ou de quem rega, porque *é Deus quem dá o crescimento* (1 Cor 3, 5-9). E esse fruto maduro atrai e seduz. É o fascínio que traz consigo o perfume do *"bonus odor Christi"* (2 Cor 2, 15) de que nos fala São Paulo.

Numa conferência do Cardeal Darío Castrillón, no ano 1998, proferida para cerca de cem bispos brasileiros, no Rio de Janeiro, falava precisamente do atrativo que suscita a santidade; do magnetismo que irradiam os santos; da capacidade transformadora da sua presença e de seu exemplo. Contava-nos a experiência que teve ao viajar no mesmo avião com Teresa de Calcutá. Logo que se sentou, uma aeromoça se aproximou, fez uma confidência pessoal e pediu que ela a abençoasse. Saiu radiante. Minutos depois, falou a outra aeromoça e aconteceu o mesmo. Pouco mais tarde, fez a mesma coisa a um dos comissários e a outro, a outro... E, numa corrente contagiosa, terminaram saindo os pilotos da cabine para estar um pouco ao lado daquela mulher simples e receber também a sua bênção... E também não poucos passageiros... O ambiente do avião mudou por completo. Que atrativos humanos teria essa mulher, aparentemente insignificante, essa velhinha de rosto enrugado, diminuta, já encurvada pelos anos? O atrativo da bondade, da virtude, da abnegação total, do amor aos pobres, da santidade... O atrativo desse *bonus odor Christi* (2 Cor 2, 15), desse perfume de Cristo, a que antes nos referíamos.

Deveríamos perguntar-nos habitualmente: acontece algo semelhante comigo? As pessoas que me rodeiam procuram-me porque encontraram em mim esse atrativo que leva consigo o desprendimento pessoal e o amor aos outros? Sim, deveríamos questionar-nos: quando quero melhorar a repercussão apostólica da minha ação sacerdotal, renovo somente minhas homilias, meu comportamento social, meus estudos, minhas técnicas de oratória, meus programas de atividade paroquial ou, pelo contrário, procuro também me renovar a mim mesmo, renovar minha oração, meu espírito eucarístico, minha fé, minha esperança; revivificar meu amor; melhorar minha vida espiritual; tentar fazer-me, enfim, outro Cristo?

Cristianizar o mundo moderno; chegar com nossa ação apostólica a tão diversos *areópagos* culturais; atrair essas multidões que se encaminham para tantas e tão diversas "seitas"; devolver à família sua genuína essência; enfim, "instaurar todas as coisas em Cristo" (Ef 1, 10); inserir o Senhor no cerne de todos os valores humanos nos parecerá, talvez, algo quimérico ou inatingível. No entanto, essa meta tão alta foi alcançada por aqueles apóstolos que, depois da morte de Cristo, pela força transformadora de Pentecostes, ao converterem-se em *outros Cristos*, chegaram a transfigurar todo o fabuloso Império Romano.

Cooperar com a graça

É Deus quem faz crescer a semente da santidade, mas nós temos de *cooperar* generosamente com Ele.

Pois a santidade, a maturidade espiritual, depende em grande medida de sermos fiéis ao Espírito Santo. A preocupação quase única da alma há de consistir em conseguir a mais delicada, constante e sensível fidelidade à graça.

Ao longo da história da Igreja, têm aparecido incontáveis figuras cuja maturidade se deve não à idade, mas a um trabalho de sazonamento feito pelo Espírito Santo no fundo da alma, concedendo uma ciência, uma sabedoria que ultrapassa, sobejamente, aquilo que se consegue absorver apenas com a passagem dos anos.

Santa Teresa de Lisieux é uma dessas personalidades notáveis que, já desde os quinze anos, no começo da sua vida religiosa, demonstrou possuir uma maturidade consumada. A Madre Maria Gonzaga, sua superiora, escrevia a seu respeito: "Jamais poderia acreditar que uma menina de quinze anos pudesse ter um critério tão amadurecido; desde os primeiros tempos do seu noviciado, não havia nenhum reparo a fazer-lhe, tudo era perfeito"[9]. Apesar da pouca idade com que morreu — apenas vinte e quatro anos —, foi nomeada doutora da Igreja.

Não esperemos a passagem do tempo para conseguirmos a maturidade. Não sabemos quantos anos Deus nos vai conceder. Aproveitemos o tempo. Que, em qualquer momento, estejamos maduros para a vida eterna. Temos de corresponder agora, amanhã e sempre aos desígnios de Deus.

Deus, como Pai, tem planos magníficos para cada um de nós: sonha com a nossa plenitude espiritual e com os nossos frutos apostólicos maduros; mas é possível

---

9   Alexis Riaud, *A ação do Espírito Santo na alma*. Editora Quadrante, São Paulo, 1998, p. 50.

que, se não correspondermos à graça como devemos, a grandiosa biografia da nossa vida — sermos protagonistas da extraordinária aventura da santidade — acabe por converter-se numa nota necrológica de um jornal provinciano... Talvez estejamos trocando, desta forma, sem notar, a grande sinfonia que poderia ter sido a nossa vida por uma "marchinha de carnaval" frívola, superficial, mais própria a ser interpretada por uma criança irresponsável do que por um homem em toda a sua grandeza e dimensão.

Encontramos aqui um fenômeno de retardamento espiritual semelhante ao desses adultos imaturos que não ultrapassam totalmente a adolescência.

"A situação dessas *almas retardadas*" — escreve Garrigou-Lagrange — "corresponde à figura das *almas tíbias*"[10]. Encontram-se nelas, de alguma forma, as características próprias da pessoa imatura: atração pelo imediato e sensível; a falta de domínio dos sentidos; o ativismo; o aburguesamento comodista; a procura de sucesso e promoções; a falta de sensibilidade com as necessidades dos outros; a frivolidade; os sonhos e as fantasias sentimentais... Essas pessoas talvez não cheguem a viver habitualmente em situação de pecado, mas alimentam-se de rotinas, de desleixos e abandonos... Não souberam crescer, perderam o *fervor da primeira caridade* (cf. Ap 2, 4). "E quem não cresce no amor, recua", diz Santo Agostinho.

O penoso estado dos espiritualmente imaturos lembra-me a figura decadente de um grande jogador de futebol que encontrava com frequência na rua, no meu caminho habitual. Deparava-me com ele

---

10   Réginald Garrigou-Lagrange. *Lastres edades de la vida interior.* 8ª ed., Editora Palabra, Madri, 1995, p. 531.

sentado na sacada de um bar com um copo de cerveja na frente: olhos e braços; inchado de álcool; gordurento; desleixado... O grande atleta, mundialmente famoso, converteu-se num farrapo...

Essa imagem repete-se também, infelizmente, entre os nossos irmãos sacerdotes: a sua vida interior vai degradando-se, progressivamente, até que não se vislumbra no semblante desse santo em potencial senão a triste sombra da decadência. Se compararmos essa sombra humana com a personalidade daquele que chegou à maturidade espiritual — equilibrada, diligente, prestativa, solidária, alegre, vibrante e sempre aberta a novos horizontes —, sentimos um abalo, um arrepio que nos impele a gritar: "Não, não posso permitir que a minha alma fique assim! Não, não posso permitir em mim qualquer manifestação de negligência, de moleza, de desídia que desvirtue a suprema vocação para o sacerdócio para a qual Deus me chamou!". *Vale a pena* lutar para alcançar a maturidade plena, para *chegar a atingir o estado do homem perfeito, a estatura da maturidade de Cristo* (cf. Ef 4, 13).

Caríssimos irmãos, sim, *vale a pena* lutar. Muitas coisas cruciais estão em jogo.

Fizemos um grande sacrifício para *deixar tudo — relictis omnibus* (Lc 5, 11) — como os apóstolos e servir a Jesus. Envidamos esforços sem conta para estudar, para vencer as nossas tendências naturais, para ultrapassar a nossa preguiça e sensualidade, para superar as exigências do seminário e conseguir a ordenação presbiteral... Não podemos, depois de tudo isso, deixar-nos desviar por algo que nos atrai, que nos separa do nosso caminho, da nossa vocação divina. Temos de ser coerentes. Da *fidelidade* depende a nossa *felicidade,* talvez a nossa salvação. Deus nos chamou com um amor de predileção: não podemos decepcioná-lo. Os nossos pais entregaram seus filhos para que se tornassem *outro Cristo*: não podemos sabotar suas expectativas. O nosso povo está querendo enxergar em nós a imagem do Salvador, a esperança de encontrar em nós a segurança nas vicissitudes angustiosas desta vida. Não podemos permitir que sofram essa frustração com a nossa infidelidade.

Sim, *vale a pena* levantar o nosso olhar, enxergar os frutos da nossa entrega. *Vale a pena* superar essa visão estreita que repara somente no que julgamos ser a nossa felicidade individual. *Vale a pena* abrir horizontes, rasgar o futuro para vislumbrar tantas almas que dependem da nossa fidelidade. Sim, *vale a pena* abrir as válvulas da alma para que entre nela o calor do Espírito Santo, o grande maturador da vida interior, que outorga uma suavidade, uma prudência audaciosa, uma paz insuperável a que nada humano pode igualar-se. Quem a experimentou não a troca por nada; e quem não a experimentou ficou aquém do que há de mais sublime no ser humano.

Tesouro em vaso de barro

Contudo, trazemos *esse tesouro num vaso de barro* (2 Cor 4, 7). As nossas graves responsabilidades estão misturadas com dilemas; o nosso dever acuciante, circundado de comodismo; o intenso amor que devemos ter a Deus e aos outros, assediado pela sensualidade, pelo sentimentalismo ou por uma tendência ao apego afetivo; a nossa vibração apostólica, amortecida por nossas depressões, preguiças e por nossos cansaços...

Estamos sempre no campo de batalha. A nossa vida sacerdotal é um teste de fidelidade. Não existem posições definitivamente conquistadas, uma espécie de "estado de graça", garantido pelo Sacramento da Ordem, que seja um antídoto contra as angústias do nosso fundo psicológico complexo. Não! Não nos foi aplicada a miraculosa vacina contra a tentação de claudicar, de substituir o melhor pelo mais fácil, de aceitar o convite da sombra aconchegante e do caminho horizontal que está sempre à beira de toda vereda ascendente... O nosso *status* sacerdotal não nos liberta dos embates do *homem velho*, irritadiço, impaciente, vaidoso, sensual, ambicioso, dominador, febrilmente ativista...

O tesouro é realmente maravilhoso, contém o germe que nos permitirá *atingir o estado do homem perfeito, a estatura da maturidade de Cristo* (cf. Ef 4, 13). Mas o vaso é muito frágil.

Quando Leonardo da Vinci sentiu a inspiração de pintar a sua famosa "última ceia", procurou um modelo vivo que deveria representar a figura de Jesus. Percorreu ambientes diversos, ruas e praças, até que encontrou um jovem que mostrava no seu rosto a limpidez, a transparência, a sensibilidade afetiva e, ao mesmo tempo, a firmeza e a virilidade: era a imagem ideal. O jovem ficou entusiasmado ao ver o seu rosto estampado no rosto de Cristo. Passaram-se quatro anos. Leonardo tinha pintado já todos os apóstolos, mas faltava Judas. Não encontrava o modelo. Procurou-o também longamente sem encontrar aquele que viria a representar a imagem da traição, da degeneração. Era difícil.

Até que, por fim, encontrou um mendigo bêbado, atirado na sarjeta. O seu olhar tinha algo de duro, de falso, de ambíguo... Pareceu-lhe ter encontrado o que procurava. Ofereceu-lhe uma boa importância para posar. Ao terminar o quadro, o mendigo disse para Leonardo: "O senhor não me reconhece?". E, diante da negativa do pintor, acrescentou, para assombro de Leonardo: "Pois eu servi de modelo para a figura de Jesus".

Em quatro anos aquele jovem sofreu um terrível processo degenerativo. Essa personagem é real. A história recolheu seu nome. Chamava-se Pietro Bandinelli.

Há em todos nós, caríssimos irmãos no sacerdócio, um Jesus e um Judas escondidos no mais íntimo da nossa alma. Estamos destinados a sermos outros Cristos, mas levamos também em nós os germes do velho Adão, do pobre Judas: *tesouro preciosíssimo em vaso de argila.*

Aquele jovem que posou como modelo ideal de Jesus Cristo se converteu na imagem miserável de um Judas. Experimentou provavelmente uma mutação deteriorativa semelhante à do apóstolo que vendeu o seu Mestre por trinta moedas de prata.

Judas foi escolhido especialmente para ser uma das doze colunas da Igreja. Entre muitos foi eleito para tornar-se testemunho da vida de Cristo ao longo da história da humanidade. Judas tinha vocação, uma vocação grandiosa, igual a de Pedro e a de João. Mas a perdeu. Poderíamos perguntar: como perde um homem a sua vocação? Não é de repente... Pequenas concessões, diminutas rebeldias... Judas talvez tenha começado a subtrair algumas moedas da bolsa... permitir certas críticas às palavras e atitudes de Jesus... separando-se pouco a pouco... Imperceptivelmente... Até fazer de um *meio*, o dinheiro, um *fim*: interessavam-lhe mais o ouro e a prata do que o grande tesouro, o cativante fascínio, o imenso poder e a sabedoria de um Deus feito homem. E terminou substituindo miseravelmente o *fim* pelo *meio*.

Vida dupla

O comportamento de Judas parece-nos uma incongruência, mas deveríamos reparar que, em grau menor, poderiam existir em nossas vidas certas incoerências, certas duplicidades de comportamento — uma espécie de esquizofrenia espiritual —, uma atitude que suplanta o essencial pelo acidental, que troca o fim pelos meios... Também no nosso subconsciente, sem percebê-lo, seria capaz de insinuar-se a atitude de Judas.

Poderia referir-me agora a muitos exemplos que vivi de perto, mas prefiro citar apenas um que me parece emblemático. Kierkegaard, o primeiro filósofo existencialista, conta a história de um homem europeu que, viajando para o Oriente, conheceu uma moça chinesa pela qual se apaixonou. Mas não podia conversar com ela. Não conhecia a língua e não podia escrever nem receber suas cartas. Voltando ao seu país, decidiu aprender chinês para se comunicar com sua amada. Após muitas dificuldades, encontrou onde aprender uma língua tão difícil. Graças a um grande empenho, pôde escrever a sua primeira carta apaixonada em chinês. Mergulhou depois no estudo da língua e tanto se esforçou que se tornou um eminente sinólogo, convidado a dar conferências no mundo inteiro sobre a língua e a cultura chinesas. No começo, ele não deixava de escrever para sua amada e dela recebia também apaixonadas respostas. Depois, porém, suas viagens e compromissos se tornaram tão frequentes que não mais encontrava tempo para mandar as suas cartas. Da outra parte, ela não sabia para onde enviar a correspondência: o objeto do seu grande amor não tinha residência fixa. E aconteceu a mais absurda incongruência: nosso homem acabou sendo um tão importante conhecedor da língua chinesa que esqueceu a mulher pela qual tinha aprendido o chinês[11].

Essa história, que parece ser real, é, ao mesmo tempo, uma *parábola* dirigida a cada um de nós, porque também corremos o risco de esquecer a "chinesa" pela qual nos apaixonamos — o nosso ideal de vida, a nossa vocação humana e divina, o empreendimento com o qual, generosamente, nos comprometemos ... — desviados por uma tarefa que era apenas um meio ou um instrumento — como a língua chinesa — para conseguir o grande fim pelo qual nos apaixonamos.

Uma figura antológica, nesse sentido, à qual já nos referíamos antes, foi precisamente Judas: deixou tudo para seguir ao Senhor e, pouco a pouco, foi trocando o fim grandioso de sua vida — a realização de uma missão extraordinária — por um miserável dinheiro que representava um simples meio monetário. E ficou aprisionado dentro da bolsa da sua própria ambição, até o ponto de chegar a vender por trinta moedas de prata aquele que tinha suscitado a sua vocação de apóstolo: o ser humano mais nobre e mais santo que já existiu.

---

[11] Cf. Dolores Alexandre, RSCJ. *Mémoire vive du 'Jeu Pascal', Mystique et Taches de la Vie Réligieuse aujourd'hui*, Conferência na *Unione Internazionale Superiore Generali*, Roma, 3 de maio de 1998, texto poligrafado, p. 7.

SACERDOTES para o terceiro milênio

De alguma maneira, a atitude de Judas está, em escala menor, implícita em outras muitas atitudes. A atitude do pai que, inspirado pelos melhores desejos, a fim de levar para frente a sua família entregou-se com plena dedicação a seu trabalho profissional, mas esse trabalho cobrou tamanha importância que veio a impedir-lhe o cuidado da família e a atenção à esposa... A postura do padre que deseja transmitir a fé através das suas publicações e acaba sacrificando essa nobre missão no altar da sua fama e da sua glória: empenha-se em editar os seus livros não tanto para que sejam úteis à formação espiritual dos seus leitores, mas sim para que estes se tornem mais vendáveis ou aumentem a sua fama pessoal. Neste sentido, o acidental converte-se em algo mais importante que o essencial. O mesmo acontece com a pessoa consagrada a Deus, que começa a sua vocação com um entusiasmo e uma entrega sem limites e termina desviando-se afetivamente, devido ao apego desordenado a alguém relacionado com o seu trabalho pastoral ou com aquele que, movido por seu zelo pastoral, começa a arrecadar fundos, a fim de levar para frente um empreendimento apostólico, e acaba dando tanto valor aos recursos econômicos e envolvendo-se de tal maneira no êxito de suas empresas que a sua fama e a promoção pessoal terminam suplantando o compromisso com a santidade e com as nobres finalidades da sua missão... Nesses casos aconteceu também a troca do fim pelos meios: o envelope, um mero veículo, vem adquirir maior valor que a carta; a enxada, que é somente um instrumento de trabalho, torna-se tão grande, tão pesada, que impede a realização do mesmo.

É como se alguém, de acordo com a parábola evangélica, vendesse tudo o que tinha para comprar um campo onde se encontra um grande tesouro escondido (cf. Mt 13, 44) e, ao tentar desenterrá-lo, fica tão encantado com o brilho de uma pedrinha desprezível, misturada com a terra, que esquece o tesouro pelo qual tinha largado tudo: uma loucura, uma autêntica esquizofrenia!

Há, em todas essas manifestações, uma infidelidade aos propósitos inspirados por Deus, uma traição à própria vocação, uma forma de *contristar o Espírito Santo* (cf. Ef 4, 30): a docilidade, simples e direta para secundar as moções do *Divino Paráclito*, converte-se numa complexa *dualidade*, numa atitude semelhante à dupla personalidade do esquizofrênico: distancia se de forma demente de seu projeto fundamental, vivendo para o seu próprio interesse, pensando e fazendo pensar que vive para Deus.

Reencontrar a estrela da vocação

Esses e outros posicionamentos nos impedem de corresponder plenamente às moções do Espírito Santo. E, dessa forma, frustramos em nós os magníficos projetos de Deus a respeito da nossa pessoa. Aquela *história ideal* que deveríamos incorporar vem a tornar-se uma "historinha" desconexa e medíocre ou, como já dissemos, aquela grande sinfonia, que poderia ter sido a nossa vida, nós a trocamos por uma "marchinha de carnaval", frívola e superficial... E assim, porventura, a morte pode surpreender-nos, não havendo dado vinte passos quando poderíamos ter dado dez mil, se tivéssemos sido fiéis a nossa vocação.

Em todos nós pode dar-se, com mil variantes, essa espécie de duplicidade de vida que pode ser mortal: começamos a descuidar da vida espiritual, da oração, da frequência do Sacramento da Reconciliação, das nossas conversas com o diretor espiritual...; vamos dando um excessivo valor às promoções eclesiásticas, aos elogios e sucessos, ao conforto (um bom carro, melhores instrumentos de trabalho, comodidades requintadas na residência paroquial...); aceitamos uma imprudente familiaridade com uma moça; desleixamos a guarda do coração e dos sentidos, a sobriedade, a disciplina e a ordem... E, de repente, nós nos deparamos com uma incipiente crise no nosso sacerdócio: aparece a dúvida, a sombra de uma infidelidade, perdemos o brilho da estrela da vocação...

O pensamento clássico greco-romano identificava o destino de uma pessoa, a vocação, com uma estrela. Referiam-se aos homens bem-sucedidos como aqueles que tinham nascido com uma "boa estrela". A literatura cristã também identificou a estrela que viram os magos do Oriente com a vocação. É por isso — costuma-se comentar — que eles ficaram tão angustiados ao não encontrarem a estrela no seu campo visual: tinham como que perdido o sentido da sua tão cansativa e trabalhosa viagem e, talvez, o próprio sentido de suas vidas. Mas eles, como prudentes e sábios, pediram informações à autoridade constituída. E Herodes — apesar da sua perversidade — soube orientá-los até Belém.

Assim pode acontecer conosco. A estrela da nossa vocação é a que marca o sentido da nossa vida, o que nos dá força e alegria para caminharmos. Mas podemos perder o seu brilho. E, então, aparecem as

SANTIDADE SACERDOTAL

perplexidades, os questionamentos, as desculpas e justificativas, a duplicidade de atitudes ou essa depressão profunda que sempre se apresenta quando desaparece o sentido da nossa existência.

O que fazer? Compreendemos que as medidas para resolver esses delicadíssimos problemas não podem reduzir-se a uma solução linear e uniforme: são muito complexas e possuem diversas variantes para cada caso concreto. Em princípio, contudo, é muito recomendável — como fizeram os magos — consultar a autoridade que, para nós, representa Deus. É recomendável nos aconselharmos com quem orienta nossa alma — o nosso diretor espiritual, um sacerdote experiente, o pastor que nos conferiu o Sacramento da Ordem... — e não nos encerrarmos em nós mesmos, ruminando os prós e os contras com considerações meramente humanas. Igualmente, de forma paralela, deveremos mergulhar no fundo da nossa existência, aprofundar-nos na nossa vocação sacerdotal, acudir uma e outra vez ao Senhor, recolher a seiva fecunda da videira que é Cristo e, com as luzes do Espírito Santo, olhar o rosto da nossa alma no espelho de Cristo para tentar vislumbrar nele os traços característicos que nos identificam com Ele... A experiência recolhida em muitos casos revela que, seguindo esse roteiro, com a graça de Deus, voltaremos, como os sábios do Oriente, a enxergar a estrela. A vocação *objetivamente* não se perde. Pode obnubilar-se, *subjetivamente*, sua visão, mas a vocação está sempre presente no firmamento da nossa alma, como a estrela dos magos no céu da Palestina. Pode ser que não a vislumbremos momentaneamente, mas isso representa apenas um problema circunstancial. A vocação não se perde; pode

45

perder-se somente a sua visão. Nós somos sacerdotes *in aeternum*, para sempre.

Quando os magos reencontraram a estrela perdida, *gavissi sunt gaudio magno valde* (Mt 2, 10): "Alegraram-se com uma grande alegria". E acrescenta, repetindo: "E se alegraram imensamente". O evangelista, sem conseguir comunicar a grandiosidade do sentimento, apela a expressões redundantes. O mesmo poderá acontecer conosco. A alegria voltará renovada, aprofundada, vibrante, amadurecida, depois de superar o que se poderia chamar uma crise de vocação ou uma crise de identidade, que bem poderia terminar denominando-se, também, como uma crise de crescimento, de maturidade.

Não podemos desesperar-nos como Judas, mas devemos reencontrar (mais pleno, mais sazonado, mais provado) o nosso caminho sacerdotal, como Pedro depois do seu arrependimento. Depois dessa experiência crítica, conseguiremos um conhecimento mais consciente, mais humilde da nossa realidade, e um ajustamento mais forte com a nossa identidade sacerdotal.

Esta conexão íntima com a nossa identidade "constitui, diz a *Pastores Dabo Vobis*, o princípio interior e dinâmico capaz de unificar as múltiplas e diferences atividades do sacerdote, de tal modo que se chega a conseguir a desejada e necessária *unidade de vida* entre as variadas ações e responsabilidades pastorais do presbítero e a sua vida espiritual"[12].

Em diferentes capítulos posteriores, iremos refletindo sobre diversos aspectos dessa *unidade de vida*

---

12 São João Paulo II, *Exortação Apostólica Pastores Dabo Vobis*, 25 de março de 1992, n. 23.

que outorga ao sacerdote uma forte simplicidade e coerência, capaz de dar transparência, harmonia, equilíbrio e segurança a todas as suas atividades e comportamentos.

3

O AMOR: A PAIXÃO DO SACERDOTE

Amor, juventude, alegria de viver

Deus é amor (1 Jo 4, 8). Deus nos criou por amor. Deus nos criou para amar. *Amare et amari*: "amar é sermos amados". Estas são as finalidades pelas quais Deus nos criou, diz Santo Agostinho.

O amor é uma paixão irrenunciável. É um *instinto* arraigado não apenas nas vísceras, mas também no coração, na vontade, na inteligência. *Renunciar a amar é renunciar a ser: um autêntico suicídio.* Um homem sem amor é um cadáver vivente. Um homem aposentado do amor é um homem aposentado da vida: sem motivação, apagado, mortiço, sem vibração, sem dinamismo...

Você nunca viu caminhando, atrás de um jovem de vinte anos, um não-sei-quê de tristeza, de depressão, de precoce fim? É um jovem sem amor, sem paixão: é um velho. E você nunca se defrontou com a figura de um homem de setenta anos com o olhar vivo, com a mão firme no leme da vida, fitando o futuro, vibrante, entusiasmado? É um velho jovem: um homem apaixonado. A diferença está nessa descarga de vitalidade que lança em nós uma paixão plenamente vivida.

Recordo algo que me marcou de modo significativo: em janeiro de 1994, tive o grande privilégio de ser recebido por João Paulo II, em audiência particular. No meio da audiência, o Papa disse-me com um sorriso divertido: "Acabo de estar com um Bispo que ordenei faz pouco. É o bispo mais jovem ordenado por mim, até o momento presente". Eu também sorri, pois sabia que acabava de receber o primeiro Bispo Prelado do *Opus Dei*, Dom Álvaro del Portilllo — cujo processo de canonização já foi começado — que contava 77 anos. Pouco tempo depois vim a saber a razão daquela palavra espirituosa do Papa. Na conversa que tiveram, pouco antes da minha audiência, João Paulo comentou: "O senhor é o Bispo mais velho que ordenei até agora". E Dom Álvaro comentou: "Não, Santo Padre, nós não somos velhos; somos tão jovens como o nosso amor". E o Papa, com sinais de evidente alegria, concordou plenamente com essas palavras. Foi isso o que, com muita graça e um pouco de santa malícia, me comunicou com o seu sorriso característico.

O amor é vida. Renovar a vida é renovar o amor. Renovar o amor é renovar a juventude.

Faz pouco tempo tive oportunidade de celebrar o meu aniversário em Brasília, na sede da Conferência dos Bispos do Brasil. Participávamos de uma reunião do Conselho Permanente e pediram-me que presidisse a Celebração Eucarística. A meu cargo ficou a Homilia. Desenvolvi precisamente o tema do aniversário, da passagem do tempo e da juventude como qualidade da alma. Depois da Santa Missa, Dom Lelis Lara, assessor jurídico da CNBB, Bispo emérito de Itabira, de 79 anos, quis conversar comigo. Ele me disse que quando garoto tinha sido coroinha e ajudava na Santa Missa de um sacerdote ancião de uns 80 anos.

O AMOR: A PAIXÃO DO SACERDOTE

Sempre ficava admirado da alegria daquele padre idoso e do fervor com que celebrava. Mas, então, não entendia o significado das palavras do Salmo com que, com tom jubiloso, iniciava a celebração, de acordo com o rito anterior ao Concílio Vaticano II: *"Introibo ad altare Dei, ad Deum qui laetificat juventutem meam".* ("Aproximo-me do altar de Deus, o Deus que é alegria da minha juventude", Sl 42, 4).

"Ele — com 80 anos! — dizia que Deus alegrava a sua juventude!" Naquela altura eu não entendia a sua atitude, mas agora, sim; perto de 80 anos, Deus é para mim a alegria da minha juventude. Peça ao Senhor para que cada dia seja mais jovem e mais alegre."

Esses sentimentos, sem dúvida, muitos dos nossos irmãos no sacerdócio experimentam: amor é alegria; alegria é vida; renovar a vida, dizíamos, é renovar o amor. E é o amor que nos dá a alegria de viver.

O sacerdote é fundamentalmente um homem apaixonado, porque é um *homem de Deus* (1 Tm 6, 11), consagrado ao seu amor. *Um homem assumido dentre os homens* (cf. Hb 5, 11), ungido e eleito entre os homens para o amor. Assumido de tal maneira que, ficando a salvo sua natureza humana, vincula-se e consagra-se integralmente ao amor total a Cristo Sacerdote. É tão profunda essa vinculação íntima com Cristo que ele pode, com maior razão que ninguém, fazer suas as palavras de São Paulo: "O meu viver é Cristo" (Fl 1, 21). "Vivo, mas não sou eu que vivo, porque verdadeiramente vive em mim Cristo" (Gl 2,20). É a incrível e inigualável identificação de dois seres humanos fundidos pelo amor sobrenatural.

Cristo desposou-se com a Igreja. O sacerdote, outro Cristo, "torna-se capaz de amar a Igreja universal e a porção dela que lhe é confiada com todo o entusiasmo de um esposo na sua relação com a Esposa"[1]. "A sua vida" — diz a *Pastores Dabo Vobis* — "deve iluminar-se e orientar-se também por essa *relação nupcial* capaz de amar a todos *com um coração novo, grande e puro,* com um autêntico esquecimento de si mesmo, com *dedicação plena, contínua e fiel,* juntamente com uma espécie de ciúme divino (cf. 2 Cor 11, 2), *com uma ternura que reveste os matizes do afeto materno,* capaz de assumir as 'dores do parto' até que 'Cristo seja formado' nos seus fiéis (cf. Gl 4, 19)"[2].

O coração do sacerdote está chamado a dilatar-se, como o coração de Cristo. Ele poderia dizer, como Cristo: "Fogo vim trazer à terra e não desejo outra coisa senão que tudo arda" (cf. Lc 12, 49): é o fogo do amor.

Tudo isto está proclamando que a vocação para o celibato é fundamentalmente uma vocação para o amor.

Celibato: afirmação jubilosa

"Deus é amor" (1 Jo 4, 8). A essência de Deus, como a do sacerdote, é a de viver do amor e de viver para o amor. O celibato não é — nunca poderá ser! — uma espécie de imensa barragem que bloqueia o caudaloso rio do amor. O celibato, diversamente, há de representar as beiradas que conduzem as águas todas para o grande mar do Amor, com maiúscula. Um *não* a um determinado amor humano está sempre orientado para um *sim* a outro Amor divino e eterno. Um *não* ao córrego lateral que desemboca no pântano da esterilidade leva

---
1 Idem, n. 23.
2 *Ibidem*, n. 23 e 24.

a um *sim* à correnteza central que o impulsiona para o mar do Amor onde se dilata e se eterniza.

O celibato não é uma negação cerceante: é uma afirmação jubilosa, permite amar a Deus e aos nossos irmãos, os homens, com um amor feito de carne e espírito, de sentimento e de abnegação, de coração e de renúncia. É um amor integral.

Alguém poderia concordar com essa ideia, alegando, contudo, que é um amor grande, espiritual, sublime, divino talvez, mas não humano. E nós lhe responderíamos, com a rica experiência afetiva de um coração que soube ser fiel a esse amor por décadas a fio, que isso não é verdade. É um amor divino, sim, mas profundamente humano. E por duas razões: a primeira, porque nós só temos um coração para amar e este está feito de carne, de sentimento e de ternura humana. Nós não temos dois corações: um para amar a Deus, com o vértice do espírito, e outro para amar uma mulher com a sensibilidade da carne. Não! Com o mesmo coração com que poderíamos amar aquela que hipoteticamente viria a ser a mãe dos nossos filhos, amamos a tudo e a todos. A segunda razão é o fato de o objeto do nosso amor não ser apenas um Deus infinito e eterno, um Deus que é eminentemente espírito puro. Amamos, também, a Jesus Cristo, um Deus encarnado, "o mais belo e perfeito dos homens"; amamos a sua mãe Maria, de uma beleza fascinante, de acordo com a imagem que nos transmitiram aqueles que tiveram o privilégio de vê-la (Santa Bernadete, quando lhe perguntaram um dia se Nossa Senhora era bonita, respondeu: "É tão bela que, depois de tê-la visto uma vez, o único desejo é morrer para voltar a vê-la": uma beleza tão arrebatadora que pulveriza o medo da morte)[3]. E também amamos estes nossos irmãos e irmãs, que formam parte da nossa família eclesial, da nossa amada comunidade. Nós os amamos como um pai, como uma mãe, como um irmão, e os amamos também com amor nupcial, porque formam parte da Igreja, que é nossa Esposa amada.

O celibato enriquece de intimidade afetiva os laços do amor nupcial que unem o sacerdote com a Esposa de Cristo, a Igreja, que termina convertendo-se na sua família, no seu querido e insubstituível lar. E o sacerdote exerce nesse âmbito — como nos diz Bento XVI — uma autêntica paternidade espiritual. "Esta missão do Sacerdote na Igreja é insubstituível. Cristo precisa de sacerdotes que sejam maduros, vigorosos, capazes de cultivar uma verdadeira paternidade espiritual[4]."

Nessa vivência, não encontramos bloqueio ou repressão às emoções afetivas e aos impulsos sexuais. Pelo contrário, a capacidade sexual e afetiva potencializa-se e incorpora-se à vida do Espírito, ganhando profundidade e altura. De fato, todo sacerdote que vive bem o seu celibato, com amor exclusivo, fará suas, com jubilosa vibração, as palavras do Salmo (83, 3): *"Cor meum et caro mea exultaverunt in Deum vivum"* (Não apenas o espírito, mas a carne, as vísceras, o coração exultam de alegria ao poder amar o próprio Deus vivo). Amamos com um amor mais profundo e mais belo que o amor de uma mãe pelo seu filho, que o amor de um poeta pela beleza do mundo e dos homens, que o amor de um namorado pela sua namorada...

---

3   Cf. François Trochu. *Bernadette Soubirous. La vidente de Lourdes.* Editora Herder, Barcelona, 1958, p. 298.

4   Mensagem do Papa Bento XVI para o 43° Dia Mundial de Oração pelas Vocações, 7 de maio de 2006 — IV Domingo de Páscoa.

O AMOR: A PAIXÃO DO SACERDOTE

Queria recordar aqui umas palavras que Bento XVI dirigiu aos religiosos em 12 de maio, em Aparecida, na sua passagem pelo Brasil em 2007: elas servem para fazermos um exame de como vivemos o nosso amor exclusivo a Deus. Ainda que essas palavras se dirijam a religiosos, devemos lembrar que se a entrega dos religiosos difere da nossa segundo a modalidade, é, contudo, idêntica no que diz respeito à sua radicalidade. Dizia o Papa que a nossa entrega, o nosso amor, deve ser "sem reservas, total, definitivo, incondicional e apaixonado"[5].

"Deus aguarda o *sim* das suas criaturas como um jovem esposo o da sua esposa", nos diz Bento XVI, na sua "Mensagem para a Quaresma, 2006". É bom pensarmos na dimensão esponsal de nosso relacionamento com Deus. Só assim se entende a nossa vida e o porquê do nosso celibato.

É o Amor — *o Amor dos amores* — o motivo de nosso celibato. Não somos como "solteirões", que não encontraram na sua vida o sentido de um grande amor. Nós, pelo contrário, se formos fiéis a nossa vocação, viveremos uma íntima e grande aventura de amor. Assim como o *ótimo* é o superlativo do bom, o *íntimo* é o superlativo do *intus* — do interior — da nossa inserção profunda com Deus, que "é mais íntimo a nós do que nós mesmos", porque "nele vivemos, nos movemos e existimos", como exclamava São Paulo no Areópago[6].

É surpreendente que um escritor como Goethe diga que "no mais íntimo do nosso coração habita o desejo puro de nos entregarmos a um ser supremo,

---

5   Bento XVI, Discurso em Aparecida, 12 de maio de 2007.
6   São Paulo, Discurso no Areópago de Atenas (At 17, 28).

puro e desconhecido, voluntariamente e por simples gratidão". A intuição de Goethe — talvez um profundo sentimento pouco definido — deveria traduzir-se em nós em um amor igualmente profundo, mas concreto, bem perfilado, de acordo com as qualidades que sugere o Papa: "sem reservas, total, definitivo, incondicional e apaixonado".

Sem reservas. Sem voltar o olhar para trás: virar sal, como a mulher de Lot. O sal conserva e preserva as coisas. A mulher de Lot virou sal para nos conservar na lembrança de que é uma falta de coerência com os nossos compromissos "colocar a mão no arado e voltar a vista atrás" (cf. Lc 9, 62): "Sereis assim tão levianos? Depois de terdes começado pelo Espírito, quereis agora acabar pela carne?" (cf. Gl 3, 3).

Total. Nosso "sim" ao amor integral a Deus abarca toda a nossa vida: presente e futuro, alma e corpo, inteligência, vontade e coração. É uma simples questão de amor. Não tem nada a ver com normas, cânones ou "regrinhas". Por isso, na raiz dos problemas que encontramos neste ponto, está sempre presente o desamor.

Nosso coração é para Deus. O coração inteiro. O que mais agrada a Deus é o coração dos homens. Se não damos nosso coração por inteiro a Deus não poderemos agradá-lo com outras coisas.

Exclusivo. Deus se enamorou pessoalmente de nós e nos quer só para si. Ele nos diz: *"Meus es tu"*, "tu és meu" (Is 41, 96). E "amor com amor se paga". O Senhor sabe que se dar com exclusividade é próprio de enamorados. Por isso quer de nós o que temos de mais íntimo: "Dá-me, meu filho, o teu coração" (Pr 23, 26).

Apaixonado. Os santos transpiram este amor apaixonado. As expressões que Santa Teresa do Menino Jesus

O AMOR: A PAIXÃO DO SACERDOTE

usava demonstram o nível espiritual em que orbitava: "oceanos de graças", "abismos de amor", "imensos desejos", "torrentes de misericórdia", "horizontes sem fim". A esse nível nós temos de chegar.

Há nesta paixão como que um antecipado sabor de céu no paladar da alma, a tal ponto que quem o experimentou não o trocará por nada — por nenhum outro amor humano — e aquele que não teve essa experiência não chegará nem sequer a intuí-lo.

"Só à luz de uma maturidade psíquica profunda" — escreve Jiacomo Dacquino, um especialista nesta matéria — "o celibato do padre aparece como verdadeiro carisma. É aceito intimamente e com todo o seu ser. Não é apenas fruto de uma imposição jurídica ou consequência de uma desvalorização ou fuga da sexualidade. Pelo contrário, é a última etapa de um desenvolvimento profundo: *um amor mais oblativo e profundo que o próprio amor conjugal*"[7].

"*Dilatasti cor meum, Domine*" (Sl 118, 32). O Senhor dilata o nosso coração a tal ponto que o Amor de Deus torna-se algo predominante e impositivo... "*Vultum tuum Domine requiram*": Eu procuro ansiosamente o teu rosto, Senhor, como o amante procura o rosto da amada.

Quando faleceu o Cardeal Dom Lucas Moreira Neves, encontrava-me também em Roma. Acompanhei os últimos momentos daquele que era para mim pastor e íntimo amigo. Pouco antes de falecer, repetia precisamente este Salmo: "Sempre suspirei por contemplar o rosto do Senhor e dentro de pouco me extasiarei nele por toda uma eternidade". Sublimes experiências

---

[7] Jiacomo Dacquino. "Problemas psicológicos na vida do sacerdote", em *Secularização e sacerdócio*, Braga, 1971, p. 140.

cristãs que só se entendem quando a lógica do amor impregna a vida toda.

Os desvios do amor

Chegar até essa altura, contudo, não é fácil. Exige, como todo amor, desprendimento e renúncia. Quando vemos alguns padres, nossos amigos, carregando o celibato como um fardo, tentando encontrar alguma desculpa para não vivê-lo ou criticando azedamente as normas eclesiásticas, nós sentimos pena, muita pena. Compreendemos perfeitamente e com dor o seu sofrimento, mas, de alguma maneira, também sentimos vontade de dizer a ele, e repetir a nós mesmos, como Jesus disse à samaritana: "Se conheces o dom de Deus..." (Jo 4, 10) Ah! se conhecêssemos o dom de Deus... Se conhecêssemos a sublime experiência do Amor de Deus... Se conhecêssemos as alegrias de Deus... Existe um mundo maravilhoso por trás destas reticências... Se experimentássemos nas entranhas de nosso ser o amor que experimentaram os *homens de Deus...* provavelmente não andaríamos enganados por *miragens*, em busca de tesouros falsos. Se por um momento o Senhor nos deixasse sentir esses rios mansos e largos de água viva que brotam do centro de nosso ser e nos transportam até a vida eterna; não andaríamos como animais sedentos mordendo a carne, abraçando o dinheiro, enamorando a glória, suspirando por outro amor; não estaríamos condenados a esse desanimador vaivém de euforias e depressões... Então, as alegrias desta terra teriam a consistência do que permanece, como se fossem um embrião de nossa felicidade eterna...

Muitas vezes não conseguimos intuir esse *dom de Deus*. Por isso, não o buscamos. Se o vislumbrássemos, andaríamos atrás dele, como o ambicioso atrás do poder; como o avaro atrás de seu ouro; como o libertino atrás do prazer... Porque esses pobres desgraçados, quando perseguem tudo isso, estão, na verdade, fazendo o mesmo que nós, o mesmo que todos: perseguindo o eternamente feliz e o absolutamente belo.

Ah! Se conhecêssemos o dom de Deus. Quantas promessas escondidas nesta alusão... Como explicar a um cego o que é a luz? Que inacessível poder convencer quem não tem o sentimento de Deus de que sua tragédia consiste precisamente em não se aproximar daquilo que no fundo mais deseja!

Sim, compreendemos a dor e a solidão do nosso irmão que sente o celibato como um fardo, como compreendemos também a nossa própria inquietação e tristeza quando nos afastamos um pouco de Deus. Compreendemos a sua aflição e sofremos com ele, lamentando-nos por uma vocação de voos tão altos, como os das águias, correr o perigo de reduzir-se ao voo rasteiro de uma ave de curral. Compreendemos tudo isso como também compreendemos que é necessário fazer-lhe ver uma verdade fundamental: o coração humano nasceu para amar e, se não lhe damos um amor grande e profundo, enche-se de sensualidade, de vilezas e até de desvios vergonhosos. Também nós precisamos aprofundar essa ideia. Por que pensamos que tantas pessoas que nos rodeiam apelam à bebida, às drogas, ao sexo desvairado? Por que são más ou perversas? Não! É porque são carentes: carentes de amor. O seu coração vazio sente fome e morde e come o primeiro que encontra.

SACERDOTES para o terceiro milênio

Não nos esqueçamos de que, por sermos sacerdotes, não por isso deixamos de ser homens, com toda a carga de fraquezas próprias do ser humano. Os mesmos desvios que lamentamos nos outros podem acontecer conosco se não vivemos vigilantes. A água é boa. O vinho é melhor. Mas não há coisa mais esquisita do que o vinho aguado. O amor conjugal é bom. O amor esponsal do sacerdote é melhor. Mas não há coisa mais lastimosa e ambígua do que uma paixão sacerdotal diluída, híbrida, aguada, misturada com amoricos humanos, apegamentos sensuais, lamentáveis compensações sentimentais... *"Corruptio otima, pessima"*, diz um antigo adágio: "Não há corrupção pior do que a corrupção do melhor". O melhor é, sem dúvida, o amor que Nosso Senhor pôs no nosso coração ao dar-nos a vocação sacerdotal. Mas ninguém está livre do pior: um coração vazio está sempre à beira do abismo. Todos nós podemos, em qualquer momento, sentir a tentação de qualquer desvio: uma moça bonita, um sorriso cativante, um olhar extremamente meigo e feminino; a alegria esvoaçante das encantadoras crianças, filhos de um bom paroquiano... E a sedução de um outro amor ou de uma paternidade meramente humana aparece...

Copio umas palavras simpáticas de Leo Trese, um padre norte-americano que se tornou famoso por interpretar, de forma extremamente realista, a vida do presbítero comum:

> Ao sair da sacristia, vejo Frank Smith tocar a campainha da casa paroquial, à hora marcada para a lição de catecismo. O seu velho carro está junto à calçada, carregado com os seus únicos tesouros: a esposa com o

caçulinha no banco da frente e, atrás, quatro cabecinhas despenteadas. E uma vez mais sinto uma pontada de inveja... É uma inveja momentânea. O bom senso depressa me lembra todo o dinheiro que Frank tem de gastar com a família: dores de cabeça e preocupações, privações e sacrifícios, noites sem dormir e pesadelos. Sei do filho que perdeu e da conta que tem de pagar mensalmente ao médico... Recordo-me também do que experimentei faz pouco tempo diante do Santíssimo Sacramento quando me sentia invadido por essa autocompaixão sentimentaloide: *Cristo está aqui*. Ele é tão real como deve ter sido para Lázaro quando saiu atemorizado do túmulo... O bálsamo do amor de Cristo atravessou a dura crosta do meu amor-próprio e da minha autocompaixão... E parece que Ele me dizia: "apesar de tudo, eu te amo [...] e tu não te separarás de mim nem Eu de ti enquanto te mantiveres fiel, e o meu amor se refletirá no teu rosto". E sempre termino exclamando: *vale a pena*[8].

Sim, todos nós podemos sentir a tentação em qualquer momento e em qualquer lugar, todos nós podemos ter as nossas quedas e os nossos desânimos, mas todos nós sempre poderemos ter a consolação, a força da Eucaristia, a paz e a graça de recomeçar, que nos oferece o Sacramento da Reconciliação. E, com a graça de Deus, também poderemos terminar exclamando: *vale a pena!*

Vale a pena

Caríssimos irmãos no sacerdócio, *vale a pena* guardar o coração, reservar o sentimento mais nobre do amor esponsal para esse Deus que não poupou o seu amor,

---

8 Cf. Leo Trese. *Vaso de Argila*. Editora Quadrante, São Paulo, 2023, p. 102-04.

dando a sua vida por nós no Calvário e que nunca se deixará vencer em generosidade, dando-nos o cento por um... *Vale a pena* colocar-nos em nosso devido lugar no trato com as pessoas que nos rodeiam, não permitir, apesar de nossas naturais inclinações, determinadas familiaridades, beijos e abraços, apertos de mãos, olhares, sorrisos e expressões que um cristão reto, bem informado e com bom senso não gostaria de ver num sacerdote exemplar... *Vale a pena* deixar de lado essas diversões, esses programas de descanso ou de televisão que, talvez, nos distraem, mas também nos perturbam e excitam... *Vale a pena* seguir as normas indicadas para a Confissão Sacramental, não aproveitar algo tão santo como uma conversa de aconselhamento para entrar em terrenos de intimidade sentimental, que criem um laço afetivo entre confessor e penitente, ultrapassando as normas da prudência sacerdotal... E tantas outras coisas que você mesmo aconselharia a um irmão no sacerdócio mais novo ou a um seminarista num momento difícil... Sim, *vale a pena* imolar esses pequenos "amoricos" no altar de um grande Amor, escrito com a maiúscula superlativa que exige a infinita grandiosidade de Deus. É muito natural que no coração do sacerdote se misturem os legítimos sentimentos de fraternidade e paternidade espiritual com sentimentos humanos que toda pessoa sente por aqueles que vivem ao seu lado. Isso, contudo, envolve certo perigo. Todo ser humano, mas especialmente a mulher, sente uma necessidade, às vezes compulsória, de abrir o coração, de encontrar um canal de confidência. O sacerdote é o homem de confiança; tem uma formação humana e espiritual amadurecida e profunda; está colocado por Deus ao

O AMOR: A PAIXÃO DO SACERDOTE

lado dos homens para ser veículo da comunicação divina; ele tem o poder de perdoar os pecados e de curar as doenças da alma e, além disso, é uma pessoa educada, amável, acolhedora, simpática... Por isso, nada mais natural que seja procurado como amigo e confidente. Mas aqui existe um risco: uma excessiva intimidade, que se possa estabelecer, entre o diretor e a pessoa dirigida.

É necessário acautelarmo-nos diante desse perigo. Em outra publicação[9], referi-me à *solidão da mulher bem-casada*. Se a mulher bem-casada sente a solidão diante das desatenções do marido — dizia —, deveríamos também pensar na solidão da moça que está à procura de namorado sem encontrá-lo; na solidão da jovem desquitada que ficou sentimentalmente no ar e de tantas outras pessoas que se encontram em semelhantes situações... Elas buscam não apenas orientação espiritual, mas também apoio psicológico e afetivo. Essa espécie de carência afetiva pode tentar encontrar um lenitivo na figura do sacerdote, ultrapassando a medida da prudência e do bom senso. Nós temos de ter a suficiente maturidade para cortar os voos desse apego afetivo em tempo oportuno. Caso contrário, cairemos em sucessivas armadilhas sentimentais que nos trarão muitos remorsos e, talvez, grandes aborrecimentos.

Encontramos, também, o outro lado da questão, o anverso da medalha: *a solidão do sacerdote bem-comportado*. Não há coisa mais perigosa para um sacerdote do que essa *carência afetiva*. O coração encontra-se num estado de instabilidade. Qualquer atenção especial ou

---
9 Rafael Llano Cifuentes. *Crises conjugais e conflitos afetivos*. Editora Quadrante, São Paulo, 2001, p. 122.

qualquer carinho personalizado que recebe podem desequilibrá-lo.

Numa situação assim, inconscientemente, tende a encontrar uma consolação afetiva, valendo-se, talvez, da sua condição sacerdotal, procurando uma amizade excessivamente sensível... Uma amizade particular com alguma pessoa que coordena uma pastoral ou dirige espiritualmente. Neste caso, já não são os sentimentos e a carne que se elevam até o ideal do sacerdócio e do Amor de Deus, com uma paternidade sublime. Não! É o ideal sacerdotal que se desmorona até o ponto de servir de pretexto para acalmar a sua carência sentimental, de ser utilizado como "álibi" para justificar um comportamento perigosamente ambíguo.

Esse fenômeno tem muitas expressões: a excessiva simpatia esbanjada para cativar pastoralmente um grupo jovem; a afinidade desproporcionada com uma secretária ou agente de pastoral que termina em apego afetivo; a íntima amizade paterna com uma dirigida espiritualmente que termina convertendo-se numa espécie de "romance místico"... Não nos esqueçamos de que, como diz São Paulo, "o demônio se reveste de anjo de luz" (2 Cor 11, 14).

Não faz muito, um sacerdote, que tinha fama de piedoso, veio chorando para confidenciar-me que tinha deixado grávida uma moça da sua comunidade que se dirigia espiritualmente com ele... Estava arrasado. Nada há de novo embaixo do sol (Ecl 1, 9). As coisas que já aconteceram a um irmão podem acontecer também a nós, se não temos "a prudência das serpentes, ao lado da simplicidade das pombas" (cf. Mt 10, 16).

A prudência sacerdotal

Em certa ocasião, um bom católico veio discretamente me dizer que estava preocupado porque o seu pároco ia, com certa frequência, conversar com a sua esposa no apartamento. Na realidade estava muito inquieto e chateado. Não sabia qual era exatamente a relação que existia entre ela e o pároco. Na comunidade já começavam a correr alguns comentários desagradáveis.

Conversei com o pároco, bom sacerdote, e ele confirmou que, de fato, ia visitar essa senhora no apartamento porque ela precisava de orientação espiritual periódica, e certos horários em que ela se encontrava sozinha em sua residência eram os mais convenientes para ela, mas frisou que não havia absolutamente nada que desabonasse a sua conduta. Insistiu nesse ponto. Acreditei plenamente nele. Mas disse-lhe com o maior carinho possível: "Você pensa que não errou, mas na realidade você errou por um duplo motivo: primeiro, porque está escandalizando a comunidade e, segundo, porque está demonstrando ingenuidade e falta de maturidade". Ele defendeu-se alegando que o que interessava era a realidade dos fatos e que pouco se importava com a opinião alheia. "Aí é que você se engana", acrescentei. "Se você não é mau, e assim parece, é então, pelo menos, tolo. E um sacerdote tolo faz muito mal à comunidade". Demo-nos um afetuoso abraço fraterno e ele tomou diligentemente as medidas oportunas. O marido agradeceu de todo o coração e ficou "na santa paz de Deus".

As aparências são importantes. Um paroquiano assíduo, numa visita pastoral, referindo-se ao seu pároco, questionava: "O que faz o padre quarenta e cinco minutos trancado com uma senhora no seu escritório?".

Devemos ter muito cuidado. O nosso nome é o nome da Igreja: tem de estar acima de qualquer suspeita. Sejamos prudentes: pensemos nas "caronas" que damos ou que nos são oferecidas; em determinados cumprimentos excessivamente afetuosos; em diminutivos carinhosos e familiares com que nós nos dirigimos a determinadas pessoas; em pequenos obséquios que fazemos ou recebemos... Em toda esta problemática há algo sumamente importante: não reparar apenas "no que nós sentimos", mas também "no que sente a outra parte", "no que pensa a comunidade" e — não o esqueçamos! — nas "fofocas" que provocam os tratos preferenciais. O mundo eclesiástico está circundado de ciúmes e de pequenas invejas, às vezes mortíferas. Não podemos alimentá-las com comportamentos ambíguos.

Nestas situações o sacerdote tem de ser mais do que nunca sacerdote. Há uma *ética profissional* que compreende o desempenho da medicina, da psicologia, da psiquiatria, da assistência social... Recomenda-se, por exemplo, que um médico, ao fazer o exame clínico de uma paciente, esteja acompanhado de um parente ou de uma enfermeira. Um dos preceitos dessa ética acentua que o profissional não pode aproveitar-se da posição que ocupa, da função que desempenha, para satisfazer os seus desejos ou valer-se da fraqueza da pessoa atendida para dar vazão às suas carências afetivas. Se isto é exigível em não poucas profissões, muito mais deve ser exigido na sagrada missão do sacerdócio.

São muito perigosas as confusões entre a direção espiritual e a amizade humana; entre a paternidade sacerdotal e o apego afetivo. Nisso temos de ser radicais — se necessário, heroicos — e tomar as medidas oportunas: atender mais em lugares públicos, como a Igreja; deixar discretamente aberta a porta, se atendemos na nossa sala; usar com mais frequência o confessionário etc.

Quando, no Santuário da Penha, no Rio de Janeiro, o reitor fez uma sala de atendimento para orientação espiritual e confissões, anexa à Igreja, colocou na divisória vidros que permitiam ver as pessoas que estavam dentro dela. Ele comentava: "Diante de tantas calúnias que estão levantando" — lembrava os casos de pedofilia e outros que apareceram naquela altura nos jornais —, "nós, padres, temos de tomar todas as precauções. Não podemos permitir que sobre nossa pessoa paire, nesse sentido, nenhuma sombra de dúvida". Esse comentário ajuda-nos também a tomar as cautelas a respeito de relacionamentos com qualquer tipo de pessoa: moças, rapazes, seminaristas, crianças, "coroinhas"... Quantos padres já foram caluniados de ter um relacionamento esquisito com os "coroinhas" da sua paróquia ou com as crianças da catequese!

Recordo que, em 1975, um conhecido político católico disse-me:

> Quando formava parte da juventude universitária católica (JUC), existia uma convivência muito íntima entre universitários e universitárias. Os padres que nos assistiam falavam muito que nos devíamos tratar como irmãos e irmãs. Mas ele dizia, sorrindo: "houve vários casamentos *incestuosos*. Eu, por exemplo, casei-me com a minha *irmã* Lúcia, que agora é a mãe dos meus filhos". E acenou para ela dando uma grande gargalhada. "Mas o problema é que — e neste momento ficou muito sério — dois padres também casaram-se com as

suas "irmãs" e perderam o que nós estimávamos mais neles: o seu sacerdócio. Por isso, dá-me tanta pena e apreensão reparar a liberdade como alguns padres jovens se comportam com as moças da sua paróquia. Se soubessem o mal que estão provocando...

Nunca esquecerei esse comentário. Causou-me uma profunda dor. E algo por dentro dizia-me: "Toma cuidado; é o Espírito Santo que está falando para você mesmo".

Um parâmetro para avaliar o nosso amor

Dissemos antes que só temos um coração para o amor. Com o mesmo coração com que amaríamos eventualmente uma mulher e uns filhos temos de amar ao Senhor, a Maria e aos nossos irmãos e filhos espirituais: um coração de carne, afetuoso, que sabe dar-se, entregar-se para construir o coração dos outros, com os pedaços do nosso coração.

Dentro desta ideia, que se tem imposto de uma maneira muito forte no contexto da minha vida espiritual, sempre apareceu, também vigorosamente, um questionamento: eu amo a Deus como um homem apaixonado ama a uma mulher? O nível do meu amor atinge essas alturas? Sempre me pareceu este um bom parâmetro para avaliar os meus sentimentos.

Ao iniciar este capítulo, queria colocar de uma maneira central esse problema, mas não sabia como. De repente, apareceram, diante dos meus olhos, umas páginas luminosas de Leo Trese que, apesar da sua extensão — ainda que eu não as transcreva completamente —, não posso deixar de transmitir aqui. No seu estilo característico, simpático, transparente, com um leve toque de ironia, ele nos fala dos seus sentimentos ao se deparar com o amor que um dos seus paroquianos, o Alfredo, dispensava à sua esposa Maria.

> Esta manhã, como todas as semanas, fui levar a comunhão à mulher de Alfredo, paralisada e pregada à cama já há três anos. Ele está aposentado há cinco anos [...]. Os olhos dela exprimiam a fé com eloquência, embora, em consequência da paralisia, a sua oração só pudesse ser silenciosa. De joelhos à sua cabeceira, Alfredo dizia piedosamente as respostas às orações da comunhão.
> Na saída parei um instante para trocar algumas palavras com ele. Disse-lhe que seria uma grande graça se Deus chamasse para junto dele a pobre doente. É uma pesada cruz para si e Deus, certamente, o recompensará pela fidelidade e dedicação que revela há anos.
> "Não, não me diga isso, padre", respondeu ele. "Gosto imensamente de Maria. De bom grado faria duas vezes mais para poder conservá-la comigo, permanecer à sua cabeceira e contemplá-la. Quando Deus quiser levá-la para o céu, não me queixarei, mas espero que a deixe ainda durante bastante tempo".
> Ao voltar para casa, pareceu-me que o pequeno almoço já não tinha tanta importância como de costume. Que amor e que dedicação! [...] Nada menos que o sacrifício total! E ainda por cima era apenas amor humano, santificado, é certo, ao pé do altar, mas um simples sentimento mútuo de dois seres humanos. E eu — dizia de mim para mim —, que professo amar a Deus de todo o meu coração e de toda a minha alma? Eu escolhi o Senhor Jesus para mim, tal como o Alfredo fixou a sua escolha em Maria há perto de cinquenta anos... No entanto, que serviço mais mesquinho presto ao Senhor! Sinto vergonha.

"Poder conservá-la comigo, permanecer à sua cabeceira e contemplá-la" — isso bastava ao Alfredo. E por pouco não me tomo por um herói, por conseguir colocar a minha hora santa no meu programa semanal. Eu cá posso ir depressa à sacristia por causa de um assunto qualquer, sem mesmo sentir a força da presença divina atrás da porta.

Penso em todo o trabalho que Alfredo faz pela mulher: a cozinha, os trabalhos domésticos, os cuidados, o esforço de levantá-la e arrumá-la, a atenção vigilante... Todo dia é passado nisso. Não concede a si próprio um minuto, a não ser a Missa todas as manhãs, enquanto uma vizinha ocupa seu lugar. Para ele, Maria é a única pessoa com quem conta; por ele, não tem necessidade de nada.

Eu, pelo contrário, julgo-me muito generoso quando dou a Cristo apenas algumas das horas que lhe pertencem. As minhas refeições, a minha sesta, a minha televisão, os meus jornais, os meus ócios e as minhas saídas à noite, as minhas férias e as minhas distrações, tudo isso é bastante precioso para mim. O meu tempo é cuidadosamente organizado e salvaguardado. Deus tenha piedade do importuno que me vem quando estou sentado para almoçar e do temerário insensato que se obstina interromper o meu soninho. Não seria decerto assim se o amor de Deus e das almas dominasse a minha vida, como o amor de Alfredo por Maria domina a vida dele.

Mesmo no trabalho que empreendo por Jesus Cristo, procuro-me a mim próprio em boa parte. Quero que as coisas se façam à minha vontade. Impaciento-me quando os outros têm uma opinião diferente ou contrariam os meus planos [...]. Ontem, por exemplo, irritei-me com a impertinência de um visitante. Irá dizendo as piores coisas de mim pela paróquia afora. Não foi Jesus Cristo que ele encontrou sentado na minha cadeira, porque não vi Cristo na sua pessoa. É um aspecto das minhas deficiências. As pessoas são apenas seres humanos a meus

O AMOR: A PAIXÃO DO SACERDOTE

olhos; não vejo nelas a imagem de Cristo. Alfredo, esse, vê o reflexo de Maria em toda panela cheia de água e em cada pacote de lixívia.

A minha posição é elevada demais e as minhas obrigações são demasiado graves para me deixarem tempo bastante para as maçantes aulas de catecismo, as visitas aos doentes ou a instrução dos catecúmenos adultos. Isto é bom para os meus agentes da pastoral [...]. Só os funerais de pessoas importantes e os casamentos distintos são dignos da minha presença. Os assuntos da paróquia devem adaptar-se à minha conveniência ...

Que aborrecido contratempo, digo de mim para mim, quando conseguem apanhar-me no meu escritório ou ao telefone. Mantenho-me, então, tão frio e tão impessoal como um empregado no seu *guichê*. Habitualmente não demoro a arrumar uma resposta já pronta para os problemas que as pessoas me expõem e dirijo-me, insensivelmente, para a porta, prometendo-lhes piedosamente rezar por elas [...].

Procurando-me sempre a mim próprio. Mesmo a bela igreja onde rezo parece dirigir-me censuras. Eu tinha decidido fazer surgir um dos mais belos edifícios da cidade e ainda não consigo engolir um componente do conselho paroquial que emitira timidamente a opinião que, talvez, pudéssemos construir um menos suntuoso. Na defesa do meu projeto, esbanjei eloquência na Homilia para explicar que nada era belo demais para Jesus Cristo. Dir-se-ia que tinha tido uma conversa telefônica direta com Ele [...]. As minhas ovelhas aceitaram com boa vontade e cooperam na obra sem grandes recriminações. Poderiam participar nas celebrações eucarísticas num edifício mais simples, com idêntica devoção e sem imporem tantos sacrifícios a suas famílias, cravadas com pesadas dificuldades econômicas. Mas foi-me preciso mármore, mosaicos importados e um teto em abóbada de pedras. Consegui obtê-los. Receio que testemunhem mais a minha vaidade do que o meu amor por Deus.

Parece-me mesmo absurdo perguntar a mim próprio se amo a Jesus Cristo com uma dedicação que se pareça, por pouco que seja, com a abnegação total do Alfredo a serviço da esposa. Se fossem esses os meus sentimentos com Jesus, precisaria pelo menos rezar uma Missa a mais aos domingos, dedicar-me com mais empenho à catequese e triplicar as horas de confissões. Se as pedras podem clamar, à maneira de sermão, as da casinha do Alfredo contêm matéria para todo um retiro. Só o que posso esperar é que, na sua compaixão, o Senhor não me venha encontrar tão medíocre como eu me julgo. O remorso abate-se pesadamente sobre mim, mas tenho confiança bastante para dizer a seguinte oração:
"Senhor, ajudai-me ou, antes, forçai-me a amar-vos como eu deveria"[10].

Eu mesmo, depois dessas palavras tão sinceras de um sacerdote norte-americano, não poderia fazer outra coisa a não ser reafirmar sentimentos tão autênticos e transparentes e acrescentar umas oportuníssimas considerações de Bento XVI:

Parece-me que nós, sacerdotes, podemos também aprender com os esposos, precisamente com seus sofrimentos e seus sacrifícios. Muitas vezes pensamos que só o celibato já é um sacrifício. Mas, conhecendo os sacrifícios das pessoas casadas, pensamos nos seus filhos, nos problemas que surgem, nos receios, nos sofrimentos, nas doenças, na rebelião, e também nos problemas dos primeiros anos, quando as noites transcorrem quase sempre sem dormir por causa do choro dos filhos pequeninos; devemos aprender com eles, com seus sacrifícios, o nosso sacrifício. E, ao mesmo tempo, devemos aprender que

---

10 Leo Trese. *Diálogo sobre o Sacerdócio*. Editora Aster, Lisboa, 1967, p. 82-84.

é belo maturar nos sacrifícios e, desta forma, trabalhar pela salvação dos outros[11].

Mais uma vez: vale a pena!

Sim, *vale a pena* levar tudo isso em consideração. *Vale a pena* esforçarmo-nos para que o nosso amor chegue, ao menos, ao patamar da paixão que um homem tem por uma mulher, que Alfredo tinha por Maria. *Vale a pena* procurar que na vida de oração e de piedade o nosso coração encontre esse Amor grande que enche a alma e o coração de um gozo que venha a representar um antecipado sabor de felicidade eterna. Quando assim procedermos, viremos a constatar, pela própria experiência, que o segredo não está principalmente em lutar para reprimir as tentações e abafar os sentimentos inconvenientes, mas em inflamar, no coração, a fornalha do Amor. Para evitar que o frio entre numa sala, podemos fechar hermeticamente as janelas, calafetar as fendas, mas podemos também acender um grande fogo na lareira. É certo que podemos procurar evitar as ocasiões de tentação, impedir que entrem pelas janelas da alma, que são os olhos, imagens que nos perturbem, mas temos principalmente que atear na lareira interior um grande Amor de Deus: afogar o mal com a superabundância do bem; inundar as fraquezas afetivas com a plenitude de amor.

No fim dessas considerações veio à minha memória, despropositadamente, uma lembrança que se prende

---

[11] Discurso do Papa Bento XVI durante o Encontro com os Sacerdotes da Diocese de Albano (Itália). Sala dos Suíços, Palácio Pontifício de Castel Gandolfo, 31 de agosto de 2006.

a um momento crucial da minha vida. Peço desculpas porque o que vou contar a seguir é algo muito pessoal. Penso que, talvez, não venha a ser interessante para todos, mas representa algo de grande significação para a minha caminhada. Era o ano 1961. Fazia dois anos que tinha sido ordenado Sacerdote. Partia de navio para o Brasil. Apresentava-se diante de mim como uma terra grande, bonita, mas totalmente desconhecida: uma incógnita difícil de decifrar. Confesso que o coração estava dividido: sonhava com o Brasil que estava lá na minha frente como um desafio pastoral e, ao mesmo tempo, sentia saudades de tudo aquilo que acabava de deixar...

Todas as tardes fazia a minha meditação na popa do navio. Abria a agenda e revia os nomes de todas as pessoas queridas: da minha família, dos meus irmãos de apostolado, das pessoas que tinha dirigido espiritualmente e, com a desculpa de rezar por elas, deixava que o coração se prendesse numa nostálgica saudade. Mas, numa tarde, subitamente, percebi que aquilo não estava certo, que não tinha conseguido a liberdade interior que reclamava a minha entrega: estava ancorado a um passado próximo que não me permitia navegar "com determinação" para o meu futuro pastoral. E, então, nesse mesmo instante, arranquei as folhas da minha agenda, rasguei-as em mil pedacinhos e lancei-os todos ao mar. Vi como a turbulência levantada pelas hélices levava com aqueles pedacinhos brancos também as minhas saudades pesarosas: acabava de libertar-me! E saí correndo para a proa dizendo para mim: "Não é a popa, não! Não! É a proa! Vou para a proa! É o Brasil que me espera! Deus saberá dar-me, multiplicado por cem, tudo o que acabo de deixar...". A partir daí, todas as tardes, fazia a minha oração no vértice mais avançado do navio que ia cortando velozmente as águas do Atlântico, em direção ao meu destino. Na minha conversa com o Senhor ia olhando para o horizonte brasileiro, até que um dia, emocionado, vislumbrei a costa nordeste do Brasil...

Posso dizer, com toda a convicção, que, depois de 47 anos na "Terra de Santa Cruz", Deus me deu muito mais do que deixei: o cento por um em amores, sentimentos e afeições; em família, irmãos e irmãs; em alegrias pastorais; em frutos apostólicos e, de modo especial, em um grande carinho por este abençoado país: Deus trocou a minha nacionalidade não apenas no papel do passaporte, mas também, e principalmente, nas fibras do meu coração: terminei amando o Brasil mais que o país que me viu nascer...

Não apenas por isso, mas por muito mais, sinto que nunca me parecerá suficiente repetir centenas de vezes: *vale a pena, sim, vale mil vezes a pena!*

A *vivência do amor*

O coração humano tende para o amor como os corpos para o seu centro de gravitação. Não podemos renunciar a um amor humano — esposa, filhos, família... — senão por outro amor humano e divino de ordem superior. Se não é assim, o coração sentirá sempre nostalgias afetivas. O amor não se pode trocar por atividades pastorais, lideranças humanas, honras, promoções ou, inclusive, pela veneração e pelo carinho da nossa comunidade. Temos de colocar o amor e a vida em todas as nossas ações. Caso contrário, ficaremos engessados pela rotina e pela monotonia. O coração não se engana. Ele tem o seu alimento próprio e, quando não se lhe dá, insurge-se, revolta-se e devora qualquer coisa que tenha aparência de amor.

Santo Agostinho, dirigindo-se a Cristo, dizia: *"Vita, vitae meae"* ("Vida da minha vida")! O Senhor tem de ser para nós realmente vida! *Vida por vida; amor por amor.* Vida não pode ser substituída por "programas paroquiais". Amor não pode ser substituído por "rezas" formais ou pela recitação protocolar do Breviário.

Daí a importância do relacionamento íntimo com o Senhor e com Maria Santíssima, que só se consegue reservando todos os dias um tempo para nossa oração pessoal. Oração que se chama "mental", mas que, na realidade, é oração do coração, da vida... É aí que se acende o fogo do amor; é aí, e unicamente aí, que o nosso coração fica sossegado, tranquilo; e é a partir daí que nascem as determinações profundas e os entusiasmos apostólicos grandes e consistentes.

A santidade específica a que fomos chamados tem como vetor o mandamento supremo: "Amar a Deus sobre todas as coisas, com todo o coração, com toda a alma, com todas as forças, e ao próximo como a nós mesmos" (Mt 22, 37-39).

E é esse amor que satisfaz todos os anseios da nossa vida, como canta o poema do melhor poeta da língua castelhana, São João da Cruz:

> Oh! Chama de amor viva, que ternamente feres
> de minha alma o mais profundo centro!
> Oh! Cautério suave!
> Oh! Regalada chaga! Oh! Mão branda!

> Oh! Toque delicado,
> que a vida eterna
> sabe e toda pena paga![12]

Não há um amor humano que a este amor divino possa igualar-se, pois *a vida eterna sabe!*

Não se pense que essas expressões e essas vivências estão encerradas somente no mundo reduzido do místico; elas entram no caminho normal da santidade, à qual são sempre chamados todos os homens.

O rigor científico de um físico e de um matemático, como Leibnitz, não impediu que, em seu grande tratado filosófico, dissesse:

> Jesus Cristo quis que a Divindade fosse não somente o objeto do nosso temor e da nossa veneração, senão também do nosso amor, da nossa *ternura* [...]. Seu desejo era fazer os homens felizes de antemão, dar-lhes, já aqui na terra, um antecipado sabor da felicidade futura. Pois não há nada tão agradável como amar o que é digno de amor [...] e não há nada mais perfeito do que Deus, e nada mais *encantador* do que Deus[13].

Não é surpreendente que um homem de pensamento grave, austero e rigorosamente científico, como foi Leibnitz, inventor do moderno cálculo infinitesimal, aplique a Deus estas duas palavras: *ternura* e *encantador*? Não nos faz pensar que o Deus das forças cósmicas seja, também para um cientista, o Deus dos corações, o Deus do qual brotam o *encanto* e a *ternura* amorosa que pode suscitar a criatura mais

---
12 São João da Cruz. *Canções da alma e chama de amor viva*, p. 37-38.
13 Gottfried W. Leibnitz, "Discurso sobre la Metafísica, 36, 37", *in*: Julián Marías. *La Felicidad Humana*. Editora Alianza, Madri, 1981, p. 124.

bela e mais sensível? Não nos comove pensar que a felicidade consiste em amar com *ternura* aquele que é infinitamente *encantador*? Não se poderiam comparar essas expressões de Leibnitz às do poeta castelhano que nos disse que a experiência íntima do Espírito na alma "a vida eterna sabe e toda pena paga"? Isto não nos ajuda, porventura, a ponderar que não é lógico nos envergonharmos de falar com vibração do amor de Deus para todos? Por que temos medo de que nos rotulem de "beatos" ou de que nos julguem, por acaso, "intimistas sentimentais"? Um homem apaixonado nunca tem vergonha de falar com entusiasmo do objeto da sua paixão.

Este amor, que nos leva a viver como "contemplativos no meio do mundo", fazendo "extraordinariamente bem as coisas ordinárias de cada dia", "convertendo a prosa diária em verso heroico", nas expressões cunhadas por São Josemaria Escrivá, que nos leva também como num voo de ascensão, pelas regiões superiores onde impera a liberdade e nos faz considerar os valores humanos com visão sobrenatural, que é a única realista, já que é a visão de Deus. Uma visão sobrenatural que nos liberta dessas ataduras do material e do mesquinho, do dinheiro e do prazer, em que estão amarradas tantas pessoas e, infelizmente, também não poucos dos católicos praticantes que nos rodeiam, e, por que não dizer, igualmente, alguns dos nossos irmãos no sacerdócio... Uma visão sobrenatural que fazia rir Santa Teresa, ante a atitude de Dona Luisa de la Cerda, lá em Toledo, deslumbrada com seus diamantes, que a ela pareciam uns "vidrinhos um pouco mais brilhantes do que os outros"[14]. Uma visão

---

14   Santa Teresa de Ávila. *Livro da Vida*, 38,4.

sobrenatural que levava São Luís Gonzaga a ponderar, em todas as circunstâncias de sua vida, aquele: *quid ad aeternitatem* (que representa isto para a eternidade?).

O Amor de Deus conduz igualmente a um estado de esquecimento de si próprio, que nos orienta a amar com profunda ternura, inteiramente sobrenatural, todos os homens, especialmente os pobres, os enfermos e os que sofrem. Às vezes, o Amor de caridade que abrasa o coração de um homem de Deus é tão grande que transborda ao exterior em divinas loucuras e desconcerta a prudência e os cálculos humanos, como um São Francisco de Assis, que abraçou apertadamente uma árvore, como criatura de Deus, querendo, com esse gesto, abranger, num grande abraço, toda a criação universal, saída das mãos de Deus, e todos os homens, seus irmãos.

A ação pastoral: um transbordamento de amor

O Amor é difusivo por si mesmo. Tende a irradiar e a se comunicar. Por isso, os apóstolos — até o dia de Pentecostes, tímidos, medrosos, fechados em seu covarde mutismo —, ao sentirem o fogo do Amor em seus corações, impulsionados pelo Espírito Santo, começaram a falar audazmente das *magnalia Dei*, das maravilhas de Deus.

Expressivamente diz São Bernardo: "Se tens bom senso, serás mais concha do que canal. O canal deixa passar simplesmente a água sem reter uma gota; a concha, pelo contrário, primeiro se enche a si mesma e depois extravasa o que lhe sobra da sua plenitude"[15]. E São Bernardo acrescenta: "Hoje temos muitos canais na Igreja, mas poucas conchas"[16]. Sejamos, pois, caríssimos irmãos no sacerdócio; antes de mais nada, conchas, açudes, reservatórios de águas limpas, e "da abundância do coração falará a boca". Essa é a verdadeira eloquência apostólica que os fiéis entendem e saboreiam por uma intuição suscitada pelo Espírito Santo e, por meio dela, são movidos intimamente com aquela eficácia própria de Pentecostes: "Os apóstolos ficaram cheios do Espírito Santo e começaram a falar, e os ouvintes sentiram-se compungidos de coração... sendo incorporadas aquele dia (à Igreja) cerca de três mil almas" (At 2, 4.41).

Também nós poderíamos dizer como São Bernardo que *hoje, na Igreja, temos muitos canais e poucas conchas*: poucos corações sacerdotais que derramam nos outros o que eles têm em plenitude. Quantas pessoas sentem hoje fome e sede de Deus e não encontram quem lhes dê esse pão que nutre a alma e essa água que satisfaz os seus anseios de eternidade! Que pena que muitos que procuram no padre uma fonte de sabedoria e de paz encontrem só um "administrador" de assuntos paroquiais, um líder de programas pastorais! Que triste seria se os homens e as mulheres que nos rodeiam não descobrissem em nós um reservatório de energias espirituais, um lago de mansidão, um oásis de serenidade!

"É preciso que sejas 'homem de Deus'", diz *Caminho*, "homem de vida interior, de oração e de sacrifício. O teu apostolado deve ser uma superabundância da tua vida para dentro"[17]. Palavras que são como

---

15 São Bernardo. In Cant. Serm. 18.
16 *Ibidem*.
17 São Josemaria Escrivá. *Caminho*. Editora Quadrante. São Paulo, 1999, n. 961.

O AMOR: A PAIXÃO DO SACERDOTE

uma ressonância de Chautard, no seu conhecido livro *A alma de todo apostolado*: "As obras de zelo não devem ser outra coisa que não o desdobramento exuberante da vida interior"[18].

Nós devemos tornar possível que se realize em nós aquele segredo de Pentecostes: a eficácia transborda da plenitude interior, a palavra sai do coração, como a seiva da fibra lenhosa, como a rosa brota da roseira, porque já não pode aguentar tanta primavera que leva dentro. A paixão evangelizadora precisa ser, antes de tudo, uma paixão de Amor. É quando o coração transborda como um rio dilatado pelo temporal, para fecundar outras vidas humanas, para levar aos outros uma felicidade que ultrapassa as medidas de nossa limitada capacidade humana.

É impressionante observar nos apóstolos a espantosa transformação feita pelo Espírito Santo. Aqueles que pouco antes estavam aprisionados pelo medo convertem-se em homens de uma audácia que nada faz recuar. É também impressionante reparar no brilho dos olhos de algumas pessoas após ouvir uma pregação sobre o Amor de Deus, depois de uns momentos de diálogo íntimo com o Senhor ou da participação em um *grupo de oração*: eles foram também, de algum modo, transformados pelo Espírito Santo. E isso pode e deve acontecer conosco!

Temos de chegar ao terreno da intimidade com Deus na nossa meditação pessoal. Algumas pessoas dizem só saber dirigir-se a Deus em profundidade quando participam de um *grupo de oração* em que cantam e louvam a Deus. A elas eu diria que também na sua

---

18   Jean-Baptiste Chautard. *L'ame de todo apostolat*, Vim, Lyon, 1934, p. 52.

casa, na sua moradia interior, podem reunir-se com um maravilhoso *grupo de oração*: o Pai, o Filho e o Espírito Santo, os *Doces Hóspedes da alma!* E, lá no fundo do seu ser, louvar ao Senhor, conversar e dizer coisas cheias de ternura e tocar, com as cordas mais íntimas do coração, uma música composta à semelhança de um apaixonado poema de amor...

É este o clima do Espírito Santo. E é então que se reproduz um novo Pentecostes, quando o desejo de comunicar os nossos sentimentos é tão forte que se converte numa ação evangelizadora vibrante, contagiosa, contínua e eficaz. É quando cobram novo sentido as palavras de João Paulo II, "*Duc in Altum*, guia ao mar alto, a águas mais profundas, conduz a barca da tua vida a horizontes mais largos...". Palavras da sua carta programática para o novo milénio, que deveriam ser como o estribilho da nossa ação apostólica[19]. "*Duc in Altum*: guia o navio das tuas atividades a uma alta e profunda missão evangelizadora, entrando audazmente, como os apóstolos, depois de Pentecostes, em todos os ambientes que te rodeiam".

---

19 São João Paulo II. *Carta Apostólica Novo Millennio Ineunte*, 6 de janeiro de 2001, n. 40.

4
A DECADÊNCIA DO AMOR E A MATURIDADE AFETIVA

A decadência do amor

Não nos cansaremos de repetir: nascemos para o amor. Este é o destino do homem na terra. Santo Agostinho, já o dissemos, resumia a vida humana assim: *Amare et amari* (amar e sermos amados). O amor tem um parâmetro referencial, determinado também por Santo Agostinho: *"A medida do amor é amar sem medida".* Isso o entendem muito bem aqueles que estão apaixonados. Ninguém, nesse caso, aceita uma declaração como esta: "Eu te amo com os dois terços do meu coração". Pode aumentar a porcentagem até os nove décimos. Não adianta. Ninguém consegue concordar se não se chega a pronunciar a palavra-chave: eu te amo com *todo* o coração.

É por isso que o Senhor coloca a totalidade como condição indispensável do mandamento supremo: "Ama ao Senhor teu Deus com todo o coração, com toda a alma e com todas as forças" (Me 12, 30).

E é também por isso que o Apocalipse nos diz: "Conheço as tuas obras, os teus trabalhos, a tua paciência, e que não podes tolerar os maus, e reprovaste os que se dizem apóstolos mas não o são, e os achastes mentirosos, e tens paciência, e sofrestes por meu nome sem desfalecer... *(Quando coisas boas, dizem-se da Igreja de Éfeso...!)* Mas tento contra ti que perdestes o fervor do primeiro amor. Considera, pois, de onde caíste, e arrepende-te, e pratica as obras primeiras; senão virei a ti e removerei do seu lugar o teu candelabro, caso não te arrependeres" (Ap 2, 1-5). Reparemos que o texto não recrimina a Igreja de Éfeso por algum tipo de pecado, nem sequer por ter perdido o amor, mas *por ter perdido o fervor, a vibração, a totalidade do primeiro amor.*

O primeiro amor! O amor de um homem apaixonado, que deseja a proximidade, a intimidade, que supera qualquer barreira e distância! Como se excede! Como procura contentar a pessoa amada com todo pormenor e toda delicadeza! *É um amor sem medida...* É capaz de dar a vida pela amada, pelo amado, como Tristão por Isolda, como Romeu por Julieta... Assim o canta belamente o famoso sétimo soneto de Camões: "Transforma-se o amador na coisa amada por virtude de muito o imaginar... Se nela está a minha alma transformada que mais deseja o corpo de alcançar?".

Da mesma forma o proclama o *Cantar dos cantares*, interpretando a paixão da alma por um *Deus ciumento* (Tg 4, 5), que quer ser amado com toda a plenitude, com o entusiasmo do primeiro amor... Um Deus ciumento que paga o cento por um: O *teu amor, Senhor, faz-me dançar de alegria* (Sl 30).

Queridos irmãos no sacerdócio, se essa qualidade indispensável do amor pode ser exigida a todos os cristãos, quanto mais a nós, os prediletos do Senhor!

Ainda é mais claro o Apocalipse quando se refere à Igreja de Laodiceia: "Conheço as tuas obras, e não és nem frio nem quente. Oxalá fosses frio ou quente, mas porque és morno, nem quente nem frio, estou para te vomitar da minha boca" (Ap 3, 15-16).

Quantas vezes lemos essas palavras, caríssimos padres! Mas as aplicamos a nós? Alguma vez já pensamos que nós mesmos poderíamos ter caído nessa morneira do espírito, nessa *tibieza*, provocando náuseas no Senhor?

O desleixo espiritual, denominado *tibieza*, é uma doença do espírito que a teologia católica descreve como uma espécie de anemia progressiva e imperceptível, que termina fazendo definhar o organismo como o faz a chamada clinicamente *anemia perniciosa*.

O amor é como o fogo: ou cresce ou morre; ou se dilata ou se degrada; ou progride ou se autodevora. São Bernardo repetia: "Dizes-te *basta*, estás perdido". Perdidos estamos quando o fervor vai esmorecendo, pouco a pouco, como, paulatinamente, vai-se debilitando o organismo submetido a um processo de anemia.

A morneira no amor

Li numa nota científica que se fez uma experiência com diferentes espécies de batráquios, entre eles o sapo: consistia em retirá-lo da lagoa onde se encontrava, com a mesma água do seu "habitat", e colocá-lo num recipiente, que vai sendo aquecido, pouco a pouco. O sapo não toma qualquer atitude diferente, extemporânea: vai tranquilamente aceitando o aquecimento progressivo até a água ferver. Então, morre. Ele, em realidade, foi morrendo aos poucos, mas sem se perturbar. No entanto, se colocamos o sapo de repente na água a ferver, imediatamente dá um pulo e cai fora. Meio chamuscado, porém vivo[1].

Quando li essa nota, pensei imediatamente na nossa possível tibieza: vamos aceitando aos poucos pequenas concessões: não rezamos a Liturgia das Horas, atrasamos a hora de levantar; cedemos a tentação de uma pitadinha de gula aqui; de uma curiosidade mal-intencionada acolá, que abre as portas a outras mais graves... E começam a aparecer os excessos: excesso na comida e na bebida; as sestas prolongadas; os desleixos na vida de oração; desejos de recuperar as coisas que deixamos por amor ou de reaver direitos dos quais abrimos mão nos momentos de maior entrega; abandono dessas pequenas heroicidades no desempenho pastoral que no início do nosso sacerdócio eram habituais, e esse instalar-se na paróquia ou na ação pastoral como um bom burguês... E, imperceptivelmente, vamos caindo em situações de verdadeiro perigo: falta de vontade para celebrar a Santa Missa; aversão a uma pregação fervorosa; assaltos mal combatidos da sensualidade; quedas de castidade... Assim, de repente nos encontramos num estado lamentável ao qual se chega quase sem dar conta.

Vai caindo-se na *tibieza* quando se descuida das *pequenas coisas*. Um conhecido professor da universidade de Oxford, Lewis, grande humanista, escreveu, entre outros, um livro notável intitulado *Cartas do diabo a seu aprendiz*. Com a típica ironia britânica, vai narrando como um experiente espírito maligno, Stropus, escreve ao seu sobrinho, orientando-o para que venha a tornar-se um exímio tentador, como ele mesmo já o era. Eis uma dessas cartas:

---

1   Cf. *Jornal O Globo*, 20 de fevereiro de 2000, p. 26.

A DECADÊNCIA DO AMOR E A MATURIDADE AFETIVA

> Querido sobrinho: dizes-me que o teu cliente não faz grandes progressos no mal e por isso ficas muito triste. Comentas que só comete "pecadinhos". Sem dúvida, como todos os tentadores jovens e inexperientes, estás procurando que o teu cliente caia em maldades espetaculares. Mas, não esqueças, o único que de verdade importa é em que medida afastas o homem do Inimigo (*refere-se a Deus*). Não importa que sejam leves as faltas, contanto que o seu efeito cumulativo consiga empurrar o homem para longe da luz e para o interior do *nada*. O assassinato ou o adultério não são expedientes melhores do que o jogo do baralho ou um programa de televisão, se esse jogo ou esse programa forem suficientes para conseguir esse fim. De fato, o caminho mais seguro para o Inferno é o gradual: a suave ladeira, suave sob os pés, sem brusquidões, sem sinalizações e, pouco a pouco, meu caro sobrinho — já!, já! —, sem perceber, eles vão caindo no abismo. Seu carinhoso tio Stropus.

Podemos considerar essa carta como uma sátira bem ao estilo britânico, mas também podemos considerá-la uma *parábola* que nos alerta sobre os perigos dos nossos pequenos desleixos e abandonos, sobre as nossas desordens e concessões caprichosas — descuidos na guarda da vista, na seleção dos programas de TV ou no acesso a determinados *websites* etc. —; imprudências no trato afetivo com determinadas pessoas, ausência de esmero na celebração da Santa Missa... E, quase sem perceber, estamos resvalando ladeira abaixo em direção ao abismo.

Poderíamos reagrupar essas negligências em torno de alguns sintomas classificados de acordo com as três grandes dimensões do ser humano: *a cabeça* (as ideias); *o coração* (os sentimentos); *os braços* (as ações).

A tibieza na cabeça

Na *cabeça*, a tibieza manifesta-se em forma de uma espécie de *"naturalismo racionalista"*, de *"cristianismo humanizado"* ou de *"catolicismo aguado"*. Não é a lógica evangélica, a lógica da cruz, a que domina, mas a lógica do *bom senso*. O sentido sobrenatural da vida fica aqui subordinado às razões apresentadas pela inteligência humana. A fé, às vezes, vem a ser como uma fina película superficial de cristianismo, que se coloca em cima daquilo que já foi decidido pela razão. No fundo, as opções mais importantes da vida continuam sendo fundamentalmente humanas ou pagãs. Decide-se, como um empresário, um comerciante ou um profissional qualquer em favor daquilo que vai dar maior glória, prazer ou satisfação humana ou mais lucratividade e, depois, justifica-se a decisão com pinceladas que dão um colorido cristão a essa opção. Faltam, no fundo, os critérios característicos próprios da fé, como fundamento e motivação das nossas ações.

É *o bom senso humano* convertido em critério pastoral: não se fazem muitas exigências, "para não ser tachado de intransigente"; pensamos excessivamente *no que dirão*, deixando-nos dominar pelo respeito humano com receio de perder a fama de "arejados", "ecléticos", "modernos", "progressistas"... Já não se cogita a generosidade da cruz. Já nos parece um desperdício inútil esse derrame de amor que se chama abnegação... Já não há disponibilidade total, mas cálculo na nossa maneira de obedecer ou de servir. Aparece, imperceptivelmente, uma tendência a ironizar as coisas de Deus e a considerar "pieguice sentimental" o fervor vivido por alguns irmãos que nos rodeiam. Fica patente uma *falta de hierarquia de valores:* não se ordena o tempo de acordo com as exigências pastorais — pelas reais necessidades da vida espiritual e material dos nossos fiéis —, mas pelo gosto pessoal, pelo que promove, é mais agradável ou economicamente mais rentável. Em termos práticos, manifesta-se um *naturalismo religioso* que nos inclina a dar um excessivo valor às coisas que comumente são mais estimadas — nível econômico, conforto, honras, promoções, prazeres, prestígio, sucesso, eficiência... — e deixam-se, em segundo plano, os valores nitidamente cristãos como o desprendimento, o espírito de serviço e de sacrifício em benefício dos outros, a humildade, a discrição, a vida de oração... Alguns valores humanos importantes — como a simpatia, a eloquência, a comunicabilidade social e a capacidade administrativa —, em vez de serem considerados como um meio eficaz para o trabalho pastoral, tornam-se um fim em si mesmos: dá-se mais valor ao êxito da ação, à eloquência da pregação, ao prestígio conquistado do que ao progresso espiritual dos fiéis e ao crescimento na santidade. Cobram mais importância o anzol e a isca — meros instrumentos — do que a finalidade da própria pesca, isto é, o fortalecimento da fé, da esperança, do amor, e a salvação das almas. Chega-se, assim, como consequência, a cair na superficialidade, na vaidade, no desejo de aparecer, de ser promovido, de ganhar dinheiro, de ser popular, de ser valorizado...

Lembro que faz anos levava a direção espiritual de um estudante de engenharia da USP, em São Paulo. Universitário brilhante. Fez o doutoramento na Universidade de Stanford. Voltou e montou uma próspera empresa de informática, ganhava milhões... Um dia, muito triste, veio dizer-me:

Tudo na minha vida parece que correu muito bem, mas agora me parece que na realidade não foi tão bem assim: fiz *um mesquinho investimento em Deus*. E estou sofrendo as consequências de um depauperamento interior, de uma falta de sentido humano e cristão para as lutas da vida: sinto-me fraco, empobrecido... Num determinado momento — disse-me —, caí em mim e tomei consciência de que, dentro da minha próspera riqueza, sou um indigente.

Ele caiu em si e também me fez cair em mim: que valor real dou ao tempo dedicado a Deus? Na minha vida sacerdotal, estou fazendo o melhor dos investimentos no banco de Deus? Estou "atesourando" *tesouros no céu* (cf. Mt 6, 20), como nos diz o Evangelho, ou estou fazendo investimentos em glória humana, em progressos intelectuais e acadêmicos, em promoções eclesiásticas? Confesso que o meu amigo engenheiro fez-me pensar...

E lembrei-me naquela época, e lembro-me também agora, de um critério muito certeiro para diagnosticar a *tibieza: a falta de retidão de intenção*. Temos uma grande tendência a procurar elogios, promoções, cargos importantes... Não nos falta uma forte inclinação para subir ao pódio dos campeões: gostamos que o nosso nome apareça nos jornais, que depois de realizada por nós uma obra, o nosso trabalho seja lembrado ou venha a constar numa bonita lápide de bronze. Nesse sentido, recordo uma engraçada ocorrência do grande Papa São Pio X, quando queriam colocar uma lápide em sua honra na Catedral de Treviso, onde foi Vigário capitular: "Se querem agradar ao Santo Padre, lembrem-se dele particularmente na Santa Missa, mas esqueçam de *lapidá-lo*"[2]. Era a sua *retidão de intenção* que falava... Nós talvez não cheguemos a pensar que, ao desejar ansiosamente uma glória humana, uma resenha que "imortalize" o nosso trabalho, uma lápide, talvez estejamos "lapidando", apedrejando, de alguma maneira a glória que só a Deus se deve.

A *retidão de intenção* pede que trabalhemos discretamente, sem pretender honras e pedestais, medalhas e lápides, procurando fundamentalmente a glória de Deus. Compreendemos que essa pureza de intenção completa e perfeita é difícil de conseguir, como é também muito difícil vir a possuir *os sinais* que caracterizam a retidão de intenção, indicados por Santo Afonso Maria de Ligório:

> Primeiro: quem age só para Deus não se perturba em caso de fracasso, porque Deus não querendo, ele também não quer.
> Segundo: alegra-se com o bem que os outros fazem, como se ele mesmo o tivesse feito.
> Terceiro: sem preferência para trabalhos, aceita de boa vontade o que a obediência lhe pede.
> Quarto: tendo cumprido seu dever, não fica à espera de louvores nem aprovações dos outros. Por isso, não fica triste se o criticam ou o desaprovam, alegrando-se somente em ter contentado a Deus. Se, por acaso, recebe qualquer elogio do mundo, não se envaidece, mas afasta a vanglória, dizendo-lhe: "Segue o teu caminho; chegaste tarde porque o meu trabalho já está dado todo a Deus"[3].
> Conheci um velho e santo religioso — continua dizendo Santo Afonso — que trabalhou muito para Deus e morreu como um santo. Um dia depois de olhar para

---

2 Girolamo Dal-Gal. *Pio X El Papa santo.* Editora Palabra, Madri, 1985, p. 268.
3 São João da Cruz. *Lettere Spirituali.* Roma, 1669, parte 1, Lettera 30.

sua vida passada, triste e muito preocupado, disse-me: "Pobre de mim! Examinando todas as ações de minha vida, não acho nenhuma que tenha feito só para Deus". Maldito amor-próprio que faz perder todo, ou grande parte, do fruto das nossas boas obras! Quantos há que, mesmo nos seus trabalhos mais santos de pregador, confessor, missionário, se cansam, se sacrificam e pouco ou quase nada lucram com isso, porque não têm em vista unicamente a Deus, mas a glória mundana, o interesse, a vaidade de aparecer ou, ao menos, a própria inclinação[4]!

Quando a motivação das nossas ações é predominantemente nosso benefício e honra, o amor de Deus vai *languidescendo* e a *tibieza* vai aumentando. Em sentido contrário, a pureza de intenção é como "uma alquimia divina", que transforma o ferro em ouro, a ação mais insignificante em um ato valiosíssimo.

A tibieza no coração

A *tibieza* tem também manifestações características na segunda grande dimensão da personalidade humana: o *coração,* os sentimentos. Neste capítulo, veremos que a *tibieza* vai infiltrando-se quando deixamos perder o vigor da qualidade fundamental do amor, que é a generosidade, a *totalidade,* e nos contentamos com o que julgamos mesquinhamente ser *suficiente*: o *suficiente* trabalho para poder ser considerado um padre eficaz e realizador; o *suficiente* esforço intelectual para conseguir a fama de padre *bem preparado*; o *suficiente* espírito de doação, de caridade e de abnegação para ganhar simpatias, para que

---

[4] Santo Afonso Maria de Ligório. *A prática do amor a Jesus Cristo.* Editora Santuário, Aparecida, p. 79-81.

não possam dizer que somos egoístas ou acomodados; o suficiente desprendimento para que não nos julguem gananciosos; a suficiente *piedade* para que possam comentar que somos homens de fé...

O critério do *suficiente*, do "mais ou menos", substitui o critério da perfeição, da santidade. Esse dizer "resolve", dá para "contornar o problema", representa uma forma de comportar-se completamente contrária àquela exigência do Senhor: "Sede perfeitos como o meu Pai celestial é perfeito" (cf. Mt 5, 48).

Essa *suficiência* está beirando continuamente a *mediocridade*.

Cristo não amou o *suficiente*, Cristo amou com *excesso*: entrega-se sem medida. Pode dizer que ninguém tem mais amor do que aquele que dá a vida pelos seus amigos. Pode dizê-lo porque, de fato, morreu por amor. Do seu coração transpassado saiu sangue e água — água porque não tinha mais sangue.

Como se alegraram os olhos de Jesus quando aquela pecadora quebrou de uma pancada só o frasco de perfume valiosíssimo! Não o deu com medida, ela o derramou inteiro, de uma só vez. Como louvou o Senhor essa ação, preanunciando que em todo o mundo seria proclamado e glorificado aquele gesto (cf. Mc 14, 3-9). Também devo confessar que me removeram, faz anos, umas palavras de Pierre Charles, na sua obra *A oração de todas as horas*, referindo-se a esse ato de generosidade e que agora transcrevo:

> Uma pecadora pública ensina ao nosso orgulho de velhos escribas a ciência do dom perfeito; uma criatura desprezível, com um só gesto, mostra-nos o que devemos fazer.

Quebrado o vaso [...] derramou todo o perfume aos pés do divino Mestre. Eis o gesto, o único gesto verdadeiramente digno daqueles que possuem a ciência do dom perfeito.

Mas ai! A maioria não compreende esses sacrifícios absolutos, nem porque se dá mais do que é preciso, nem porque se dá tudo de uma vez [...]. E a imolação de uma vida inteira parece-lhes uma prodigalidade absurda, um desperdício inútil — *e alguns dos presentes irritavam-se com ela.*

Os pseudo-sábios [...] vos dirão que Deus não pede tanto, que mais vale prever o futuro e conservar bem abertas as portas de saída; e que é exagero levar as coisas tão longe. Aprenderam que a virtude consistia em não cometer excesso algum, e a generosidade que ultrapassa o limite da estrita obrigação parece-lhes excesso deplorável. Mas vede: essa pecadora pública acaba de derramar aos pés do mestre o valor de todo um ano de trabalho; mais de trezentos dinheiros volatizam-se em perfume. Não é uma insensatez? Tinha o Mestre necessidade de semelhante profusão?

Ela fez-me uma boa obra — o Verbo eterno aprova o gesto da pecadora penitente e a propõe como exemplo aos discípulos [...].

Ó meu Deus, é preciso que eu compreenda e pratique esse dom total! [...] A experiência de cada dia prova que a alegria permanece sempre viva nos corações que se esvaziam de toda a inquietação e só desejam o que é eterno.

Senhor, armai-me de santa coragem contra todas as minhas hesitações e pusilanimidades, como fizestes à pecadora do Evangelho. Não permitais que eu arraste neste mundo uma alma dividida, temerosa de vos pertencer sem reserva. Livraime do gesto avarento, da mão que se fecha quando precisava dar, e que se abre longamente no momento de receber[5].

---

5 Pierre Charles. *Generosidade*. Editora Quadrante, São Paulo, 1982, p. 23-25.

Como me fizeram pensar essas palavras no início da minha vida sacerdotal! E como as tenho levado à minha oração, para que não amesquinhe o meu coração perante o chamariz desses recantos acolchoados que me protegem da doação sacrificada, da vida pastoral desinstalada!

No coração, a tibieza, ao lado da mesquinharia e do cálculo, aparece também como um sintoma claro, o contraste entre uma *insensibilidade* para as coisas de Deus e uma *hipersensibilidade* para as coisas que nos dizem respeito. Por um lado, deixa-se de corresponder com muita facilidade às inspirações do Espírito Santo. Diz-se "não passa nada" e, no entanto, está passando Cristo como passou ao lado daquele jovem rico... Falta prontidão para secundar as chamadas de Deus. E, por outro lado, há uma *hipersensibilidade* marcante em tudo o que se refere à nossa pessoa: não me valorizam o suficiente; não me dão a atenção que mereço; não me dispensam o carinho que necessito... Há uma estranha compaixão por nós mesmos.

Esse contraste abre espaços para um verdadeiro *círculo vicioso*: por não se *sentir* gosto pela vida de piedade, descuida-se da meditação, da leitura espiritual, dos meios de formação e de reabastecimento do espírito. Vai-se criando, assim, um vazio afetivo que, por sua vez, suscita uma verdadeira necessidade de compensações da sensibilidade e do sentimento: amizades excessivamente humanas, diversões mundanas, relações frívolas, que conduzem a um descuido da vida de piedade, e a secura espiritual que a ausência de Deus cria incentivam a corrida mais intensa à procura de satisfações afetivas ou claramente sexuais... E essa ansiosa procura torna ainda mais aguda a aversão que sentimos pelas coisas de Deus: abre-se na alma um insondável vazio existencial, que provoca uma verdadeira intoxicação psíquica, uma vida espiritual letárgica, vegetativa.

É preciso quebrar esse círculo vicioso, com a determinação da vontade, ainda que falte o menor lampejo de inclinação oude sentimento de acordo com aquele sábio conselho de São João da Cruz: "Põe amor onde não há amor e tirarás amor". Põe amor com a vontade seca, onde não há amor com sentimento, e tirarás um amor grande, sentido, afetuoso, que te permitirá repetir: "O teu amor, Senhor, faz-me dançar de alegria" (Sl 30).

É preciso reagir; é preciso vencer a sensibilidade, pôr amor onde não há amor... É necessário ultrapassar essa situação penosa. É uma questão de sobrevivência.

Caríssimos irmãos, falo de experiências dolorosas. Já encontrei na minha existência sacerdotal, navegando ao meu lado no grande rio da nossa vida pastoral verdadeiros cadáveres viventes. Alguns deles talvez pudessem exclamar, chorando como o fazia "O Presbítero" da obra de Alexandre Herculano, por não poder casar-se com a mulher pela qual estava apaixonado: "Sabes tu, Hermengarda, o que é viver dez anos amarrado ao próprio cadáver?".

Deparei-me, infelizmente, mais de uma vez com a figura desse *presbítero-cadáver*. Não foi suficientemente generoso para entregar-se ao amor de Cristo e começou a viver uma *vida dupla*. Não estava disposto a assumir os sacrifícios da vida sacerdotal, mas não queria abandoná-la: era o que ele sabia fazer, era o que lhe dava prestígio e consideração humana, era, enfim, o seu "ganha-pão". Celebrava as suas missas, atendia o seu povo, tinha fama de bom pregador... e tinha uma amante! Não se pode imaginar o conflito íntimo de uma pessoa que vive assim. A própria comunidade terminou rejeitando-o. Que o Senhor nos livre, caros irmãos, de uma situação semelhante! E encomendemos ao Deus de toda misericórdia os nossos irmãos que vivem esse drama íntimo e doloroso.

A tibieza nos braços

Na dimensão executiva, nos *braços*, a tibieza manifesta-se em forma de negligência, passividade, apatia, inoperância, falta de disciplina, desleixo, preguiça... Lembro-me de uma conversa que tive com Thiago, um rapaz estudante de engenharia no Fundão, de inteligência brilhante, mas com resultados acadêmicos medíocres. Perguntou-me qual era a origem dessa falta de sucesso. Eu lhe respondi, com um olhar malicioso: "Você não sabe resolver o *problema do triângulo!*". "Mas eu sou bom em geometria", disse dando uma risada. E eu, também rindo, acrescentei: "Mas este é um triângulo muito especial e complexo. O primeiro lado está formado pela *geladeira*: mal você chega em casa, já a abre, pegando o que ali encontra de mais gostoso e, com o estômago empanturrado, você vai perdendo a vontade de estudar. Aí entra em jogo o segundo lado: *a televisão*. Gasta tempo e tempo com aquele programa cretino, e, para terminar, vai sendo envolvido pelo terceiro lado: *a cama*... O pior é quando você junta os três lados: na cama, com o controle remoto, vai deixando-se enlevar por aquela novela tola, com uns petiscos tentadores ao lado do travesseiro e uma gostosa cervejinha gelada. Não há quem resista à turbulência desse triângulo: é o mortífero *Triângulo das Bermudas*". No meio de grandes risadas, ele fez o propósito de ir quebrando cada um dos lados tentadores desse triângulo. Não sei se por causa dessa nossa conversa, mas Thiago começou a levar a sério a Universidade. Hoje é um engenheiro jovem, competente, ganhando muito bem em uma multinacional.

Deveríamos pensar, também nós, que os nossos problemas, às vezes, são elementares: devemos resolver o problema do triângulo. Cada um dos lados pode ter variantes diversas, mas, no fundo, incide na mesma questão: é preciso superar o comodismo e a preguiça.

Essa atitude geral de languidez traduz-se habitualmente em consequências práticas significativas: a impontualidade nos nossos compromissos; o costume de protelar os deveres enfadonhos; o apego a determinados programas, diversões e caprichos; as evasões e fugas em determinados projetos, empreendimentos e atividades paralelas ou contrárias à nossa vocação...

Impressiona nesse sentido o depoimento da Irmã Lúcia, a vidente de Fátima, que teve comunicações especiais do Senhor depois de retirar-se ao claustro:

> O coração do nosso bom Deus e da nossa boa Mãe do Céu continuam tristes e amargurados [...]. Lamentam-se com frequência da vida pecaminosa da maioria do povo, mesmo daqueles que se dizem católicos práticos. *Mas sobretudo queixam-se muito da vida tíbia, indiferente e comodista da maioria do clero, religiosos e religiosas.* É pequenino, muito limitado o número das almas com quem se encontra no sacrifício e na vida íntima do amor. *Estas confidências rasgam-me o coração, sobretudo por ser eu do mesmo número dessas almas infiéis* [...].

A DECADÊNCIA DO AMOR E A MATURIDADE AFETIVA

> São muitos os crimes, mas sobretudo *é muito maior agora a negligência das almas de quem Ele esperava ardor no seu serviço* [...]. E o pior é ser eu do número dos tíbios, depois dos esforços que Ele tem feito para me incorporar ao grupo dos fervorosos. Prometo muito facilmente, mas com a maior facilidade falto[6].

Chama a atenção a consciência que a Irmã Lúcia tem da sua falta de correspondência à graça... Ela lutava, mas falhava. E se penitenciava por isso. Uma religiosa, que vive fielmente os seus compromissos, considera-se tíbia... E nós? Talvez estejamos convencidos do nosso valor quando porventura fazemos bem menos do que ela e, no entanto, parece que não aceitamos de bom grado que alguém nos faça uma sugestão para melhorar ou que exijam de nós maior generosidade.

Deveríamos pensar, contudo, por que, às vezes, caímos em certos estados de depressão ou de tristeza espiritual; por que nos sentimos pouco motivados quando não há estímulos humanos, promoções, elogios, retribuições afetivas ou econômicas; por que nos sentimos, às vezes, com a alma "desencantada" ou com o ânimo endemicamente "cansado"?

Talvez possamos encontrar a resposta na definição que São Tomás faz da tibieza: "certa tristeza pelo que o homem se torna tardo para realizar atos espirituais por causa do esforço que comportam".

Se nós, alguma vez, sentimos esses sintomas, precisamos reagir perante as suas primeiras manifestações: quando descuidamos daquele plano de vida que decidimos fazer no seminário ou no silêncio de um fervoroso retiro; quando se introduz a rotina no cumprimento dos

---

6   Irmã Lúcia. *O segredo de Fátima*. Editora Loyola, São Paulo, 1974, p. 184.

nossos deveres sacerdotais; quando negligenciamos a oração diária ou a Liturgia das Horas; quando já não nos doem as distrações que temos na Santa Missa; quando se acumulam propósitos formulados e não cumpridos; quando não damos importância aos pecados veniais deliberados; quando protelamos consideravelmente a nossa confissão sacramental... Quando isso acontece, temos de reagir como se reage ao aparecerem os indícios de uma doença grave.

Sim, reagir aprofundando nas raízes da nossa vocação, na meditação da Paixão de Cristo e no valor da cruz... No significado que tem essa poda que o Senhor faz na videira para que ela dê mais fruto; na ação de Deus que purifica a alma dos entusiasmos humanos, dos sentimentalismos, para que apareçam determinações mais firmes e convicções mais consistentes...

O processo de maturação, as etapas da alma, parecem estar bem exprimidas no poema clássico estampado na Epístola Moral a Fábio:

> Flor, nós a vimos ontem formosa e pura e
> logo fruta insípida, amarga e dura,
> e mais tarde saborosa, doce e madura.

Assim, vamos amadurecendo. Temos de ir superando estágios. Os primeiros entusiasmos depois da nossa ordenação são como flores brilhantes. Elas necessariamente darão lugar aos frutos: primeiro parecem verdes, azedos, secos e duros — são as diferentes provações e contrariedades purificadoras da vida espiritual — e depois de purificados terminam convertendo-se em frutos sazonados e gostosos: são os frutos de uma vida sacerdotal sábia, experiente e madura.

Certamente, não nos podemos deixar levar por esses estados de languidez espiritual, de tibieza. Precisamos recomeçar, ultrapassar os primeiros estágios emocionais, reiniciar um processo de conversão... Deus é infinitamente misericordioso. Pensemos no estado de pecado em que se encontrava Santo Agostinho e na situação de tibieza em que vivia Santa Teresa. Suas reações são um incentivo para as nossas sucessivas conversões.

Progredindo nesses sentimentos, explica-se a santidade eminente que conseguiram os grandes pecadores. Suas faltas passadas foram, pelo arrependimento, incentivo para crescerem em virtudes. O desejo de reparar os levou a redobrar o amor.

A maturidade afetiva do presbítero

Ao lado dessas manifestações falsas do amor, encontramos outras que revelam a presença ou a ausência de uma maturidade afetiva no Presbítero. A este tema relevante dedicaremos uma longa e merecida atenção.

A situação em face do problema

Falando da espiritualidade presbiteral, Uriarte nos diz:

> Felizmente, a vivência do celibato é, na maioria dos párocos, sincera e aceitável. Em um grupo considerável, embora minoritário, ela é até mesmo fina e elegante, espiritual e humanamente. Nesses casos o celibato potencializa sua vida espiritual e sua vida pastoral. Não podemos negar, contudo, que existe um segundo

grupo: uma porcentagem considerável de párocos para os quais o celibato hoje é um duro combate, no qual são frequentes a debilidade, o sofrimento, a regressão a comportamentos arcaicos e mesmo a tristeza. Isso não pode ser negado. Para essas pessoas, o celibato é fonte de alguma riqueza, mas muitas vezes é fonte de problemas e, no melhor dos casos, é mais fonte de problemas que de riqueza. Tampouco podemos esquecer que há um terceiro grupo, em porcentagem sensivelmente menor, que leva nessa área de comportamento uma vida dupla mais ou menos encoberta. É preciso dizer e afirmar isso com honestidade.

Como nós, párocos, nos preparamos para enfrentar essa problemática? Geralmente a educação que recebemos para assumir uma vida de celibato é bastante pobre. Não somente os párocos mais velhos, mas também as gerações de párocos jovens. Muitos dos párocos de hoje receberam ao longo de sua formação uma educação sexual e afetiva muito elementar, e nem sempre correta[7].

Muitos sacerdotes, verdadeiros *homens maduros*, constituem a espinha dorsal de uma Igreja particular ou de todo um grande país como o Brasil, de *les a les*. Sua coragem moral e a sua força espiritual são como o baluarte dos seus irmãos sacerdotes. Como todos os homens maduros, sua integridade já foi testada repetidas vezes e se tornou ainda mais firme e profunda depois de cada prova. A sua maturidade e nobreza superaram sobejamente o narcisismo, a autoafirmação individualista e a instabilidade emocional que caracterizam a imaturidade do adolescente. Sua fidalguia de alma, sua paz e sua serenidade refletem essa segurança que só pode proceder de Deus.

---

7   Juan Maria Uriarte. *A espiritualidade do ministro presbiteral*. Editora Loyola, São Paulo, 2000, p. 26.

Alguns, porém, como diz Robert Moore, falando dos presbíteros, ainda são "meninos fingindo ser homens"[8]. Têm comportamentos próprios dos adolescentes (irritabilidade, egocentrismo, ressentimento, teimosia, instabilidade emocional etc.), que tendem a minar a eficácia do seu ministério. Eles precisam crescer. Eles precisam tornar-se homens. Não homens com essa pseudo-masculinidade agressiva, centrada numa espécie de "machismo" próprio de uma cultura ultrapassada, mas a masculinidade de um homem senhor de si mesmo, autoconfiante, cuja força de caráter se baseia na consciência de ser filho de Deus, destinado a tornar-se "outro Cristo".

Alguns padres precisam estar à altura das suas grandes responsabilidades. Parece que ainda não souberam integrar na sua personalidade a sua elevada condição e, em concreto, o seu celibato sacerdotal.

É certo que o celibato é um dom de Deus, uma graça toda especial que só entendem aqueles que receberam essa vocação divina, mas também é certo que ele deve ser incorporado, paulatinamente, à própria vida, de um modo também humano, através de uma experiência entranhável de Deus, de pequenas e grandes renúncias assumidas por amor — como deve fazer qualquer pai, qualquer marido — e assimiladas no mais íntimo do próprio ser pela oração e pela vivência diuturna de um amor que é mistura de abnegação e de alegre exultação.

No fim desse processo de maturação chega-se a uma serenidade superior, fruto de um amadurecimento afetivo profundo e jubiloso. Consegue-se amar com

---

8 Citado por Juan Maria Uriarte. *Op. cit.*

um amor mais intenso e mais belo que o amor de uma mãe pelo seu filho, de um noivo pela sua noiva. Já dizíamos que há nesta paixão como um antecipado sabor de céu no paladar da alma. Até tal ponto que quem verdadeiramente o experimentou não o trocará jamais por nada.

Causas da imaturidade

Este processo de integração, contudo, pode ficar truncado. Um presbítero pode sofrer uma espécie de *paralisação* no seu desenvolvimento afetivo e ficar estacionado numa etapa de transição.

Com trinta e cinco anos, por exemplo, tem uma vivência afetiva de um adolescente de quinze. A *idade psicológica* não corresponde à *idade cronológica*. Por isso, podemos dizer que nem todos os adultos são adultos, como nem todos os menores são menores.

A imaturidade deve-se, em muitos casos, a essa "fixação retrógrada" numa determinada época da vida — infância, adolescência, primeira juventude... — que retarda o desenvolvimento normal da personalidade. Um *adulto acriançado*, que se encontre, imaginemos, na faixa dos trinta anos, continuará a procurar a solução dos seus problemas de adulto por meio de recursos infantis, ou seja, procurará, por um procedimento pueril, infantilizado, resolver conflitos que só podem ser superados de maneira adulta.

Não nos esqueçamos de que nós, como homens, estamos submetidos também a esses fenómenos que nos prendem à nossa infância ou à nossa adolescência. Por exemplo, um pároco, limitado numa paróquia que considera inexpressiva, sentindo-se solitário, pode voltar a assumir aquela atitude adolescente que necessita imperiosamente de libertação, de independência, de autoafirmação, e torna a abrir aquele âmbito secreto dos seus sonhos românticos em que se imagina conquistador, galã, líder, triunfador, "padre-cantor", arrebatador de multidões, "mediático-carismático", cativante, conferencista de TV... E tudo isso imagina poder conquistar sem aptidões e preparo técnico suficientes para atingir metas tão fantasiosas.

Dominado, talvez, por condicionalismos de um passado vinculado ao *permissivismo* que impregnou o seu ambiente cultural, sente novamente a necessidade de satisfazer o *prazer imediato* ("Tomar agora. Essa é a real", diz a propaganda de um conhecido refrigerante: *experimenta, experimenta, experimenta*. E ele, influenciado pelo modismo, *experimenta* aquela novela inconveniente de televisão, navega na *internet* em programas claramente pornográficos... Quantos não terão de reconhecer que, ultrapassados já os trinta, continuam a exclamar como quando tinham sete: "Quero pizza já!". Vale dizer: "Quero aquela máquina fotográfica digital, já! Quero aquele televisor de 34 polegadas ou o sofá com divã, já!". Quando, talvez, a Diocese está solicitando uma ajuda especial para a crise econômica do Seminário.

É bem sabido que este é um dos sinais da imaturidade: a criança quer o que é bonito; o que se apresenta como vistoso; o que lhe dará um prazer novo... Não pode esperar; quer *agora*. Como o padre ameninado não pode esperar a compra de um carro, que talvez esteja acima das possibilidades econômicas da paróquia, um bom aparelho de som ou o *notebook* de última geração que já era para estar nas suas mãos *ontem*!

É lamentável que um presbítero venha a tornar-se, pouco a pouco, vaidoso, superficial, e, progressivamente, comece a deslizar pela rampa da *frivolidade*, venha a ser dominado pelo *império do efêmero*, na expressão de Gilles Lipovesky[9], ou tenha como fundamento do seu pensar essa pseudoerudição que tão facilmente se consegue "via *internet*" e que dá como resultado a *mediocridade de um novo analfabetismo*, como a denomina Hans Magnus Enzensberger[10]. Por incrível que pareça — talvez por causa do cansaço ou pela falta de profundidade — a televisão, os vídeos e a *internet* parecem ser o principal alimento intelectual de alguns padres, transformando-se para eles numa espécie de "chupeta para adultos". Neste contexto, o padre, recém-ordenado, corre o perigo de tornar-se um adulto-adolescente.

Tenho ouvido com certa frequência comentários de pessoas discretas, bons católicos, que não chegam a compreender bem como um sacerdote que parece maduro se apresenta de um dia para o outro com o cabelo tingido ou, como já tem acontecido, com uma peruca que mal esconde uma bem consolidada calvície. Como também não chegam a entender as atitudes de certos padres que, em almoços ou festas sociais, se comportam como garotões de vinte anos. Alguns casais bem ponderados também se interrogam sobre o significado que tem o fato de alguns presbíteros usarem cabelos desmesuradamente compridos, rabo de cavalo, barbas e bigodes desleixados. "Tudo bem — dizem —, eles são livres para agir como bem entenderem", mas sabiamente questionam: "O que se esconde por detrás

---

9   Cf. Enrique Rojas. *El hombre light*, 13ª ed. Editora Temas de Hoy. Madri, 1997, p. 41.
10   Cit. por Enrique Rojas. *Op. cit.*, p. 48.

desse cabelo? Que pensamento originou essa atitude? O que estão querendo mostrar ou demonstrar?".

Poderíamos responder que, talvez, detrás desses gestos incomuns, permaneça velado um fenômeno ao qual já fizemos referência: uma "adolescência retardada", uma imaturidade que se manifesta no sacerdote, de acordo com a tese de Luong Van Tri, numa "excessiva necessidade de atrair a atenção e a simpatia sobre a sua pessoa", "num criticismo crônico, numa "pertinácia infantil em aferrar-se à própria opinião"[11]. A forma contestatória e crítica de agir, a necessidade de chamar a atenção manifestam-se em modos de proceder diferentes, originais, chocantes.

Lembro-me de um comentário que fez a secretária de uma paróquia: "O padre X é um padre carente". E eu perguntava-me: o que ela está querendo dizer com essa expressão? Poucos meses depois ele deixou o sacerdócio e foi morar com uma moça. Não fazia muito tempo que se tinha ordenado. Era um padre jovem e imaturo. A sua imaturidade não tinha superado o romantismo próprio de um adolescente.

Nesses casos mencionados e em outros, observa-se uma imaturidade afetiva marcante. Há padres que, de repente, parecem descobrir o mundo da afetividade e do sexo e, especialmente, o universo feminino. Neste caso, poderíamos pensar: ou não foram devidamente formados, ou não se aprofundaram na afirmação jubilosa que representa o celibato, ou, ainda, não souberam aproveitar os momentos em que experimentaram a mordida da solidão para crescerem na experiência de Deus, através de uma oração mais íntima.

---
11 Cit. em "Boletim sobre espiritualidade Sacerdotal", Enrique de la Lama e Lucas F. Mateo Seco, in: *Scripta Theologica* 31 (1999/3), p. 957-79.

SACERDOTES para o terceiro milênio

Há casos em que sacerdotes intelectualmente bem-dotados sofrem de um verdadeiro *analfabetismo afetivo*. Não chegaram a tomar consciência da verdade de que são homens e que, portanto, despertam o interesse de mulheres malformadas que desconhecem o valor e a grandeza de uma vocação e o compromisso dela decorrente, e que, precisamente, por serem "difíceis" de serem conquistados, representam um desafio para a capacidade de sedução feminina. Esse *analfabetismo afetivo* impede que assimilem o "bê-a-bá" das relações homem-mulher: que existem apertos de mãos, olhares, sorrisos, gestos, atitudes extremamente significativas. Muitas mulheres, desde mocinhas, aprenderam muito bem o significado dessa linguagem sem palavras. O jovem estudante, recluso no seminário, mal alertado nesse sentido, não foi ensinado a superar essa linguagem com elegância e habilidade. E, pouco a pouco, sem o perceber — talvez porque careça de profundidade na sua oração e também porque lhe falta a renúncia e a sobriedade nas relações sociais — deixa-se envolver numa rede sentimental da qual não é capaz de desembaraçar-se. E, de repente, diz: "estou apaixonado". E começa uma verdadeira crise de vocação.

Não faz muito um sacerdote bom, que tinha fama de piedoso, veio, chorando, dizer-me que tinha engravidado uma moça. Estava confuso. Não queria abandonar o sacerdócio. Já começavam, porém, a grassar comentários muito desagradáveis na paróquia. Ele não sabia mais o que fazer. Dei-lhe um abraço e chorei com ele. Estudamos as medidas oportunas para superar o escândalo e salvar o próprio sacerdócio. Mas, no fundo, eu pensei: será que um padre não toma consciência das suas responsabilidades sacerdotais e não conhece o mais elementar das relações afetivas entre um homem e uma mulher e o que pode acontecer quando estas se concretizam? Será que ele é tão imaturo que não pode prever essas consequências dolorosas e, de certa forma, trágicas e irreversíveis? A piedade desse padre era puramente sentimental, de fachada. Ele realmente tinha somente "cara de santinho", mas esse "santinho piedoso" estava causando um grande mal à sua comunidade, que aliás ele próprio dizia amar.

Devemos desconfiar de uma bondade que não sabe desprender-se de uma "afeição santa" que pode levar o seu sacerdócio a um verdadeiro naufrágio. Se a nossa piedade não nos conduz a atitudes firmes e claras, em face das nossas relações afetivas, ela é uma piedade falsa, sentimental.

A formação para a maturidade

Eis aqui um desafio para os formadores que trabalham no seminário. Um padre de uma determinada diocese disse-me que, ao longo de todos os anos de seminário, *só* três vezes foram abordados os temas da afetividade, da castidade e do celibato. Assim, entende-se a existência desse *analfabetismo afetivo* ao qual fazíamos referência anteriormente.

Não é bom, contudo, lamentar-se. Hoje, agora, neste momento, se for esse o caso, devo empreender a tarefa de reeducar-me, de entrar no Mobral[12] da afetividade. Comecemos a lutar. Não demos espaço ao nosso sentimentalismo. Mas, especialmente —

---
12 Movimento Brasileiro de Alfabetização — denominava-se, faz anos, a iniciativa de acabar com o analfabetismo adulto.

já o dizemos —, abramos o coração para o amor forte e profundo a Jesus Cristo, à sua Mãe, Maria Santíssima, e à Igreja que Ele edificou com o seu sofrimento e, dentro deles, amemos com amor fraterno e profundo, tenro e firme, ao mesmo tempo, àqueles que são filhos do nosso espírito.

É significativo verificar como essa imaturidade parece ser uma característica da atual geração. No nosso mundo, altamente técnico e cheio de avanços científicos, pouco se tem progredido no conhecimento das profundezas do coração, e daí resulta aquilo que Alexis Carrel, prêmio Nobel de Fisiologia, apontava no seu célebre trabalho, *O homem, esse desconhecido*: "Vivemos hoje o drama de um desnível gritante entre o fabuloso progresso técnico e científico e a imaturidade quase infantil no que diz respeito aos sentimentos humanos"[13].

Mesmo entre pessoas de razoável nível intelectual, como é o caso dos presbíteros, observa-se essa imaturidade quase infantil: são indivíduos truncados, incompletos, malformados, imaturos; estão preparados para desempenhar determinada função social ou espiritual, mas desconhecem as profundezas do coração humano ou são incapazes de amar de forma amadurecida, de acordo com o seu estado.

Essa desproporção tem consequências devastadoras. Entre aqueles que estão unidos pelo matrimônio, basta reparar como as pessoas superficialmente se casam e "descasam", se juntam e se separam. Entre pessoas consagradas a Deus, é também surpreendente observar como depois de poucos anos de sacerdócio

---

13 Cf. Rafael Llano Cifuentes. *A Maturidade*. Editora Quadrante, São Paulo, 2003, p. 92.

aparecem, com frequência, as crises de afetividade, os desvios emocionais, os vazios e as carências interiores. Amiúde esses homens, apesar de o conforto, a situação social, o nível de moradia serem, em não poucos casos, superiores aos de seus pais, irmãos e irmãs, sentem que algo está faltando em suas vidas e, não raramente, pretendem compensar essa carência com a procura de posses, dinheiro, *status* social e eclesiástico, promoção e poder.

Não compreendem que essa carência é muito mais séria e abrangente. O *analfabetismo afetivo* impede-lhes de reconhecer que o que lhes está faltando é um amor profundo. Esse amor profundo de que todo homem precisa e que só, em realidade, pode-se encontrar em Deus, de acordo com o pensamento de Santo Agostinho: "Criaste-nos, Senhor, para ti, e o nosso coração estará inquieto enquanto não descansar em ti"[14]. Ele tem de vir a descobrir esse grito silencioso do homem que tem saudades de um amor imenso. Tão grande que só o Amor Infinito pode satisfazê-lo.

O coração humano nasceu para amar — já o dissemos —, e quando não se lhe dá um amor íntimo e profundo, sente uma tristeza e um tédio tão grandes que tendem necessariamente a serem substituídos por compensações materiais — as posses e o conforto a que antes nos referíamos — ou, o que é pior, por desvios afetivos incompatíveis com o estado sacerdotal.

Nesse sentido, aliás, deveremos levar em conta a união que existe entre o celibato e a pobreza evangélica.

Dom Juan Maria Uriarte faz uma observação muito oportuna, recolhendo uma ideia de Greshacke:

---

14 Santo Agostinho. *Confissões* 1,1.

São Tomás de Aquino vê os três conselhos evangélicos ligados numa unidade indissolúvel. Se não se aceitar em sua integridade o chamado evangélico ao seguimento — a pobreza, a obediência —, o celibato nos parecerá como um corpo estranho. E se isso não ocorrer, o celibato não poderá ser um sinal convincente, nem poderá ser vivido com a alegria característica dos discípulos de Cristo. Disse-me um dia um bispo austríaco: "Meus párocos ganham tanto... Têm casas bonitas, geladeiras cheias. Fazem muitas e longas viagens. Eu me pergunto se podem ser celibatários. E, ainda que o sejam, se esse celibato pode servir de testemunho. O celibato requer o contexto do desprendimento"[15].

O presbítero só poderá conseguir esse amor profundo na intimidade afetiva com Deus, que "o torna capaz de amar a Igreja universal — una, santa, católica, apostólica, romana — e a porção da Igreja que lhe é confiada, *com o entusiasmo de um esposo na sua relação com a esposa*"[16].

A superação da imaturidade

Sem essa maturidade afetiva, os sacerdotes correm o grande risco de permanecerem espiritual e emocionalmente subdesenvolvidos.

Não é com a troca de orações protocolares, de normas de piedade formalmente realizadas, que se consegue a intimidade do amor. É preciso comprometer

---

15 Juan Maria Uriarte. *A espiritualidade do ministro presbiteral.* Editora Loyola, São Paulo, 2000, p. 80.
16 São João Paulo II. *Exortação Apostólica Pastores Dabo Vobis,* 25 de março de 1992, n. 23.

toda a riqueza afetiva do coração até chegar a um verdadeiro enamoramento. Enquanto isso não acontecer, o coração sempre andará solto, insatisfeito, à procura de uma compensação romântica.

"Não se pode tapar o sol com a peneira": os projetos de amor conjugal renunciados para abraçar o sacerdócio não podem ser substituídos por uma relação espiritual formal, pelo cumprimento de deveres ou atos de piedade estereotipados. Devem ser substituídos por um Amor que tenha os mesmos quilates afetivos. Caso contrário — já o dissemos repetidas vezes —, o coração humano ficará frustrado. Vida tem de ser substituída por vida. Amor, por amor.

Quando vai aumentando o amor a Deus, paralelamente o sacerdote vai aumentando também o amor a seus irmãos e irmãs, a seus filhos e filhas espirituais, numa relação de verdadeira amizade fraterna e de autêntica paternidade sobrenatural. Inversamente, quanto mais autênticas e puras são as suas relações humanas, mais central e profundo se torna o amor por Deus.

É preciso chegar a essa estabilidade emocional, que é simplesmente maturidade afetiva. Ela traz consigo esse *cento por um* que o Senhor nos prometeu, inclusive em forma de amor fraterno e de amor esponsal por essa nossa querida família, constituída por tantos e tantos que são filhos e filhas nossos, como nós somos filhos do nosso Pai que está nos Céus.

A educação e a reeducação para a afetividade

Atingir essa meta, contudo, não é fácil, especialmente nas circunstâncias atuais. Estas reclamam mais do

que nunca *a educação da afetividade dos seminaristas e a reeducação da afetividade dos presbíteros.*
O que isso significa? João Paulo II o resume numa simples expressão: *a educação para o amor como dom de si.*

> Diante de uma cultura que "banaliza" em grande parte a sexualidade humana, porque a interpreta e vive de maneira limitada e empobrecida, ligando-a exclusivamente ao corpo e ao prazer egoístico, a tarefa educativa deve dirigir-se com firmeza para uma cultura sexual verdadeira e plenamente pessoal. A sexualidade, de fato, é uma riqueza da pessoa toda — corpo, sentimento e alma — e manifesta o seu significado íntimo ao levar a pessoa ao dom de si no amor[17].

Por sua, vez o *Catecismo da Igreja Católica* completa essa ideia acrescentando:

> O amor como *dom de si* comporta uma aprendizagem do *domínio de si*. As alternativas são claras: ou o homem comanda e domina as suas paixões e obtém a paz, ou se deixa subjugar por elas e se torna infeliz. Esse domínio de si mesmo é *um trabalho de longo prazo*. Nunca deve ser considerado definitivamente adquirido. Supõe um esforço a ser retomado em todas as idades da vida[18].

Isso significa *cultivar o amor* em qualquer momento da vida, educar e reeducar a afetividade em todas as etapas em que nos encontremos, como jovens seminaristas ou como padres experientes. O maior de todos os amores se desmoronará se não for aperfeiçoado e renovado diariamente. Empenho que, na vida diária,

---

17 São João Paulo II. *Carta Apostólica Novo Millennio Ineunte,* n. 31.
18 *Catecismo da Igreja Católica,* n. 2312.

se traduz no esforço por esmerar-se na realização das pequenas coisas, por amor de Deus — à semelhança do trabalho do ourives feito com filigranas delicadamente entrelaçadas —, na tarefa de aprimorar o trato mútuo das nossas relações com Deus e com os nossos irmãos e, especialmente, em renovar, no pequeno e no grande, o *compromisso de uma fidelidade* que já prometemos *para sempre* no momento da nossa ordenação presbiteral, ou que viremos a fazer se estamos preparando-nos para a mesma. Atitude que exige perseverança, qualidade que não goza dos favores de uma sociedade hedonista e permissivista, inclinada sempre ao mais gostoso e prazeroso.

Tudo isso faz parte daquilo que denominávamos *educação afetiva dos seminaristas e reeducação afetiva dos presbíteros*.

Já desde o seminário é preciso que os seminaristas tomem realmente consciência de que a atração sexual é algo inerente ao ser humano. E essa força tem de estar incorporada e canalizada a serviço da sua missão sacerdotal. Hão de estar convictos que, quando estiverem à frente de uma comunidade, sendo jovens, intelectualmente bem preparados, com atrativos pessoais decorrentes da sua educação humana e espiritual, necessariamente despertarão as simpatias de pessoas do sexo feminino. Do mesmo modo, por serem homens saudáveis e normais, se não assumirem, desde o início da sua vida sacerdotal, uma postura discreta, viril e coerente com as exigências da sua vocação, tratando as pessoas — especialmente as do sexo feminino — com certa reserva e certo respeito, os jovens sacerdotes poderão deixar-se invadir por uma ilusão afetiva que poderá enfraquecer o seu ministério e apostolado.

Chama a atenção o fato de alguns padres recém-ordenados ficarem maravilhados por moças vistosas procurarem a sua companhia. Ainda se surpreendem ao repararem que começam a sentir uma forte atração por elas. Parece que de repente se lhes abre o horizonte da afetividade e da sexualidade com uma força inusitada. Houve, sem dúvida, uma falta de informação e de experiência. Dá a impressão de que no seminário não se abordou claramente, e de forma reiterativa, de vários ângulos e em diferentes etapas do seu processo formativo, esta problemática tão importante e complexa.

Alguns padres "novatos" não têm conhecimento de que determinados grupos femininos das comunidades parecem sentir a necessidade de "testar" a capacidade de "resistência" que o neopresbítero tem em face dos apelos afetivos e sexuais. Já soube, inclusive, que em determinadas paróquias está presente sempre "o desafio" de conquistar o padre: "Vamos ver quem é a primeira a derrubá-lo". Não deixa de ser isto algo bastante conhecido: um aspecto malicioso da "vaidade" de algumas mulheres pouco honestas e do fascínio pelo "fruto proibido". E depois de "conquistá-lo", largam-no como fazem com qualquer outro namorado. E o padre, inexperiente nesse tipo de emboscada, fica simplesmente arrasado. A sua vocação parece que, de um dia para o outro, ficou arruinada.

É necessário que os formadores saibam alertar os candidatos ao sacerdócio de todas essas possíveis eventualidades, para que eles estejam preparados para enfrentar essas situações de perigo, tal como o fazem os militares quando instruem os soldados novatos sobre os diversos riscos e armadilhas do inimigo que envolvem todas as ações bélicas.

A formação para uma maturidade afetiva profunda tornará os futuros sacerdotes conscientes de que tudo isso é *natural*, mas que, em razão da sua *sobrenatural* função sacerdotal, o seu comportamento deve estar dotado da característica peculiar de uma verdadeira paternidade espiritual: seja qual for a sua idade, deve tratar as pessoas da sua comunidade como um pai espiritual. Isto exige prudência e ponderação.

Presbítero significa *ancião*. Eles têm de pedir a Deus a maturidade e a sabedoria de um ancião de oitenta anos. Como tal, deverão tratar crianças e adultos, moças e rapazes, homens e mulheres, com respeito e cuidados infinitos. Essa prudência e essa ponderação, próprias de um presbítero, de um *ancião*, nunca deveriam prejudicar a sua jovialidade, o sentido esportivo da vida, seu otimismo e sua alegria. Estou seguro de que na juventude de Maria e de Jesus se encontravam harmoniosamente unidos ambos os aspectos.

O prudente aprendizado do trato afetivo

Essa compostura tem de tornar-se familiar no seminário. Nas experiências que todo seminarista deve ter com alguma ou algumas comunidades de uma diocese, ele já deve ir exercitando esse sentido de paternidade espiritual. Deverá ganhar o respeito e a amizade de moças e rapazes, deixando bem claro que a amizade não deve comprometer essa dedicação exclusiva a Deus que, já desde o seminário, está disposto a abraçar.

O seminarista deve ir tomando consciência de que as suas atitudes e os seus gestos representam sinais de aceitação ou de recusa emocionais, de advertência ou de cautela, como significam para todos as diferentes cores de um semáforo. Se com o seu olhar ou o seu sorriso dá o sinal verde a determinadas intimidades e familiaridades aparentemente inocentes, mas perigosas e comprometedoras, poderão acontecer colisões e conflitos no âmbito da sua vocação celibatária. É preciso seguir as convenções da comunicação afetiva. Não podemos acender a luz amarela quando ela deveria ser vermelha. Não podemos correr esse risco.

O jovem estudante de filosofia ou de teologia deve entender que a afetividade, as relações emocionais, os beijos, os abraços, o trato excessivamente íntimo — expressado com diminutivos carinhosos ou brincadeiras pretensamente fraternas — podem representar pontos de ignição que o vento da superficialidade e o hedonismo reinantes costumam alimentar em fogueiras avassaladoras. É muito comum ouvir dizer a esse respeito: "Com fogo não se brinca" ou "A lenha perto do fogo incendeia". Há um ditado antigo, divertido e expressivo, que diz nesse sentido: "O homem é fogo e a mulher estopa. Aí vem o demônio e sopra". Todos os cuidados neste terreno são poucos. Temos de ser maduros. Não podemos mais ser crianças.

Comportamento parecido deverá ter o presbítero já formado e experiente. Há de reconhecer a sua fraqueza. O coração humano é frágil, delicado, versátil e insondável ao mesmo tempo; às vezes, caprichoso, e sempre necessita de carinho. Mas ele não foi feito para veleidades sentimentais, para amoricos, e sim para amores fortes. O *sentimentalismo* é para o amor o que a caricatura é para o rosto. Alguns sacerdotes parecem ter o coração de *chiclete*, apegam-se a tudo: uns olhos

A DECADÊNCIA DO AMOR E A MATURIDADE AFETIVA

bonitos, uma voz meiga, um caminhar charmoso, uma vistosa artista de cinema ou de televisão, o trato especialmente carinhoso de uma jovem paroquiana podem fazer-lhe tremer os fundamentos da fidelidade. Outros parecem inveterados novelistas; sentem sempre a necessidade de estar envolvidos em algum romance, real ou imaginário, sendo eles os eternos protagonistas: dá a impressão de que a *televisão mental* lhes absorve todos os pensamentos.

Pode existir, ao mesmo tempo, uma contrapartida: o comportamento ambíguo do presbítero que emite continuamente, de maneira velada, subliminar, estímulos eróticos que são traduzidos e decodificados por algumas mulheres, especialmente sensíveis, despertando uma mútua e secreta correspondência amorosa. Há certas formas de olhar, de pegar na mão, de falar, de sorrir, que representam no fundo verdadeiros estímulos eróticos.

Talvez possa-se viver nesse *lusco-fusco sentimental* durante longas temporadas sem que as manifestações afetivas se concretizem explicitamente. Mas também é muito provável que elas, de repente, quebrem o dique da discrição e irrompam de maneira impetuosa e, porventura, aparentemente irreprimível a intimidade de um coração sacerdotal.

Uriarte faz, nesse sentido, uma observação muito significativa:

> A sobriedade na linguagem dos gestos com as mulheres é uma regra de sabedoria nada desdenhável. Hoje em dia os usos sociais liberaram notavelmente esse intercâmbio gestual. O beijo e o abraço são mais naturais [...]. Devemos ser honestos e lúcidos. Já sabemos quando por meio dessas efusões se passa um *míssil disfarçado* [...]. Sabemos

em nosso interior quando um gesto tem uma significação e quando tem outra. Temos de ser lúcidos e honestos para evitar o *tráfico clandestino de armas* [19].

É preciso tomar muito cuidado, ficar muito aquém da zona de perigo, das áreas de risco. Ir tomando as medidas oportunas quando ainda está em tempo, porque o compromisso de amor assumido no dia da nossa ordenação é de um valor altíssimo e inigualável.

É por isso, queridos irmãos, que todos nós precisamos reeducar continuamente o nosso coração para a fidelidade. Amores maduros são sempre amores fiéis. Não podemos ter "coração de bailarina". A guarda dos sentidos, especialmente da vista, da imaginação; o cuidado dos espetáculos da curiosidade que desperta a *internet*; a prudência nas nossas relações de amizade, nas quais evitaremos qualquer manifestação perigosa de afeição preferencial e de tantas outras coisas, há de proteger--nos da inconstância sentimental, da veleidade emocional, do comportamento volátil de um beija-flor.

Nós devemos ser testemunhas vivas de um Deus que é, essencialmente, Amor. Temos de pedir a Deus que, com a sua graça e a nossa correspondência, nos conceda um amor cada dia mais profundo, mais humano, mais generoso, mais delicado. Temos, para isso, que nos esforçar para que a nossa vontade se apoie sempre sobre as bases sólidas de convicções firmes que deem estabilidade aos sentimentos e à sensibilidade.

São essas convicções que conferem à personalidade madura uma das suas características essenciais: a *estabilidade* de comportamento, a equanimidade — a igualdade de ânimo — nos diferentes momentos da

---
[19] Juan Maria Uriarte. *Op. cit.,* p. 84.

vida, para além das flutuações emocionais. É por isso que o Concílio Vaticano II faz notar "a necessidade de cultivar [...] a maturidade humana, que se manifesta sobretudo em certa *estabilidade de ânimo*"[20].

Como homens responsáveis pela *fidelidade conjugal* de centenas de casais e pela *fidelidade sacerdotal* de todos aqueles que veem em nós um modelo a ser imitado, temos de voltar sempre a *reeducar* a nossa sensibilidade, a nos aprofundarmos na nossa maturidade afetiva como presbíteros. E essa responsabilidade traz consigo a oração de petição, solicitando ao Senhor, através de Maria Santíssima, Mãe do Amor Formoso, uma extrema delicadeza, tanto maior quanto de forma mais insidiante infiltra-se no coração do sacerdote um penetrante sentido de hedonismo e superficialidade sentimentalista. Assim o recomenda João Paulo II na *Pastores Dabo Vobis*:

> Quanto mais impossível se considera por não poucos homens a perfeita continência no mundo de hoje, tanto mais humilde e perseverantemente pedirão os presbíteros, em união com a Igreja, a graça da fidelidade, que nunca é negada aos que a pedem[21].

---

20   Concílio Vaticano II. *Decreto Optatam Totius*, n. 11.
21   São João Paulo II. *Exortação Apostólica Pastores Dabo Vobis*, 25 de março de 1992, n. 29.

5
OUTROS CRISTOS: A PERSONALIDADE INTEGRAL DO PRESBÍTERO

Para sermos outros Cristos, precisamos imitar o exemplo do Senhor, entrar por aqueles caminhos da Palestina e impregnar-nos da sua vida, seguir os seus passos, voltar uma e outra vez a refletir pausadamente em cada uma das passagens da sua existência terrena. Esse contínuo retorno, esse "manuseio" da sua conduta, dos seus gestos, suas ações e palavras, esse contato reiterativo com o seu perfil, poderá causar em nós o mesmo efeito que fez no pano da Verônica: estampar o rosto de Jesus em nosso semblante. A tela branca da nossa alma poderá ficar penetrada, embebida, entranhada na vida de Jesus, de tal maneira que nos convertamos num *Vere ícone* (isso é o que etimologicamente significa *Verônica*), um verdadeiro ícone, um autêntico retrato de Cristo.

Na impossibilidade de acompanhar todos os passos de Jesus, iremos limitar-nos a considerar só alguns aspectos do seu perfil humano e espiritual mais característicos.

Cristo, *perfeito Deus, Homem perfeito*[1], é o ideal que devemos encarnar. Não apenas a sua dimensão

---
1 *Símbolo Acanasiano*, n. 30.

espiritual, mas também a humana, isto é, a sua *personalidade integral*.

No que diz respeito à formação do sacerdote, com não pouca frequência descuida-se do aspecto humano da sua personalidade.

Não é difícil ver saírem de um seminário rapazes encolhidos, tímidos, amedrontados, pouco corajosos, despreparados para enfrentar as duras "paradas" da vida. Talvez tenham aprendido intrincadas questões teológicas, tenham-se interessado pela História da Igreja, a Patrologia e a Cristologia, tenham-se enfronhado em técnicas modernas de pastoreio, mas desenvolveram pouco a sua personalidade humana: a fortaleza e a constância, as qualidades de comunicação, a sinceridade e a transparência, a descontração e as boas maneiras para o bom trato humano em todos os ambientes, sociais, intelectuais e, inclusive, os mais elevados. Não potencializaram a capacidade de liderança, a simpatia, a forma de conquistar as pessoas... Falta-lhes vibração, firmeza, garra, capacidade de resistência perante as dificuldades, hombridade...

Às vezes, ao referir-se ao modo de falar de pessoas de caráter pouco firme, há quem diga: tem "voz de padre", aludindo a um modo de dicção melíflua ou amaneirada. Um engenheiro católico de Brasília disse-me que ficou muito incomodado quando uma arquiteta, que estava fazendo o projeto de uma igreja, comentou, depois de uma conversa por telefone com o pároco: "Estou farta de ouvir essa voz afetada de *fada madrinha de bosque*".

É triste que se diga que um padre reza com voz de freira e que um leigo, pouco viril, reza com voz de padre. E que se pense que a vida espiritual cristã é mais própria das mulheres do que dos homens, mais adocicada do que varonil, numa mistura de creme — de modos excessivamente delicados — e de compota açucarada: expressões e gestos pouco viris.

O padre que tem a sua psicologia própria não pode deixar-se influenciar pela psicologia feminina nas suas relações com Deus e com o povo. Não se pode admitir — sem prejudicar a conceituação masculina de um sacerdote — que ele, na sua modulação de voz, nos seus gestos, tenha um trejeito mais próprio de uma mulher que de um varão. Isso não é mansidão, isso é deformação psicológica.

Com frequência confunde-se bondade com falta de caráter. Temos de suportar que chamem de bons os tolos, de estupidez a abnegada dedicação de um sacerdote e de *fundamentalismo* a defesa corajosa das verdades cristãs. E, por causa disso, alguns padres ficam acuados, medrosos, tremendo de medo como coelhos assustados dentro das suas tocas. Faltam, às vezes, as virtudes humanas de coerência, rijeza e coragem para assumir aquilo que realmente somos.

Poderíamos dizer que em muitos casos soube-se formar no seminarista o "cristão", mas não "o homem", sem compreender que um autêntico cristão tem de ser, antes, homem: a graça não dispensa a natureza, diz São Tomás, e as virtudes humanas são o suporte natural das virtudes sobrenaturais, como ensina toda a antropologia cristã. "O sobrenatural não deve excluir o humano... o cristão perfeito deve também se apresentar perfeito como homem: cultura, capacidade profissional, educação social e gentileza"[2].

---

2   Josef Sellmair, O *Sacerdote do mundo*, Editora Áster, Lisboa, 1965, p. 83.

"O santo deste mundo" — escreve Rademacher — "é a realização plena da nossa verdadeira natureza humana"[3].

Os cristãos, os santos, foram, ao longo da história, varonis, valentes, fortes, dotados de um coração grande. Cativaram, em primeiro lugar, pelo seu atrativo humano, capaz de ser entendido por todos, cristãos e não-cristãos. Uma personalidade medíocre nunca virá a transparecer a grandiosidade de quem quer imitar um Deus perfeito e um perfeito Homem. Já o dizia Virgílio na *Eneida*: "Se o homem encontra um verdadeiro homem fica extasiado, emudece"[4].

Há muitos homens cristãos, mas poucos cristãos *homens!* Verdadeiros homens no sentido cabal da palavra! Homens como Paulo, que é, todo ele, um cântico à hombridade, à coragem, que, sem falsa humildade, sabe exigir com nobreza e fidalguia os seus direitos de cidadania perante o tribuno romano (cf. At 22, 25-28). E, depois de ser chicoteado pública e injustamente, reclama as suas prerrogativas obrigando os pretores romanos a tirá-lo da cadeia (cf. At 16, 37-38). Isso não é orgulho, é consciência da própria dignidade humana.

Admira a personalidade, a rijeza e a firmeza das convicções de Paulo e dos primeiros cristãos, como brilham as mesmas virtudes num Bernardo, num Domingos, Francisco, Inácio, nos confessores e nos mártires da primitiva cristandade das Idades Moderna e Contemporânea. Apareceu no nosso tempo, como destacado líder mundial de altíssima categoria humana e intelectual, o Sumo Pontífice João Paulo II, que foi capaz

---

3 Arnold Rademacher, *Religião e Vida*. Editora Áster, Lisboa, 1964, p. 259.
4 Cf. Virgílio, *Eneida* I, 152.

de congregar quatro milhões de pessoas nas Filipinas, multidões oceânicas em Paris, Roma, Rio de Janeiro, Denver, Toronto...

Se queremos ter vida interior, não nos podemos esquecer da fortaleza, da virilidade, da constância, da empatia, do magnetismo de uma personalidade de altura que é própria de um homem de Deus[5].

"Não haverá no nosso tempo" — insiste Pio XII — "*homens* dignos deste nome marcados com o selo de uma verdadeira personalidade e capazes de tornar possível a vida cristã no meio da sociedade?"[6]

Todas essas considerações, contudo, ficam inexpressivas, emudecem, quando nos encontramos perante a personalidade de Cristo.

Quando Pilatos disse, referindo-se a Jesus, *Ecce Homo!* — "Eis o *Homem!*" —, não sabia que estava proclamando: eis o Homem por excelência, o Homem por antonomásia. Não houve ninguém que tivesse um coração tão grande, uma influência tão marcante na humanidade como esse *Homem*.

Cristo tinha um coração grandioso. Quando fala daquilo que temos de *ser* — do nosso ideal *entitativo* —, diz-nos em tom seguro e imperativo: "Sede perfeitos, como meu Pai celestial é perfeito" (Mt 5, 48). Sede santos, sede apaixonados, sede grandes à semelhança do próprio Deus. Alargai o coração para que nele caiba o seu amor infinito, a sua incomensurável compreensão, misericórdia e ternura. Dilatai a vossa capacidade para que possais receber toda a sua plenitude e felicidade!" Pode haver ideal mais grandioso?

---

5   Cf. Jesús Urteaga, O *Valor divino do humano.* Editora Quadrante, São Paulo, 1968, p. 41 e ss.
6   Cf. Pio XII, cit. por Jesús Urteaga. *Op. cit.,* p. 43.

Quando se refere àquilo que temos de *fazer* — o nosso ideal *operativo* —, diz-nos também com palavras firmes de comando: "Ide e evangelizai as nações de todas as raças e de todas as línguas" (Mt 16, 15).

> Não vos detenhais na estreita geografia de um povo determinado: parti para outras terras, percorrei as planícies, superai as montanhas, ultrapassai os mares, conquistai os continentes! Não vos limiteis aos desta ou aos daquela outra raça, seja qual for, branca, negra ou amarela: ambicionai todas elas, porque eu quero que o meu coração acolha a todas e a todas redima, a todos torne santos e felizes como o é o meu Pai que está nos céus! Eu quero que o vosso coração, como o meu, sejais grande, mais que o céu da alvorada!

Pode existir uma aventura, um desafio mais empolgante, inclusive do ponto de vista humano?

É evidente que Cristo não nos apresenta ideais humanamente medíocres. Se queremos um ideal que valha a pena, temos de por os olhos em Cristo, auscultar o seu coração e deixar que passem para o nosso as suas pulsações de magnanimidade e generosidade, de santa indignação, de sede e fome de justiça, de um ilimitado espírito de conquista...

Temos de ver Cristo presente, junto de nós, como modelo vivo de uma personalidade maravilhosa que deve ser imitada. E entre as facetas desse modelo queremos destacar, especificamente, a fortaleza. Porque, ao insistirem tanto na sua bondade e na sua mansidão, alguns se esqueceram, às vezes, de falar da sua firmeza e da sua varonilidade. Não raro se apresenta a figura de Jesus com traços tão delicados, tão adocicados, que nem parece a figura de um homem. É preciso vê-lo em toda a sua grandiosa dimensão.

> O que impressiona, antes de tudo, na natureza humana de Jesus — escreve Karl Adam — é a extraordinária lucidez do seu pensamento, assim como a inquebrantável firmeza da sua vontade. Se se quisesse tentar o impossível e exprimir numa palavra a sua fisionomia humana, seria necessário dizer que foi verdadeiramente um homem de caráter inflexível e totalmente voltado para o seu fim. A hesitação e os compromissos covardes não são com Ele. Jesus é sempre o mesmo, está sempre pronto, porque nunca fala ou age senão com toda a sua consciência luminosa, com a sua vontade enérgica e total. Jesus é um caráter plenamente heroico, o heroísmo feito homem[7].

Assim, temos de vê-lo, integralmente, em toda a sua magnitude. Aquele Jesus que acaricia suavemente a cabeça das crianças com a mão forte de um carpinteiro é o que empunha com a mesma mão o chicote para expulsar os vendilhões do Templo, porque lhe devora o zelo da Casa de Deus. Aquele mestre que diz serenamente: "Aprendei de mim, que sou manso e humilde de coração" (Mt 21, 11) é o mesmo que desmascara os hipócritas chamando-lhes abertamente de raça de víboras e sepulcros caiados (cf. Mt 3, 7-23.27).

Sim, temos de ver Jesus forte, que passa noites inteiras sem dormir entregue à oração; que se alimenta com um punhado de trigo recolhido à beira de qualquer caminho; que não tem para descansar um refúgio como os ninhos dos pássaros ou as tocas das raposas; que dorme entre as cordas duras da barca de Pedro; que responde com inaudita firmeza a um

---

7   Karl Adam, *Jesus Cristo*. Editora Quadrante, São Paulo, 1986, p. 13-15.

Herodes ou a um Pilatos; que com a simples força de sua voz derruba o corpo de guarda que o vem aprisionar e que morre, com uma serena fortaleza, perdoando seus carrascos enquanto murmura: "Tudo está consumado" (Jo 12, 30).

Ele nos diz: "Aprendei de mim" (Mt 11, 29), "dei-vos exemplo para que, como eu procedi, assim procedais vós também" (Jo 13, 15). Quando temos diante de nós uma personalidade marcante, eleva-se do mais fundo de nosso peito um grande desejo de imitá-la, uma motivação que nos impele a identificar-nos com ela. Isso tem acontecido em todas as épocas históricas. Em torno das figuras de destaque, dos grandes vultos, sempre se formaram movimentos e escolas que eram, em última análise, como a cristalização de uma autêntica vontade de identificação. E que personalidade pode haver que supere a de Cristo, "Perfeito Deus e Perfeito Homem"[8]? Proceder de acordo com o exemplo de Cristo não representa, por acaso, o maior ideal humano, capaz de dinamizar todas as molas da nossa vontade e os anseios mais profundos de perfeição e de plenitude?

É preciso colocar diante dos olhos a verdadeira figura de Cristo — não aquela deformada pela rotina, pelos preconceitos, pela ignorância ou pelo fanatismo — para vê-lo como ele realmente é; essa figura única e irrepetível, Deus perfeito, Homem perfeito, que condensou num todo, extraordinariamente coerente, virtudes que dificilmente se encontram unidas numa única pessoa: a fortaleza e a amabilidade, a sabedoria e a simplicidade, a audácia e a prudência, a liderança e a compreensão,

---
8   *Símbolo Acanasiano*, n. 50.

a benignidade e a justiça, a temperança e o amor apaixonado pelo mundo e pelos homens.

O aprofundamento na vida de Cristo representa a superação de uma ideia fria, de um cristianismo apagado, para passar a uma *ideia-força*, que compromete a personalidade inteira com todo o calor das grandes paixões.

A vida de Cristo se apresenta a nós, desta maneira, como um ideal divino e humano que, quando conhecido no seu autêntico significado, faz vibrar o coração nas sua fibras mais íntimas, tornando-se a motivação vital e o modelo perfeito da personalidade humana.

Esse é o ideal de um sacerdote — um outro Cristo — que deve já ir sendo assimilado desde o seminário. No desenvolvimento da personalidade de um futuro presbítero, não se pode apenas atender unilateralmente a um dos aspectos — o espiritual —, mas devem-se envidar esforços também para desenvolver o outro — o humano —, a fim de conseguir essa personalidade integral de quem almeja ser outro Cristo: Perfeito Deus e Perfeito Homem.

6
A LIBERDADE DO PRESBÍTERO: A POBREZA

A *pobreza de Cristo*

Ser outros Cristos. Imitar a vida de Jesus. Esse deveria, insistimos, ser o nosso ideal.

"Jesus começou a fazer e a ensinar" (At 1, 1). Primeiro a fazer, depois a ensinar. E qual foi o seu primeiro feito? Nasceu, como o último dos favelados, num estábulo de animais. E qual foi o seu primeiro ensinamento, a primeira das suas "bem-aventuranças"? "Bem-aventurados os pobres em espírito, porque deles é o Reino dos Céus" (Mt 5, 3).

Assim, ele começou a viver e a ensinar. E, desta forma, ele continuará a vida toda dando-nos um exemplo constante de desprendimento: vivendo pobremente em Nazaré; ganhando o seu sustento e o da sua mãe, com um trabalho duro e sofrido; tendo às vezes para comer apenas um punhado de trigo recolhido à beira do caminho e, como único repouso, o duro banco de uma barca de pescadores, sem bagagem, desinstalado, à mercê dos que o solicitavam, morrendo nu, desprendido de tudo... Ele podia afirmar com a maior dignidade humana: "As aves do céu têm ninhos e as raposas as suas tocas, mas o Filho do Homem não tem onde reclinar a sua cabeça" (Lc 9, 58).

O *Diretório para o Ministério e a Vida do Presbítero* diz sucintamente: "O exemplo de Cristo deve levar o presbítero a conformar-se com Ele, na liberdade interior, em relação a todos os bens e riquezas do mundo"[1].

A pobreza nos liberta. Contou-me alguém que tinha passado nas trincheiras depois de uma batalha e observou que estavam repletas de mochilas, cantis e cobertores. Mochilas cheias de objetos queridos, fotografias da família; cantis que acalmavam a sede no meio do calor; cobertores que agasalhavam nas noites frias... Mas o que mais o tinha admirado é que esses objetos não tinham sido abandonados pelos derrotados no momento da fuga, e sim pelos vencedores para poder avançar desimpedidos em perseguição dos inimigos! *O desprendimento é liberdade!*

A excessiva bagagem pesa também na alma.

Plutarco, na vida de Alexandre, *o Grande*, conta que depois de grandes vitórias, dispondo-se a partir para a Índia, viu as tropas tão sobrecarregadas de despojos e presas que dificilmente podiam se movimentar. Na madrugada da partida, ele começou a queimar a sua própria bagagem e as dos seus amigos. Todos os soldados, como que invadidos por um entusiasmo religioso, levantando gritos de alegria e de triunfo, entregaram os seus pertences aos necessitados ou destruíram tudo o que lhes era supérfluo. Esse procedimento encheu Alexandre de confiança e ardor!

Isso permitiu ao exército avançar com grande rapidez e obter novas vitórias[2].

---

1 *Diretório para o ministério e a vida do presbítero. Op. cit.*, n. 67.
2 Cf. Plutarco. *Alexandre, o Grande*. Editora Ediouro, 2004, p. 128.

Se queremos seguir a Cristo, como os apóstolos, com liberdade de movimento, não podemos entulhar-nos daquilo que é supérfluo.

A pobreza e o desprendimento são virtudes evangélicas de primeira magnitude, que nos tornam livres como pássaros, lépidos como atletas. Assim o diz a *Pastores Dabo Vobis*:

> Os sacerdotes, a exemplo de Cristo, que, rico como era, se fez pobre por nosso amor (cf. 2 Cor 8, 9), devem considerar os pobres e os mais fracos como a eles confiados de uma maneira especial e devem ser capazes de testemunhar a pobreza com uma vida simples e austera, *sendo já habituados a renunciar generosamente às coisas supérfluas* (*Optatam Totius,* 9, CIC 282)[3].

O *Diretório* insiste no mesmo sentido:

> O presbítero, embora não tenha assumido a pobreza como uma promessa pública, é obrigado a levar uma vida simples e abster-se de tudo o que pode ter sabor de vaidade, abraçando assim a pobreza voluntária para seguir mais de perto a Cristo. Em tudo (habitação, meios de transporte, férias etc.), o presbítero elimine todo o tipo de requinte e de luxo[4].

É certo que não temos a obrigação de viver a pobreza como um São Francisco, mas, de acordo com a nossa vocação de *sacerdotes seculares*, temos o dever de sermos imitadores fiéis de Nosso Senhor.

---

[3] São João Paulo II. *Exortação Apostólica Pastores Dabo Vobis,* 25 de março de 1992, n. 30.

[4] *Diretório para o ministério e a vida do presbítero. Op. cit.*, n. 67.

Francisco dizia que estava desposado com a "Senhora Pobreza". O mundo consumista parece estar desposado com a "Senhora Opulência". E nós, com quem estamos desposados? Estamos, como diz a *Pastores Dabo Vobis*, "habituados a renunciar generosamente às coisas supérfluas"? Sabemos "eliminar todo tipo de requinte e de luxo", como também subscreve o *Diretório?* Temos, no nosso viver, estampado o *logotipo* de Jesus, que é a manjedoura de Belém?

Vivemos mergulhados na cultura do supérfluo. O dinheiro é a lente através da qual as pessoas enxergam o mundo. Inclusive nos meios católicos o consumismo faz estragos. Em Roma, no Jubileu do ano 2000, acompanhando a representação brasileira da Pastoral Familiar, observava a tendência quase compulsória que as pessoas tinham para comprar coisas. Visitamos a Cidade Eterna. O mais importante não era conhecer a Basílica de Santa Maria a Maior, o mais importante era comprar uma lembrança dessa Basílica. Fiz essa observação a uma senhora e ela respondeu-me: "Não consigo deixar de comprar". Parece que a cultura pós-modernista condiciona a gastar, a possuir, a enriquecer a personalidade com o *ter*, porque as pessoas se sentem raquíticas no seu *ser*, como tantas vezes indicou João Paulo II.

Imperceptivelmente, esse ambiente pode afetar-nos em tantas e tantas coisas: desejamos o *notebook* de última geração, a máquina fotográfica digital, a agenda eletrônica e o celular mais recentes... E parece que não ficamos tranquilos enquanto não adquirimos aquele modelo de carro que nos dá certo *status*.

A nossa vocação sacerdotal exige esse desprendimento que nos torna livres como os pardais, imitando o Senhor, que não tinha para descansar nem o ninho dos pássaros, nem a toca das raposas. É preciso viver de algum modo "desinstalados", o que não quer dizer desarraigados, desinteressados das coisas terrenas, mas senhores do mundo e da criação, com esse domínio que nos liberta das ataduras, das coisas e das pessoas.

Esta liberdade de espírito será como um testemunho público da nossa fé. Como disse a *Pastores Dabo Vobis*, representará

> [...] o *significado* profético da pobreza sacerdotal, particularmente urgente no seio de sociedades opulentas e consumistas. O sacerdote verdadeiramente pobre é certamente um sinal concreto do desprendimento, da renúncia e da não-submissão à tirania do mundo contemporâneo, que coloca toda a sua confiança no dinheiro e na segurança material[5].

Os critérios da pobreza: não ter nada de supérfluo

Se queremos viver bem a pobreza, devemos seguir a experiência multissecular da Igreja. Eu aprendi com ela, entre outros, quatro critérios extraordinariamente sábios e práticos:

— Não ter nada de supérfluo;
— Não nos preocuparmos com o futuro;
— Não nos queixarmos quando nos falte o necessário;
— Amar as consequências da pobreza.

---

5 São João Paulo II. *Exortação Apostólica Pastores Dabo Vobis*, 25 de março de 1992, n. 30.

O *supérfluo* pesa, gravita nas costas como um fardo. Quando realmente vivermos desprendidos, experimentaremos uma grande liberdade. Sentiremo-nos aligeirados de bagagem. Como os atletas, desprendidos o mais possível de peso, correremos mais agilmente para o Senhor e nos sentiremos mais aliviados, leves e felizes. Experimentaremos, talvez, a alegria e a suavidade que São Francisco sentiu na sua intimidade depois de determinar-se a viver a pobreza.

Quando começou a entender que Deus lhe pedia "algo", ele se retirava na solidão do campo para solicitar de Deus uma resposta. Contam os seus biógrafos que Deus lhe respondeu com estas palavras:

> Francisco! Todas as coisas que os teus sentidos amaram e desejaram é preciso que as desprezes e detestes se quiseres reconhecer a minha vontade. E logo que tenhas entrado nesta via, tudo o que dantes te parecia doce e amável tornar-se-á amargo e impossível de suportar, e tudo o que até então detestavas transformar-se-á para ti em grande doçura e alegria desbordante.
>
> Pouco depois, indo a cavalo por um caminho, encontrou um leproso. O cavalo se espantou e ele também. Sentia um nojo tremendo daquela doença.
>
> Com um poderoso esforço de autodomínio Francisco desceu do cavalo, aproximou-se do leproso, de cuja boca, nariz e ouvidos saia um cheiro horrível, e estreitou a mão que o mendigo lhe estendia; depois inclinou-se rapidamente e horrorizado, beijou-lhe os dedos apodrecidos e cobertos de úlceras e de chagas. Quando, uns momentos depois, se achou outra vez no cavalo, não sabia como tinha montado. Toda a sua alma tremia de emoção. O coração batia loucamente. Não reparava no caminho que seguia, mas o Senhor tinha cumprido a sua palavra. A doçura, a felicidade e a alegria derramavam-se dentro

> dele em grandes vagas, sucessivas, se bem que todo o seu ser estivesse cheio a transbordar — como a fonte enche e torna a encher a bilha com uma água sempre mais fresca e mais pura.
> Então compreendeu: o que até então te era odioso é o que doravante se deve transformar para ti em alegria e doçura![6]

Francisco, a partir desse momento, começou a viver plenamente a pobreza, imitando a vida do Senhor. Daí partem esse júbilo espontâneo e simples e esse amor à natureza que tanto cativa a todas as pessoas de boa vontade, ainda que não sejam cristãs.

Quando nós cultivarmos um estilo de vida simples, poderemos vir a sentir também essa alegria transbordante que experimentava São Francisco; essa liberdade de espírito que tinha Nosso Senhor, que lhe permitia ir desimpedido de um lugar para outro, sem empecilhos, sem estorvos.

Essa forma de libertar-nos do *supérfluo* está apoiada numa *confiança ilimitada em Deus*, a quem confiamos o nosso faturo.

Cresce cada dia mais a tendência a acumular. Há muita gente que tem medo de ficar pobre. Não acreditam que tenham entesourado o suficiente para viver no mesmo padrão pelo resto da vida. Uma senhora muito rica confidenciava-me: "A insegurança e o temor de perder o *status* que tenho representam a minha maior angústia. Para mim, dinheiro equivale a ter segurança emocional". E eu pensei: que raquitismo espiritual! Nós, padres, podemos também nos sentir dominados por esse espírito tão pouco evangélico: ter uma boa

---

[6] Johanes Jorgensen. *Francisco de Assis*. Editora Áster, Lisboa, 1960, p. 41.

reserva monetária representa para nós o melhor respaldo para nossa tranquilidade de espírito. Parece que não acreditamos nas palavras do Senhor:

> Não andeis inquietos com o que comereis para alimentar a vossa vida, nem com o que usareis para vestir o vosso corpo. A vida vale mais que o alimento, e o corpo mais que o vestido. Considerai os corvos, que não semeiam, nem ceifam, nem têm dispensa, nem celeiro; e, no entanto, Deus os sustenta. Quanto mais valeis vós do que eles! Considerai como crescem os lírios: não trabalham nem fiam; e, contudo, digo-vos que nem Salomão, com toda a sua magnificência, vestia-se como um deles. Se, pois, a erva, que hoje cresce no campo e amanhã se lança ao fogo, Deus a veste assim, quanto mais não fará convosco, homens de pouquíssima fé? (Lc 12, 22-24, 27-28).

Certo que devemos, prudentemente, pensar no nosso futuro e tomar as devidas precauções, mas também é certo que devemos confiar plenamente em Deus. Se vivêssemos mais confiantes na Providência divina, seguros — com fé enérgica! — desta proteção diária que nunca nos há de faltar, quantas preocupações ou inquietações não pouparíamos! Desapareceriam tantos desassossegos que, na frase de Jesus, são próprios dos pagãos, dos *homens mundanos* (cf. Lc 12, 30), das pessoas desprovidas de sentido sobrenatural! Quereria imprimir na nossa memória que somos filhos desse Pai nosso, Todo-poderoso, que está no céu e, ao mesmo tempo, na intimidade do nosso coração. Quereria gravar a fogo em nossa mente que temos todos os motivos para caminhar com otimismo por esta terra, com a alma bem desprendida dessas coisas que parecem imprescindíveis: "O vosso Pai sabe muito bem de que coisas necessitais!" (Mt 6, 32) e Ele proverá. Assim, nós nos conduziremos como senhores da Criação (Gn 1, 26-31) e evitaremos a triste escravidão em que caem tantos, por esquecerem a sua condição de filhos de Deus, inquietos com um amanhã ou com um depois que talvez nem sequer cheguem a ver[7].

A santa despreocupação deveria ser uma nota característica do presbítero. "Na verdade" — anota significativamente o *Diretório* — "dificilmente o sacerdote se tornará verdadeiramente servo e ministro dos seus fiéis se estiver excessivamente preocupado com a sua comodidade e com um excessivo bem-estar"[8].

Isto temos de traduzir em propósitos concretos. Não podemos viver de teorias, enganar-nos a nós mesmos. Não adianta escudar-nos detrás da entrega que fizemos um dia da nossa família ou de um amor humano. Não podemos pensar que por um único ato de entrega tornamos realidade aquele pensamento de São Francisco de Assis: "Meu Deus e meu tudo!". Deveríamos atualizar continuamente esse estado de entrega: hoje — poderíamos perguntar-nos — é uma realidade que *Deus é tudo para mim?*

Transcrevemos a seguir o sincero depoimento de Leo Trese sobre esse assunto, abordado com uma fina ironia.

> *Meu Deus e meu tudo*, digo ao Senhor na oração, mas estou, de fato, bem convencido disso? Por que é que estou apegado ao meu belo carro? Um mais modesto teria bastado, mas tenho um fraco pelos carros que dão

---

[7] Cf. São Josemaria Escrivá. *Amigos de Deus*. Editora Quadrante, São Paulo, 2023, n. 116, p. 121.

[8] *Diretório para o ministério e a vida do presbítero*. Op. cit., n. 67.

nas vistas. Por que estou tão preocupado com intenções de missas e com as espórtulas em geral, e aborrecido por me parecer que a gratificação não corresponde ao "trabalho" realizado? Por que é que sou tão "previdente" (linda e respeitável palavra!) e por que é que me preocupo tanto em garantir a minha velhice? Por que hei de dar as minhas esmolas a conta-gotas, pesando cuidadosamente a quantia ou, mais exatamente, o mínimo compatível com as conveniências? Esforço-me por não passar por mesquinho, mas duvido bastante que as minhas razões sejam completamente sobrenaturais. No fundo, creio que o meu desapego exterior do dinheiro é devido ao desejo de que não suspeitem que eu tenho espírito mercantil. No entanto, não consigo dissimular a minha mentalidade utilitária e mesquinhamente pragmática.

Deus é o meu tudo! Então por que é que tive de substituir o meu aparelho de televisão fora de moda, mas em perfeitas condições, por um outro, maior e mais requintado? Mas dá certo prestígio possuir a última palavra em aparelho, quando a boa gente à minha volta ainda tem a marca velha. Pelo sacerdócio, renunciei aliás a todo o resto. Penso que ninguém se lembrará de me censurar por ter um televisor tão moderno.

Mas terei de fato renunciado a tantas coisas? Abrigo-me por trás do meu celibato para desculpar muitas outras fraquezas em que me permito relaxar. No entanto, tenho um paroquiano que perdeu a mulher há alguns anos. Educa os quatro filhos com a ajuda da irmã, solteira, e vive tão castamente como eu. Tem um velho calhambeque diante da porta. Na casa dele não há televisão. Conheço outro, da minha idade, que não se casou porque tem a seu cargo o pai inutilizado e a mãe prematuramente envelhecida [...]. "Não podeis servir a Deus e a Mamon". É um dos meus textos favoritos para a pregação. Mas o meu coração está dividido e não é de ontem... Estava apegado ao esporte e a minha boa forma física. Não havia desejos equívocos no meu coração, mas

não me desagradava que um olhar feminino se demorasse algum tempo em mim... Aqui entre nós, não me achava nada para desprezar quando me contemplava ao espelho... Tenho mesmo no meu ativo algumas proezas desportivas da minha juventude e os meus apetrechos eram sempre de primeira ordem... Agora os meus velhos ossos já não prestam... Contento-me de bom grado com o meu refúgio no campo... e com um barquinho...
Meu Deus e meu tudo!
Quantas vezes não me disse que Ele me bastava! Senhor, dai-me a graça de estar convencido disso. Então a minha ambição inconfessada de ocupar um lugar de destaque, de obter uma promoção e de receber a parte que me corresponde nos elogios humanos, tudo isso desaparecerá. Não me contentarei com bagatelas, pessoas ou coisas para saciar a fome que só Vós podeis acalmar plenamente. Sei tudo isso em teoria, Senhor. Concedei-me a graça de convertê-lo em experiência prática. Ajudai-me a unificar o meu coração dividido, para que possa dizer, finalmente e de verdade: *Meu Deus e meu tudo*[9].

Tomara que venhamos a ter essa sinceridade para reconhecer as nossas falhas! Tomara que nós cheguemos a assimilar a mensagem que um dia o Senhor transmitiu a Santa Teresa. Conta ela que estava angustiada porque não tinha dinheiro para as necessidades mais urgentes e, depois de comungar, ouviu do Senhor estas palavras: "Oh! Cobiça do gênero humano, que até a terra pensas que te há de faltar: quantas vezes dormi ao relento, por não ter onde buscar abrigo!"[10].

É certo, dizíamos, que não devemos deixar de possuir um senso de prudente previdência, mas não podemos

---

9   Leo Trese. *Diálogo sobre o Sacerdócio*. Editora Áster, Lisboa, 1967, p. 72-78.
10 Santa Teresa de Ávila. *Livro da Vida*. Editora Vozes, Petrópolis, 1951, cap. 33, p. 275.

viver angustiados com o futuro. Devemos ter essa fé viva — corajosa! — que nos comunica a confiança ilimitada no nosso Pai, a liberdade dos filhos de Deus.

Não nos queixarmos quando nos faltar o necessário

Como critério para viver bem a pobreza indicávamos algo muito simples e muito custoso: *não nos queixarmos quando nos faltar o necessário.*
O supérfluo nos tira a liberdade, e o queixume na carência do necessário tira-nos a alegria e a paz. Temos de voar por cima das necessidades materiais como as águias, com esse domínio das circunstâncias, próprio do senhorio dos filhos de Deus.

Numa visita pastoral, o pároco, Pe. Rafael, perguntou-me se estava gostando de determinado prato. Eu lhe disse que estava gostando muito. E ele sorrindo acrescentou: "Muito cuidado, com que está dizendo: É perigoso!". "Como assim?", eu lhe perguntei. Então, contou-me um episódio divertido. Dom Silvério, que foi o primeiro bispo negro do Brasil, tinha fama de santo e, ao parecer, realmente o era. Numa visita pastoral, feita a cavalo, voltou cansado e esfomeado. A senhora que naquela visita cuidava da comida, ao tirar o arroz do forno, ficou desolada: estava queimado. Dom Silvério, para aliviar a pena da senhora, disse: "Não se preocupe, *é assim que eu gosto*". E comeu o arroz com grande sacrifício. Pois bem, comentou o Pe. Rafael: "Isto lhe custou caro: em todas as visitas pastorais lhe serviam *arroz queimado*. E quando alguém mostrava estranheza, exclamavam: 'É assim que ele gosta'".

O nosso desprendimento deve levar-nos a gostar de tudo, a *não nos queixar de nada:* nem da comida, nem da cama, nem do frio nem do calor, nem da dor de cabeça, nem da falta de meios materiais ou de tempo disponível... Deveria tornar-se um hábito. Quando adquirirmos esse domínio, nós nos sentiremos livres, dizíamos antes, como os pássaros.

Com frequência reclamamos do que não temos, quando deveríamos agradecer a Deus pelo que temos.

Lembro uma ocasião em que lamentava com o meu pai por causa de um forte abalo econômico que a família injustamente tinha sofrido. Íamos caminhando pela rua. Meu pai não me respondeu. Disse-me apenas: "Olha este rapaz". Em sentido contrário, vinha um rapaz numa cadeira de rodas. E, então, meu pai simplesmente acrescentou: "Vamos ficar contentes com o que temos, que aliás é muito: a nossa saúde, a nossa família, a nossa fé... E não vamos queixar-nos do que perdemos". A lição foi inesquecível.

Há pessoas que vivem exatamente o contrário: se não têm algo de que se queixar, inventam. Vivem uma espécie de *síndrome da lamentação.*

Contaram-me uma história engraçada. Um homem com dificuldades para andar era conduzido por uma enfermeira numa cadeira de rodas, subindo a encosta da gruta de Lourdes. Ia repetindo este pedido: "Nossa Senhora, que eu possa andar normalmente, que possa caminhar como todos o fazem...". Numa distração da enfermeira, a cadeira ficou solta e precipitava-se ladeira abaixo, enquanto aquele homem implorava, gritando: "Nossa Senhora, que eu fique como estou, que fique como estou".

Não nos queixemos tanto dos nossos achaques, das nossas dificuldades ... Demos graças a Deus pelo que temos. Digamos com frequência: "obrigado, Senhor, porque posso andar, falar, enxergar! Obrigado, Senhor, porque tenho alguma coisa para comer e uma cama limpa onde descansar! Obrigado especialmente, Senhor, porque me deste a grande, a fabulosa riqueza da minha fé!".

Também numa visita pastoral à favela do Complexo da Maré, no Rio de Janeiro, o Pe. Piero, que vivia voluntariamente como qualquer miserável, dizia-me:

> Quando me sinto *dodói*, quando experimento alguma dificuldade, algum problema ou carência, vou visitar os doentes e os barracos dos mais pobres da favela. Sempre volto recompensado, dando mil graças a Deus pelo que tenho: "Obrigado Senhor, muito obrigado. Tenho demais e estou chorando com a barriga cheia!".

Que bom seria se nós vivêssemos o mesmo espírito! Não nos será difícil se visitarmos com alguma frequência um hospital, uma favela, uma família pobre: chegaremos a compreender que aquilo de que nos queixamos é uma bagatela.

Amar as consequências da pobreza

Ainda nos falta considerar o último critério indicado antes: *Amar as consequências da pobreza, alegrar-nos quando sofremos a pobreza.*

Não podemos amar a pobreza na teoria, mas na prática, quando as suas consequências se espetam, por assim dizer, na nossa carne: o calor, quando não temos ar-condicionado; o frio, quando não temos aquecedor;

as incomodidades do ônibus, quando não temos carro; uma comida mais simples e sóbria, quando não temos dinheiro... Aproveitar as carências, os desconcertos, as falhas, os desconfortos, os imprevistos que sempre aparecem: não nos irritarmos quando o telefone ou o carro enguiçarem; quando houver um apagão; quando demorar uma visita a chegar; quando, como aconteceu com Dom Silvério, "queimar o arroz"...

Era amigo pessoal de Dom Ignácio Orbegozo, Bispo de Yaujos, diocese encravada nos píncaros dos Andes peruanos, com áreas que estavam para além dos 4 mil metros de altitude. Quase não se podia respirar. Quando chegou lá, ele se propôs a viver nas mesmas condições que tinham aqueles empobrecidos montanheses; não comer senão aquilo que lhe davam; não levar na sua mochila — andava habitualmente a cavalo — nenhum alimento diferente, como frutas, latas de conserva e coisas semelhantes. Contava-me que um dia, desfalecido de fome, chegou a um povoado miserável e pediu algo para comer. O camponês pegou uma faca e a espetou em algo preto que estava pendurado no teto. Imediatamente se afastou um enxame de moscas que cobria um pedaço de carne seca. "Comi aquela carne com nojo, mas com alegria", disse-me dando uma gargalhada. Precisava ver aquele homem de Deus: sempre alegre e brincalhão, fazendo coisas heroicas com a leveza e o bom humor de quem estava acostumado a fazê-las todos os dias.

A opção preferencial pelos pobres

Depois de apresentar esses quatro critérios de pobreza evangélica, gostaríamos de indicar, à guisa de corolário, um aspecto importante: o trato atencioso e solícito com os carentes e os necessitados.

> O presbítero, amigo dos mais pobres — diz o *Diretório* —, reservará para eles as mais delicadas atenções da sua caridade pastoral, com uma opção preferencial por todas as pobrezas velhas e novas, tragicamente presentes no mundo, recordando sempre que a primeira miséria de que deve ser libertado o homem é o pecado, raiz última de todo o mal[11].

Há em nós certa tendência a prestar maior atenção aos poderosos e influentes, talvez porque pensamos que eles têm recursos para ajudar-nos em nossas obras. O amor, contudo, se é verdadeiro, não pode ser interesseiro. Devemos compreender que dentro do mais pobre está escondido Nosso Senhor. Todos ouvimos falar do episódio em que São Martinho de Tours, cavalgando agasalhado no seu amplo manto de guarda imperial, encontrou um pobre endurecido pelo frio e, com gesto generoso, cortou em dois o manto, dando a metade ao pobre. À noite, em sonho, viu Jesus enrolado naquela metade de manto sorrindo-lhe, reconhecido[12].

Como a São Martinho, Nosso Senhor agradece e paga sempre bem: não se deixa vencer em generosidade. Às vezes, entretanto, retribui de outra maneira, um tanto surpreendente.

Contou-me um padre amigo que num domingo à noite, depois de ter celebrado a quarta missa do dia, esgotado, estava desejando retirar-se para descansar.

---

11 *Diretório para o ministério e a vida do presbítero*. Op. cit., n. 67.
12 Cf. Mario Sgarbossa e Luigi Giovannini. *Um Santo para cada dia*. Edições Paulinas, São Paulo, 1983, p. 361.

Chegou, então, um garoto e solicitou-lhe que o acompanhasse à casa do seu avô que estava muito doente e queria falar urgentemente com o pároco. Ele disse-lhe que estava muito cansado e que não o poderia atender. O rapazinho insistiu que o avô estava nas últimas e que precisava falar com ele. Por fim, depois de muito insistir, extremamente chateado, meu amigo foi até lá. A grande surpresa foi que esse senhor idoso queria doar à paróquia todos os seus bens, que não eram poucos. Inclusive um edifício muto bom, que depois ampliou o pequeno espaço de que a paróquia dispunha para as atividades pastorais. Esse padre dizia-me, sorrindo: "Sempre que alguém vem procurar-me num momento inoportuno, atendo-o solícitamente. Lembro-me do menino e do seu avô". "Talvez aconteça de novo...", acrescentava, dando uma risada. E depois, sério, comentava: "Deus deu-me uma grande lição".

Estou seguro de que ninguém deixará de ir à casa de uma pessoa, ainda que provoque sérios incômodos, para receber uma importante doação. Da mesma maneira, deveríamos atender a um pobre, porque ele representará sempre a figura de Nosso Senhor. A tão falada *opção preferencial pelos pobres* não pode converter-se num chavão demagógico, mas deve traduzir-se numa real e verdadeira atenção àqueles dos quais não esperamos receber nada.

Para terminar, gostaria de tocar de leve um tipo de pobreza muito singular, que precisa de uma ajuda especial, e a que faz referência João Paulo II:

> A Igreja sempre proclamava um amor preferencial pelo pobre [...]. A pobreza é também uma questão de empobrecimento espiritual [...]. Há uma forma, muito

especial e deprimente, de pobreza: a pobreza do egoísmo, a pobreza daqueles que têm e não querem compartilhar, daqueles que poderiam ser ricos ao dar, mas preferem ser pobres ao reter tudo o que têm. Também essas pessoas precisam de ajuda[13].

Não podemos desprezar essas pessoas que, mais do que pobres, são mesquinhas. Também são ovelhas perdidas do nosso rebanho que necessitam igualmente de um *amor preferencial*.

---

13 São João Paulo II. *Discurso às organizações católicas de caridade e de consistência social*. Santo Antônio, Texas, 13 de setembro de 1987.

7

A AUTENTICIDADE DO PRESBÍTERO: A HUMILDADE

O anjo do *Senhor* disse aos pastores: "Nasceu para nós hoje, na cidade de Davi, um Salvador, que é o Cristo Senhor. Isto nos servirá de sinal: encontrareis um menino envolto em faixas e deitado numa manjedoura" (Lc 2, 11-12).

Que *sinal* estranho é esse? Quando se pede um *sinal* parece que se deseja ver algo extraordinário, um fenômeno atmosférico, um eclipse de sol fora de qualquer previsão. Pois foi este precisamente o *sinal* que o anjo indicou: o Deus infinito, o Deus das galáxias, o Deus das distâncias astronômicas eclipsou o seu brilho, o seu poder, e se fez pequeno, entrou na medida do *amor* humilde que são os *braços* de Maria: *Exinanivit. Formam servi accipiens*, "abaixou-se assumindo a forma de servo" (Fl 2, 7).

Em *poucas coisas* o Senhor nos diz para aprendermos seu exemplo. E uma delas, muito especial, foi a humildade: "Aprendei de mim que sou manso e humilde de coração" (Mt 11, 29).

Existe uma humildade ordinária, comum a todos os mortais, a qual consiste em não se estimar mais do que, em realidade, se vale. Para possuir essa humildade, basta ter bom senso. Mas a nós, presbíteros, exige-se algo mais: eu diria uma *humildade qualificada*.

Não vamos escrever aqui um tratado sobre essa virtude, mas apresentar algumas das características mais importantes dessa *humildade qualificada*.

A humildade, dizem os teólogos, é o fundamento de todas as virtudes e também a sua pedra de toque. Onde não há humildade, não está Deus. *Deus resiste aos soberbos e exalta os humildes* (Lc 1, 51-52), diz Maria no *Magnificat*.

A humildade, ensina Santa Teresa, consiste basicamente na verdade.

A verdade assumida plenamente desdobra-se em dois aspectos que parecem idênticos, mas que apresentam, cada um, as suas nuances peculiares: *a sinceridade para conosco e a aceitação do que nós somos.*

A *sinceridade para conosco*

Vamos tratar primeiro da *sinceridade para com nós mesmos*.

Fez-me um grande bem a leitura de uma página de Leo Trese — de fraternal e fina ironia tão própria do espírito anglo-americano — e por esta razão a transcrevo, ainda que seja um tanto longa:

> Senhor, ajudai-me a ser sincero para comigo mesmo. É uma oração que tenho necessidade de repetir amiúde e é preciso que eu tenha a ousadia de esperar uma resposta. Não é que eu passe por um mentiroso. Empenho-me em dizer a verdade ao falar aos outros. Quando se trata de mim mesmo, no entanto, possuo, num grau espantoso, a arte de ser insincero. Talvez isso não me devesse surpreender. A tendência para nos enganarmos é uma

A AUTENTICIDADE DO PRESBÍTERO

fraqueza humana comum, da qual não posso esperar ver-me isento.

Ao julgar os defeitos dos meus irmãos posso ser realmente imparcial e a minha visão é realmente justa. Pedro é autoritário, Antônio, obstinado, Henrique comete excessos e José gosta demais da companhia feminina. Felipe é muito forreta e André entrega-se demais aos prazeres deste mundo. João é vaidoso e Luís, egoísta. Carlos é indiscreto e Francisco, fechado. Julgo todos os meus colegas sacerdotes e distingo claramente as suas fraquezas. *Que acontece comigo?*

Não me comporto como um déspota [...], seria injusto fazer-me passar por teimoso; acontece que sou dotado de firmeza de caráter e é tudo. Por que havia de admitir que não tenho razão, quando me engano tão poucas vezes? Repudio qualquer mostra de intemperança no padre, embora goste de beber a minha cachaça com os meus colegas [...], Não sou nada ambicioso; tenho até horror das pessoas ansiosas demais nesse sentido. Isso não me impede pensar que é bom sugerir aos meus superiores que os meus não poucos talentos se encontram à disposição deles, para um trabalho pastoral mais vasto e importante.

Sinto sempre certa tristeza ao ver um sacerdote cultivar regularmente amizades femininas. Também as tenho, mas trata-se de mulheres exemplares e as relações que tenho com elas são sempre de uma natureza muito elevada. Condeno a preguiça num sacerdote, mas tenho de cuidar da minha saúde; o bem das minhas ovelhas assim o exige. Tenho a certeza de que ninguém me há de censurar as horas que passo a ler os jornais, a dormir as boas sestas depois do almoço e a ver televisão...

Saborear os prazeres do mundo? Não é isso que o sacerdote tem a fazer, mas, a meus olhos, não há nada de mundano em sair um pouco do nosso meio, de tempos a tempos fazer uma viagem longa para desfrutar de algumas distrações inocentes. Poucos paroquianos podem fazê-lo, mas eu sofro um desgaste muito especial. A vaidade é uma fraqueza extremamente ridícula. Mas a minha dignidade sacerdotal exige que eu me apresente bem em toda parte. Um bom carro e roupas bem-feitas, sapatos de primeira qualidade não podem passar por despesas inconsideradas, quando se reflete na dignidade que dão.

O sacerdote egoísta é um homem que causa pena. A minha regra de conduta é dar a cada um o que é devido, mas sem permitir que se abuse da minha generosidade. Uma pessoa nunca teria um momento seu, se estivesse sempre à disposição de qualquer pobre-diabo que lhe apareça. Graças a Deus não sou bisbilhoteiro e desaprovo a curiosidade indiscreta. É claro que me interesso pela minha gente e agrada-me saber o que se passa [...].

Tudo o que deixamos dito é manifestamente uma caricatura. Nenhum de nós se acha obnubilado até este ponto. No entanto, é raro o homem que não tem a sua cegueira particular, qualquer fraqueza que todos conhecem, exceto ele. Como toda a gente, sentimos repugnância em admitir que temos pequenos defeitos [...]. Temos a arte de nos convencer de que uma atitude condenável num outro não apresenta perigo algum e é lícita para nós.

É preciso, portanto, que eu reze, assim, por exemplo: "Senhor, ajudai-me a ser sincero para comigo mesmo. Dai-me a graça de desconfiar bastante de mim. Em contrapartida, aumentai-me a confiança sem limites em vós e no poder da vossa graça. Ajudai-me a compreender que sem ela estou perdido, ajudai-me a ver-me como vós me vedes, tal como eu sou realmente". Muitas vezes ao longo do ano estamos familiarizados com a imagem que forjamos de nós mesmos e somos condescendentes com ela. A nossa convicção está estabelecida; só cometemos pecados leves, e os defeitos que temos fazem de tal maneira parte do nosso ser que não os podemos corrigir. Desprezamos, assim, cada vez mais o exame de consciência, sobretudo o exame particular que devia fazer com que nos examinássemos num ponto preciso.

Podemos mesmo chegar a só examinar a consciência por ocasião da confissão e mesmo nessa altura só quando o nosso confessor pega na estola e nós nos ajoelhamos junto dele. São apenas alguns segundos! Na verdade, temos muita necessidade de suplicar ao Senhor: "Ajudai-me a ser sincero para comigo mesmo". E é grande a necessidade que temos de esperar pela sua resposta no meio da nossa oração[1].

A aceitação de nós mesmos

Essa sinceridade para conosco corre paralela àquela outra atitude já assinalada antes: *aceitar-nos tal como somos*. Continuamos servindo-nos da experiência do padre Leo Trese, recolhida no seu convívio com sacerdotes norte-americanos e que tanto se parece com nossa realidade brasileira.

> Ninguém sabe quantas tragédias sacerdotais há todos os anos. Manifestam-se pela bebida, pelo abandono do dever, pela depressão mental. Menos ainda se conhece o número das defecções parciais que se podem verificar. É o caso daqueles que se agarram desesperadamente ao seu cargo e consideram que não são compensados como mereciam.
> Sem dúvida, há alguns sacerdotes indignos ou desgraçados cuja condição é a consequência da sua própria negligência e falta de correspondência deliberada à graça de Deus. No entanto, parece-nos que entre eles também se encontram aqueles a quem lhes falta discernimento para aceitar os próprios limites. Não aprendemos a viver conosco próprios tais como somos.
> Uma coisa que esquecemos por vezes é que temos diferentes aptidões. É por isso que existe uma maravilhosa

---

[1] Leo Trese. *Diálogo sobre o sacerdócio. Op. cit.*, p. 10-13; 61-63.

variedade na unidade constituída pelo corpo místico de Cristo. Como observa São Paulo, a mão não é o pé e o ouvido não é o olho. "Se todos os membros fossem um só membro, onde estaria o corpo?" (1 Cor 12, 19). Temos, por exemplo, o caso de um sacerdote que é um pregador medíocre. Por mais que prepare a homilia, sempre há de falar terra-a-terra e com falta de ardor e vibração: nunca atrairá multidões. No entanto, é um confessor muito procurado; há sempre uma longa fila diante do seu confessionário: de coração para coração, parece ter uma unção e uma compreensão bem acima da média. Por outro lado, há um sacerdote ao qual só se dirigem os penitentes apressados. Esforça-se por ser um bom confessor, mas quando se trata de dirigir as almas, sente-se como que seco e não sabe o que dizer. Do púlpito, pelo contrário, profere sermões que marcam pela sua força persuasiva e a clareza de expressão.

Ainda há o padre inigualável em questões de administração. Reúne fundos, paga dívidas e consegue construir obras de porte, tudo com invulgar espírito empreendedor. Organiza sociedades e dirige as atividades paroquiais como um profissional especializado. Numa outra paróquia, há um padre que não consegue manter as suas instalações materiais em condições, mas que possui um notável dom para dar a conhecer as verdades da fé e um espírito de persuasão para converter os que estão afastados. As pessoas estão sempre a levar-lhe novos amigos e é conhecido em toda a diocese por causa disso...

O lado irônico da situação é que cada um desses padres — o confessor, o pregador, o administrador e o zelador das conversões — tem certo ciúme dos êxitos dos seus colegas. Todos eles esquecem que Deus se serve da diferença de talentos naturais como instrumentos da graça. Desta maneira, por não obterem melhores resultados em alguns campos de trabalho, experimentam um vago sentimento de culpabilidade ou de mal-estar.

A AUTENTICIDADE DO PRESBÍTERO

Além das diferenças naturais, não levam em conta também as particularidades do temperamento de cada um. Há aquele que é bastante frio e reservado por natureza. Respeitam-no muito e vêm-lhe muitas vezes pedir conselho, mas, socialmente falando, fica no seu canto, isolado. Um outro, de tipo exuberante e simpático, constitui o centro de atração de qualquer grupo. Reclamam-no de todos os lados e não consegue satisfazer todos os pedidos. Um outro ainda é de uma compreensão calma, quente e simpática, que lhe vale o afeto de toda a paróquia. Toda espécie de pessoas o vão consultar para lhes abrir o coração [...].

Temos de tomar o nosso partido. Ver-nos como somos: sermos realistas e aceitarmos pelo que valemos. Somos criaturas medianas em quase tudo e talvez mesmo medíocres em alguns pontos? Pois bem! Convençamo-nos de que Deus tem também necessidade de trabalhadores que não sejam brilhantes. Se conseguimos resignar-nos a nos aceitar como somos, olharemos sem sombrios pressentimentos os colegas que correm como lebres. Pode ser que, afinal de contas, ainda venhamos a acumular mais pontos na corrida do que eles.

Nenhum sacerdote pode ser por si uma orquestra de sete executantes, pastoralmente falando. Se realizamos as tarefas primordiais e se vemos que já não temos tempo para as subsidiárias, não nos deve atormentar o que é impossível. Preparamos bem as nossas homilias? Estamos com regularidade no confessionário? Cuidamos conscienciosamente dos doentes? As crianças das escolas têm a possibilidade de receber instrução religiosa? Encontramo-nos à disposição daqueles que nos vêm consultar e os encorajamos? Estamos prontos quando o nosso povo tem necessidade de nós? Se as respostas a essas perguntas são afirmativas, Deus não se entristece, mesmo se o nosso ministério não tenha nada de espetacular.

No domínio espiritual, para se ter uma forte vida interior, é necessária a aceitação de si mesmo. Importa que eu tenha viva consciência do meu valor pessoal aos olhos de Deus. É preciso que eu seja capaz de olhar o conjunto das minhas fraquezas e das minhas tentações sem me deixar abater e sem me condenar. Admitindo com confiança a vitória final da graça divina, posso aceitar com calma que sou fraco e limitado.

O fato de uma pessoa se aceitar tal como é, de forma alguma, significa que esteja satisfeita consigo mesma. Isso implica também o esforço resoluto de fazer, sem ansiedade, o melhor uso possível das suas qualidades e de aperfeiçoar em si aquilo que pode ser aperfeiçoado. Essa atitude igualmente traz consigo o contentamento com todo o grau de progresso, pequeno ou grande, que se pode atingir, segundo a vontade de Deus. Na verdade, a aceitação de si mesmo é um aspecto importante da submissão total aos desígnios de Deus.

Ao conseguir conhecer-me e ao assumir-me como sou, com serenidade, fará com que saiba também compreender, aceitar e ter compaixão pelos outros.

Em conclusão, a minha oração parece formular-se quase por si própria: "Senhor Jesus, ajudai-me a compreender-me, a ver-me como vós me vedes e aceitar-me como me aceitais. Ajudai-me a estar cheio de compaixão pelos outros, a mostrar compaixão pelos seus defeitos e a revelar bondade pelas pessoas, mesmo se não consigo aceitar a sua maneira de agir. Senhor, que és sempre compassivo, ajudai-me a ter os vossos Sentimentos"[2].

A humildade, em grande parte, consiste em aceitarmos a nós mesmos e aos outros. Ajustarmo-nos à própria realidade significa deflacionar o nosso ego, reduzirmo-nos ao tamanho que nos corresponde. Às vezes fazemos, com a nossa imaginação hipertrofiada, uma moldura para nossa personalidade grande demais e depois tentamos esticar o nosso retrato para que seja

---

2   Leo Trese. *Op. cit.*

proporcional à moldura. Esticamos, esticamos as nossas possibilidades, o horário dos trabalhos, os esforços, ficamos tensos e cansados, até que superamos o coeficiente de elasticidade da nossa personalidade e arrebentamos, em forma de *estresse*, nervosismo, irritabilidade.

Por que tanta tensão? Que nível de perfeição absurdo estamos tentando atingir, tão alto que não nos permite fazer uma pausa, descansar, relaxar?

Temos de conseguir um ajustamento a nossos reais recursos, possibilidades e qualidades. Ao fazê-lo, teremos de descer um ou dois degraus em nossa escala de auto-avaliação, porque a maioria das pessoas que sofrem de estados ansiosos ou depressivos encontra-se, na verdade, submetida à tensão que deriva da ambição de fazer o papel de super-homem, sem nenhuma base na realidade. Todos nós estamos sujeitos às limitações e fraquezas e, portanto, temos o "direito" de nos enganarmos de vez em quando, de estarmos cansados e confusos, de deixarmos de estar à altura dos nossos padrões, de incidirmos no erro, de termos os nossos defeitos, de fracassarmos...

Tudo isso serenamente aceito, na presença de Deus, dá-nos muita paz e vai ajustando-nos, pouco a pouco, a uma atitude humilde.

Reiteramos: a humildade é a verdade, e esta reclama tanto *a sinceridade para conosco como a aceitação do que nós somos*.

Coerência

Essa humildade nos dá coerência. O sacerdote reto, o sacerdote coerente, é feito de uma peça só; é sólido, maciço. A sua conduta essencial caminha em cima de uma linha reta, que vai ao seu fim, e parte de uma decisão interior com a mesma força e a mesma naturalidade com que brota a flor sob os impulsos da primavera. Cada gesto e cada atitude identificam a sua personalidade interior: não há nada de postiço, artificial ou inautêntico. As mais diversas manifestações do seu ser formam um todo coerente. O resto é rejeitado como um corpo estranho. Perante tudo o que é falso, sente uma espécie de "alergia" e afasta-se com o mesmo movimento espontâneo com que o globo ocular expulsa a menor partícula de poeira.

A sinceridade leva-o a olhar a verdade de frente, sem fugir do confronto com ela; a evitar qualquer teatralidade, fingimento ou mudança de opinião por motivos interesseiros; a viver o compromisso e a coragem pessoal sem diluir as suas responsabilidades na massa, sem buscar o amparo e o refúgio na mediocridade coletiva; a afastar-se de qualquer tentativa que o conduza à justificação dos seus erros com desculpas ou falsas teorias; a chamar as coisas pelo seu nome, evitando ironias e frases de duplo sentido.

Voltamos a colocar diante da nossa atenção a admirável figura do Senhor. Tudo nele era "sim, sim" e "não, não". Não falava o que era *politicamente correto*, mas o que correspondia à verdade. Quando ele dizia "eu sou", "eu não sou", todos ficavam persuadidos da verdade dessa afirmação. Porque não era a boca que falava; o que falava era a vida, uma vida que ficava comprometida pela sua palavra.

Quando o tribunal que o julga pergunta-lhe: "Tu és filho de Deus?" e ele responde "Vós o dizeis; eu o sou" (Lc 22, 70), sabia que estava selando com essas palavras a sua sentença de morte. A verdade custou-lhe a vida. Cumprir com o seu dever custou-lhe a vida. Isso realmente é autenticidade.

Que maravilhosa sensação se experimenta quando, ao darmos a mão a um homem, encontramos por trás dela esse coração nobre, essa atitude leal, essa fidelidade indiscutida! Que tranquilidade sentimos quando, depois de um compromisso assumido, verificamos que o cumprimos pontual e eficazmente.

Um homem, assim, não precisa de muitas palavras nem de expressões reiterativas para convencer. Basta a palavra simples, nítida, "enxuta". O homem autêntico foge da loquacidade; a sua palavra é a expressão exata, necessária e insubstituível do seu pensamento. Por isso, esse homem ama o silêncio e a reflexão; porque a profundidade do silêncio e da reflexão mede o valor das suas palavras. A sua densidade, o seu peso específico, impede qualquer leviandade, qualquer barroquismo, qualquer pleonasmo repetitivo. Não faz sentido para ele dizer *palavra de honra*, porque qualquer palavra sua é sempre de *honra*. Imaginamos Cristo dizendo *palavra de honra*? Toda a palavra de Cristo *honrava* a sua pessoa e a sua veracidade pessoal *honrava* qualquer palavra sua.

Autenticidade e transparência

Essa coerência maciça é o que dá ao sacerdote a sua poderosa *capacidade persuasiva*. Há tanta diferença entre a voz de um locutor de rádio tentando convencer por meio de um reclame comercial e a de um homem que pede socorro quando levado pelas ondas do mar!

E, no entanto, toda a diferença reside apenas numa qualidade: *a autenticidade*.

É ela que dá força e sentido à palavra que se entende em todas as latitudes: a palavra amável que derruba as muralhas do preconceito; a palavra carinhosa que abre os corações; a palavra de conselho que ilumina; a palavra incentivadora que anima; a palavra de correção que retifica e endireita; a palavra de comando que move, decide e impera...

Mais ainda, quando a verdade se impõe dentro de nós de um modo categórico, ela tende a irradiar-se exteriormente de uma forma arrebatadora. A palavra, então, arrasta: uma personalidade autêntica, de uma forma ou de outra, está possuída de uma grande capacidade de *liderança* — cativa, induz e compele. Essa é a razão pela qual um sacerdote santo comove as multidões, arrasta com o seu exemplo. A melhor técnica para a pregação é essa sinceridade de vida, que se chama coerência.

Essa sinceridade vital que transmite segurança e credibilidade, que arrasta como arrasta tudo o que nos conduz à realização da nossa plenitude, poderíamos denominá-la *transparência*. A transparência é como a expressão plástica, sensível, de algo que é ao mesmo tempo sinceridade, coerência, integridade, simplicidade, naturalidade, franqueza e autenticidade. É uma qualidade luminosa que permite ver, com os seus nítidos contornos, todas as virtudes e todos os defeitos, o fundo das ideias e sentimentos e a consistência das atitudes. Algo que nos permite dizer de um homem: *é ele, sempre ele.*

Diante de um homem, assim, o Senhor, com um brilho de alegria e de admiração nos olhos, poderia dizer, como diante de Natanael: "Eis aqui um verdadeiro israelita, em quem não há duplicidade e engano" (cf. Jo 1, 47). Eis aqui um homem cabal, confiável, persuasivo, coerente, maciço, feito de uma peça só.

Tomara que algum dia um caminhante qualquer, ao encontrar-se conosco numa encruzilhada da vida, possa também exclamar exultante, admirado: "Encontrei o que desejava o meu coração; encontrei um homem transparente, íntegro, autêntico — *um verdadeiro homem* — em quem não há duplicidade nem engano".

Um teste: as humilhações

A humildade que se fundamenta na sinceridade que outorga coerência, credibilidade, transparência, confiabilidade, capacidade de liderança, tem o seu teste de autenticidade no que denominamos "humilhações". *Caminho* diz: "Não és humilde quando te humilhas, mas quando te humilham e o levas para Cristo"[3].

Os homens são testados com as "humilhações". Estas são de muitas e várias espécies. Humilham-nos nossos erros, falhas e limitações; humilham-nos os nossos fracassos; humilham-nos as desconsiderações, as promoções e expectativas frustradas; os elogios que esperávamos e não chegam...

É interessante como, às vezes, nos inculpamos, inclusive, para aparecermos como humildes, dizendo, por exemplo: "Sou um miserável, não tenho capacidade para falar ou para administrar uma paróquia; não tenho dotes para ser elevado a essa dignidade". É comum

---

[3] São Josemaria Escrivá. *Caminho*. Editora Quadrante, 13ª ed., São Paulo, 2022, n. 594, p. 188.

ouvir responder um padre, quando alguém lhe insinua que "está sendo cogitado para o episcopado": "Nunca o Espírito Santo voaria tão baixo". Mas quando depois alguém vem a dizer de nós: "Você realmente não tem capacidade para ocupar esse cargo, nunca pensaria em você para ser bispo", nós ficamos indignados e, talvez, revoltadíssimos.

Contavam-me, faz pouco, que um padre de certa idade, que celebrava ao lado do seu bispo, quando chegou a parte referente a ele, disse: "Lembrai-vos o Pai da vossa Igreja... com o nosso indigno Bispo Ronaldo". O bispo, depois da missa, disse-lhe: "Não fica bem você dizer isso". "Mas — retrucou o sacerdote — o senhor também diz: 'Eu, vosso indigno servo...'". "Mas não é o mesmo eu falar isso e você falar". "É verdade — respondeu o padre —, há uma diferença: eu acredito no que digo, e o senhor não".

Deixando de lado o aspecto anedótico desse episódio, a verdade é que poucos realmente se sentem *indignos* ou *incapazes*. Estimam-se acima do julgamento que os outros fazem dele. E isso os torna extremamente sensíveis, vulneráveis. Qualquer coisa os afeta: é difícil dizer algo que não os humilhe.

Esse aspecto de falta de humildade os torna muito frágeis. E, em sentido contrário, a pessoa que reconhece e aceita suas limitações e seus defeitos torna-se forte, segura. Pisa em terreno firme.

Em algumas cidades, nas festas populares, misturados na multidão aparecem os *gigantes* de papelão, que dançam e assustam as crianças. Normalmente levam dentro homenzinhos insignificantes que por um dia sentem-se *gigantes*. Assim procedem, às vezes, os homens na sua vida comum: criam uma superestrutura com quatro pedaços de madeira e papelão barato, fingindo uma personalidade, umas qualidades, uma cultura que não têm. Alardeiam virtudes e escondem defeitos. Mas eles sentem-se inseguros: qualquer um pode descobrir a falsidade furando o frágil papelão que cobre sua fraqueza. Qualquer coisa pode "puxar o tapete" deles: a opinião menos favorável de um superior; a falta de consideração de um colega; a crítica que possa fazer um paroquiano ou a própria comunidade... E, de repente, o gigante torna-se um *anão*. A sua segurança está em dependência excessiva da imagem que fazem dele.

Em sentido diverso, a pessoa humilde está firmemente assentada no chão, na terra. A pessoa que conhece e aceita a sua própria realidade fundamenta-se em terreno firme e não em fantasias imaginárias.

Elevando isso a um terreno sobrenatural, poderíamos estabelecer um binômio formulado por São Paulo: "Quando sou débil, então sou forte" (cf. 2 Cor 12, 10). Quando humildemente reconheço o que eu sou, a minha fraqueza, então o Senhor toma conta de mim e me torna forte: *Libenter gloriabar um infirmitatibus meis ut habitet in me virtus Cristi*: "Com gosto me gloriarei das minhas fraquezas para que resida em mim a fortaleza de Cristo" (cf. 2 Cor 12, 9).

Eu sou fraco porque não me glorio das minhas limitações, porque se me gloriasse delas *tunc potens sum*, então eu seria inabalável (cf. 2 Cor 12, 10).

Recordo um episódio da vida de São Josemaria Escrivá, que é nesse sentido emblemático. Ele percorria pela primeira vez as ruas da *city* de Londres. O tráfego era intenso, tudo era apressado, febril. Circulando entre a multidão, era possível ver trajes dos mais exóticos: indianos, negros, chineses, árabes... Ele ia considerando quanto se poderia fazer, através daquela encruzilhada do mundo, no campo da cultura, da ciência, das relações humanas. Mas sentia-se incapaz. Ia fazendo oração e sentiu a tentação de dizer: "Senhor, eu não sou nada, eu não posso nada". E o Senhor lhe respondeu claramente com uma locução — uma dentre tantas que teve na sua vida — e que ficou gravada indelevelmente na sua memória: "Tu não, eu sim; tu não podes nada, eu posso tudo". Então, sentiu uma graça que ele chamava de *operativa* e começou a trabalhar com ânimo renovado até conseguir, entre outras iniciativas, a instalação do centro acadêmico Grandpont, em Oxford, que vem realizando um extraordinário trabalho pastoral[4].

Aqui está o *binômio* em que reside a fortaleza do cristão: *eu não posso nada; tu podes tudo.*

Humildade e magnanimidade

A verdadeira humildade não propicia, como algumas vezes se pensa, o encolhimento e a timidez, mas a audácia e a intrepidez. Assim o vemos em tantos homens de Deus como em Santa Teresa, em São Francisco Xavier e em Dom Bosco. Deste modo deveria acontecer conosco em nossos empreendimentos pastorais. Não podemos ser acanhados, inibidos, nas nossas iniciativas — seja qual for o nível das mesmas — pessoais, paroquianas ou diocesanas. Temos de pensar alto, ter um ânimo grande, devemos ser magnânimos.

---

4   Cf. Andrés V. de Prada. *O fundador do Opus Dei.* Editora Quadrante, São Paulo, 1989, p. 356.

Alguns poderão pensar que essa magnanimidade se opõe a humildade. E não é assim, muito pelo contrário! A verdadeira magnanimidade tem por alicerce a humildade autêntica. A consciência de ser filho de Deus leva o homem a reconhecer tanto a sua grandeza como a verdade de que tudo o que tem e possui é um imenso dom de Deus. Assim o proclamou Maria, em casa de sua prima Santa Isabel: "Porque Ele viu a humildade de sua serva, por isso me chamarão bem-aventurada todas as gerações" (Lc 1, 48). Todas as gerações! Precisamente pela sua humildade.

Com a sabedoria e a segurança que teve ao sentir-se apoiada pelo braço onipotente de Deus, diz Santa Teresa:

> Convém muito não amesquinhar os desejos, antes esperar em Deus que, se pouco a pouco nos esforçarmos, poderemos atingir o cume a que muitos Santos chegaram. Se estes nunca se tivessem determinado a ter desejos, não teriam subido a tão alto estado. Sua Majestade [Deus] quer almas animosas e é amigo delas, contanto que andem em humildade. Nunca vi alguma dessas almas permanecer rasteira neste caminho; nem vi também alma covarde, sob pretexto de humildade, andar em muitos anos tanto quanto aos outros em muito poucos[5].

Mulher de espírito jovem e empreendedor, a Santa de Ávila insiste continuamente nessa maravilhosa aventura que representa a indescritível viagem à procura de Deus: "Aventuremos a vida, pois melhor a guardará quem a tiver por perdida"[6]. "Tudo consiste em arriscar a vida

---

5 Santa Teresa de Ávila. *Obras completas do Livro da Vida*. Cap. XII. Editora Vozes, Petrópolis, 1961, p. 93-94.
6 Santa Teresa de Ávila. *Poesias. Op. cit.*, cap. XIX.

por amor de Deus"[7]. "O Senhor jamais abandonará os que o amam quando se arriscam só por Ele"[8].

Também São Tomás de Aquino, depois de definir a virtude da magnanimidade como "disposição do ânimo para coisas grandes" (*extensio animi ad magna*)[9], aponta os traços fundamentais dessa virtude:

— O magnânimo atreve-se aos empreendimentos grandes, porque sabe que "o dom da graça eleva o homem a coisas que estão acima da natureza"[10];

— O magnânimo é audaz na ação apostólica, porque é consciente de que "o Espírito Santo se serve da palavra do homem como de um instrumento. Mas é Ele quem interiormente aperfeiçoa a obra"[11];

— O magnânimo traz consigo a indestrutível firmeza da esperança em Deus, de uma confiança desmedida, quase temerária[12];

— O magnânimo tem um coração desprovido de medo, onde reina uma paz imperecível, porque conta com Deus[13];

— O magnânimo não cede à angústia das preocupações nem à ameaça dos homens ou dos acontecimentos, porque só se inclina diante de Deus[14];

— O magnânimo não se queixa, porque Deus é o seu consolo e a sua fortaleza[15].

---

7   Santa Teresa de Ávila. *Livro da vida. Op. cit.,* cap. IV.
8   Santa Teresa de Ávila. *Pensamentos. Op. cit.,* cap. VIII.
9   São Tomás de Aquino. *Summa Theologica* II- II q. 129 e.
10 *Ibid.* II-II q. 171, a 2.
11 *Ibid.* II-II q. 177.
12 *Ibid.* II-II q. 129 ad.
13 *Ibid.* II-II q. 129 ad. 7.
14 *Ibid.* II-II q. 129 ad. 7.
15 *Ibid.* II-II q. 129 ad. 4.

Pelo desenho traçado com estas vigorosas pinceladas, compreendemos a imensa distância que separa a magnanimidade do orgulho e da soberba. Podemos dizer mais: paradoxalmente, a audácia necessária para os grandes empreendimentos só pode estar alicerçada na autêntica humildade, que não se apoia na capacidade própria, mas na força de Deus.

Duas convicções profundas animam os que compreendem ter sido chamados às coisas grandes. Uma, a advertência de Cristo a todos os cristãos: "Sem mim, nada podeis fazer" (Jo 15, 5); outra, o eco dessas palavras no Apóstolo das gentes: "Tudo posso naquele que me dá forças" (Fl 4, 13).

O amor humilde

Há também outro aspecto da humildade a que habitualmente não se presta atenção: o caráter atrativo que tem a humildade, o magnetismo do *amor humilde*.

Nos irmãos Karamázov, de Dostoiévski, o monge russo Zossima se expressa assim: *"o amor humilde é uma força formidável, a maior de todas. Não há outra a que se iguale"*. O mistério da redenção está entretecido da ternura e da força desse *amor humilde*.

O que é o *amor humilde*? É um amor cheio de amabilidade serviçal, de despretensiosa receptividade, de atitude familiar e amiga, de simplicidade transparente, enfim, de carinho, que é como a expressão sorridente do amor.

Por que atraía tanto a Madre Teresa de Calcutá? Por que se aproximavam dela católicos e não católicos, protestantes, hindus e maometanos? Porque ela oferecia esse amor humilde para todos, especialmente *aos mais pobres entre os pobres*. Isso é o que explica que, no dia da sua beatificação, a praça de São Pedro estivesse transbordante de pessoas de todos os credos.

Deveríamos perguntar-nos habitualmente: quando pretendo aumentar a repercussão apostólica da minha ação sacerdotal, renovo somente minhas homilias, meu comportamento social, meus estudos, minhas técnicas de oratória, meus programas de atividades paroquiais ou, pelo contrário, procuro também me renovar a mim mesmo, renovar minha oração, meu espírito eucarístico, minha fé, minha esperança, tornar meu amor mais simples, mais serviçal, mais humilde?

Se nós fomentássemos essa atitude, aumentaria também o nosso atrativo apostólico, o nosso magnetismo evangelizador. Que importante, querido irmão, que vivamos esse espírito de amor humilde, que faz *tudo para todos para salvá-los a todos* (cf. 1 Cor 9, 22).

8

A FORÇA DO PRESBÍTERO: A OBEDIÊNCIA

Os motivos da obediência

O *Diretório para o Ministério e a Vida do Presbítero* diz-nos que "a obediência é um valor sacerdotal de primária importância"[1]. Por quê? De onde lhe advém essa importância? Poder-se-ia pensar que ela se deve ao fato de a Igreja, como toda organização, precisar de ordem, eficácia e unidade e de, portanto, necessitar de autoridade e obediência. Quem assim pensar estará muito certo; sua relevância, porém, não provém dessa realidade, mas de outra bem mais elevada: o Senhor quis que a redenção se fizesse pela obediência. Se o pecado entrou na humanidade pela desobediência dos primeiros pais, a redenção veio pelo canal da fidelidade de Cristo à vontade do Pai: foi tornando-se obediente até a morte, e morte de cruz (cf. Fl 2, 8), que o Senhor alcançou a nossa salvação.

"Na verdade" — afirma João Paulo II na mensagem para a Quaresma de 2004 —, "toda a existência de Jesus foi caracterizada por uma confiante e filial submissão

---
[1] *Diretório para o Ministério e a Vida do Presbítero e Congregação para o Clero*. Editora Vozes, Petrópolis, 1994, n. 61.

ao Pai celeste: *"O meu alimento"* — dizia Ele — *"consiste em fazer a vontade daquele que me enviou e em dar cumprimento a sua obra"* (Jo 4, 34).

Desde a sua infância até a sua morte, ele obedeceu. A sua vida oculta caracterizou-se pela obediência a Maria e a José: *erat subditus illis* (Lc 2, 51). Na sua adolescência, quando ficou no templo de Jerusalém, disse aos pais angustiados: "Por que razão me procuráveis? Não sabíeis que eu devo dedicar-me às coisas que dizem respeito a meu Pai?" (Lc 2, 49). E termina a sua vida imolando a sua vontade naquele ato de entrega heroica que o fez transpirar sangue no Horto das Oliveiras. Diante da perspectiva espantosa da paixão, Jesus suplica: "Pai, afasta de mim este cálice", mas imediatamente dando uma reviravolta radical, passando do sentimento humano para a obediência divina, acrescenta: "Mas não se faça a minha vontade, porém a tua" (Lc 22, 42). Esta foi a atitude permanente de Jesus. E foi assim que ele conseguiu a redenção da humanidade.

Se o sacerdote tem de ser *outro Cristo*, "para ele, como para Cristo, a obediência exprime a vontade de Deus que se manifesta — através dos legítimos superiores"[2].

Aqui encontramos o valor e o mérito intrínseco da obediência. Assim o exprime o grande teólogo Garrigou-Lagrange:

> O motivo formal da obediência não reside no fato de a coisa ordenada ser razoável, mas em nos ter sido *mandada pelo legítimo superior*, representante de Deus, de quem procede a faculdade de dar ordens. Se unicamente obedecêssemos porque a coisa ordenada nos parecesse justa e prudente segundo nosso próprio juízo, viríamos

---

2   *Ibidem.*

a perder todo o mérito da obediência, da mesma maneira que perderíamos o mérito da fé se nós aceitássemos as verdades reveladas porque são evidentes. O motivo formal da fé é a autoridade de Deus que revela certos mistérios que permanecem escuros. O objeto próprio da obediência, diz São Tomás, é a ordem expressa ou tácita que manifesta a vontade do superior (11,119.104, a 2 c, e ad 3)[3].

Esta ideia é fundamental. Muitas vezes interpretamos o que nos ordenam utilizando o filtro dos raciocínios humanos: se é lógico ou não o que nos indicam; se aquele que manda é virtuoso, douto ou ignorante; se a sua vida está ou não de acordo com a sua palavra; se é ríspido, autoritário, irascível ou, pelo contrário, amável e compreensivo; se o que se ordena é decorrência de um impulso emocional ou fruto maduro de uma reflexão etc.

Isto poderá ter maior ou menor relevância, mas o realmente fundamental é obedecer, porque o superior representa a Deus Nosso Senhor: obedecendo a ele, estamos obedecendo ao próprio Cristo.

O superior poderá errar ao emitir uma ordem, mas nós nunca erraremos por levá-la a cabo. Se queremos realmente viver da fé, deveríamos *fazer questão* de obedecer *precisamente* quando aquilo que nos indicam é, em si mesmo, antipático ou contrário aos nossos gostos. Estamos demonstrando, com isso, o verdadeiro sentido *sobrenatural* da obediência. "É possível que o mensageiro da divina providência — acrescenta Garrigou Lagrange — seja desagradável ou mal

---

[3] Réginald Garrigou-Lagrange. *Las tres edades de la vida interior.* Editora Palabra, Madri, 1982, p. 707.

comportado: não importa. Ele de qualquer maneira é o enviado de Deus, e nos traz uma carta, uma mensagem divina"[4].

A força e a eficácia da obediência

Dessa união com o superior — seja bom ou não — é que advém a força e a eficácia da obediência. O Senhor nos diz: "Eu sou a videira, vós, ramos; quem estiver unido a mim, esse dará muito fruto, porque sem mim nada podeis fazer" (Jo 15, 5). A obediência opera precisamente a conexão da nossa vontade com o poder infinito de Deus: secundar aquilo que nos indicam é enxertar a nossa limitada capacidade na ilimitada capacidade de Deus. É uma questão de fé.

Santa Teresa, depois de receber do seu superior a ordem de escrever o livro sobre as fundações feitas por ela, anota: "Pareceu-me coisa impossível por causa das muitas outras ocupações [...]. Enquanto eu me encomendava a Deus, um tanto aflita por me ver com tão pouca capacidade e com má-saúde [...], disse-me o Senhor: '*Filha, a obediência dá forças*'"[5].

Qual é a obediência que nos dá forças? É a obediência em que acreditamos que o superior representa a Jesus Cristo: é a Jesus Cristo a quem obedecemos e não a uma pessoa humana, com as suas limitações, suas falhas e seus defeitos.

Esta verdade aparece com muita clareza na passagem da pesca milagrosa. Pedro tinha passado a noite inteira sem nada pescar. O Senhor o convida a lançar as redes.

---

4   Réginald Garrigou-Lagrange. *Las tres edades de la vida interior*. Op. cit., p. 709.
5   Santa Teresa de Ávila. *As Fundações*. Editora Vozes, Petrópolis, 1956, Prólogo, p. 8.

Ele sabe que não é o momento propício: se não tinham conseguido a pesca durante a noite, utilizando todos os recursos da arte marinheira, mal poderiam conseguir resultados à plena luz do dia. Pedro, contudo, obedeceu: "No teu nome lançarei a rede" (Lc 5, 5). E diante dos seus olhos assombrados realizou-se o milagre: uma multidão de peixes, brilhando como prata à luz do sol, foi enchendo a sua barca, até as bordas.

O milagre se repete. Quando sabemos obedecer à autoridade, a eficácia torna-se evidente. Sempre foi assim. E sempre será. Devemos ter fé no poder da obediência. Movidos pela nossa própria experiência, poderíamos repetir as palavras de nosso Senhor a Teresa: *a obediência dá força e fecundidade*.

Para isso, contudo, é preciso superar *a autossuficiência pessoal*. Na cultura contemporânea — diz o *Diretório para o Ministério e a Vida do Presbítero* —, "acentua-se o valor da *subjetividade* e da *autonomia* da pessoa individual como intrínseco à sua dignidade. Este valor, em si positivo, se absolutizado e reivindicado fora do seu justo contexto, resulta negativo"[6]. Temos de ultrapassar o que Beria Di Argentine denominava a "síndrome da subjetividade"[7] como fenômeno característico do nosso tempo, em que tudo se quer filtrar através do prisma individualista.

Estamos fazendo Igreja. E Cristo é a sua cabeça. A autoridade legitimamente constituída representa a Cristo. E Cristo é quem faz os milagres: "Sem mim nada podeis fazer" (Jo 15, 5), mas, com ele, tudo.

---

6   Diretório. *Op. cit.*, n. 61.
7   Beria di. Argentini. "A síndrome da subjetividade", em Luiz Jean Lauand, *Ética: questões fundamentais*. São Paulo, 1994, p. 23.

Quando obedecemos à legítima autoridade, somos como a prolongação humana da onipotência divina. Ele nos diz, como a Moisés: "Eu estou contigo; tu tens o meu poder, nada temas" (cf. Ex 3, 12). Poderemos sentir vacilar a nossa fraqueza diante das dificuldades que encontramos para realizar a missão confiada por Deus, como gaguejava Jeremias: "Ah, Ah, Ah, Senhor Javé, eu não sei falar porque sou como uma criança" (cf. Jr 1, 6). Mas o Senhor também me dirá como ao profeta: "Não digas isso, porque vou colocar as minhas palavras em tua boca. Hoje eu te estabeleço sobre as nações e reinos, para arrancar e arrasar, para demolir e destruir, para construir e plantar. Não tenhas medo. Eu faço hoje de ti uma cidade fortificada, uma coluna de ferro e uma muralha de bronze. Palavra do Senhor!" (Jr 1, 9-19).

Quando estamos vinculados pela obediência à vontade de Deus, chegamos a possuir uma força, uma resistência, uma energia, um poder e uma eficácia sobre-humanos. É uma questão de fé, dizíamos antes. Cada um de nós, sacerdotes do Senhor, fundidos ao poder infinito da onipotência divina, seremos capazes de dizer, como São Paulo: "Tudo posso naquele que me dá forças" (Fl 4, 13). É o poder incrível da obediência.

Diante desta fabulosa capacidade oferecida pela onipotência divina, experimentando toda a nossa debilidade, conforta-nos poder rezar com a Igreja: "Ó Deus todo-poderoso, olhai com bondade a nossa fraqueza e estendei, para proteger-nos, a vossa mão poderosa"[8].

A *Pastores Dabo Vobis* sublinha precisamente que esta união do presbítero com a autoridade eclesiástica por

---

8 Oração do sábado depois das cinzas.

meio da obediência é o que lhe outorga toda a segurança e eficácia.

> Não existe, efetivamente, ministério sacerdotal senão na comunhão com o Sumo Pontífice e com o Colégio Episcopal, e de forma particular com o próprio Bispo Diocesano, aos quais se deve guardar "o filial respeito" e "a obediência" prometidos no rito da ordenação. Esta "submissão" aos que estão investidos da autoridade eclesial não tem nada de humilhante, antes deriva da liberdade responsável do Presbítero. [...]
> A obediência cristã autêntica, retamente motivada e vivida *sem servilismos*, ajuda o presbítero a exercitar com evangélica transparência a autoridade que lhe é confiada perante o *Povo de Deus: sem autoritarismo* ou preferências demagógicas. Só quem sabe obedecer em Cristo sabe como exigir, segundo o Evangelho, a obediência de outrem[9].

Bento XVI reafirma os mesmos conceitos:

> A obediência a Cristo, que corrige a desobediência de Adão, concretiza-se na obediência eclesial, que é, para o sacerdote, na prática cotidiana, antes de tudo obediência ao seu Bispo. Mas na Igreja a obediência não é algo formal; é obediência àquele que por sua vez é obediente e personifica Cristo obediente [...]. No Bispo obedecemos a Cristo e à Igreja inteira, que ele representa neste lugar[10].

Nós queremos ser obedecidos pelas pessoas que formam parte da nossa comunidade. É muito legítimo. Numa paróquia onde os leigos fazem o que

---

9   São João Paulo II. *Exortação Apostólica Pastores Dabo Vobis. Op. cit.*, n. 28.
10   Discurso do Papa Bento XVI aos Sacerdotes e Diáconos da Diocese de Roma na Cátedra de São João de Latrão, 13 de maio de 2005.

querem termina imperando a anarquia. Mas, às vezes, não tomamos consciência de que, se nós mesmos não obedecemos o nosso Bispo, a própria diocese pode converter-se também em um território onde reinam o desgoverno e a indisciplina. Para saber mandar, é preciso, antes, aprender a obedecer. Quem não sabe obedecer, termina não sabendo mandar.

É lamentável que um dia — e isto já aconteceu nas paróquias da minha diocese não poucas vezes — o pároco tenha de reclamar diante da comunidade: aqui quem manda sou eu! Quando se tem de apelar a esse tipo de atitude, é porque ele não soube, *suaviter et fortiter*, fazer valer a sua autoridade desde o início do seu mandato. Foi fraco. O "autoritarismo", muitas vezes, é consequência de uma fraqueza e de uma insegurança mal superadas. O respeito à autoridade, assim como a amizade, não se impõe, suscita-se: nós devemos saber inspirar respeito e confiabilidade para que nos obedeçam, sabendo, antes, prestar o obséquio da nossa docilidade a nossa própria autoridade.

Qualidades da obediência

A obediência precisa ser vivida de tal maneira que tornemos a nossa comunidade diocesana uma verdadeira família. Numa família numerosa e unida há sempre *solidariedade*. Esta é a primeira qualidade da obediência. E isso exige também espírito de sacrifício.

> A obediência, profundamente inserida na unidade do Presbitério [...], em colaboração harmoniosa com o Bispo — indica a *Pastores Dabo Vobis* —, contribui também para que na nossa família diocesana a solidariedade se

torne patente. Este aspecto da obediência do sacerdote requer uma notável ascese, seja no sentido de um hábito a não se prender demasiado às próprias preferências ou a pontos de vista particulares, seja na linha de deixar espaço aos irmãos no sacerdócio, para que possam valorizar os seus talentos e capacidades fora de qualquer ciúme, inveja ou rivalidade[11].

Deveríamos pensar habitualmente que, se nos dispomos a aceitar um trabalho mais árduo e difícil, uma paróquia mais humilde e trabalhosa, estamos permitindo que algum dos nossos irmãos possam dedicar-se a outro trabalho ou a outra paróquia mais agradável e gratificante.

Recordamos, com imenso agradecimento, o sacrifício que fizeram por nós as pessoas que nos amaram verdadeiramente: os pais, os irmãos, os amigos... Recordamos com emoção esses sacrifícios diários, quando porventura escondiam seu cansaço ou as suas aflições para que nós não nos preocupássemos, ou escolhiam para si o pior para que a nós nos coubesse o melhor. Como nos comovemos quando verificamos que alguém realmente se sacrifica por nós! Experimentamos um arrepio de emoção quando constatamos que alguém está disposto a viver abnegadamente por nós — só por nós —, sem interesse próprio, só por amor, por puro amor! E nós, o que fazemos pelos nossos irmãos no sacerdócio? Sabemos aceitar o pior para que eles ganhem o melhor? Por que temos essa tendência a sentir-nos injustiçados, a criticar as decisões da autoridade, porque não nos foi designado o trabalho mais elevado, a paróquia mais importante? Queremos ou

---
11 São João Paulo II. *Exortação Apostólica Pastores Dabo Vobis. Op. cit.*, n. 28.

não queremos amar nossos irmãos *como Cristo nos amou, dando a sua vida por nós?* (cf. Jo 15, 13). Deveremos estar dispostos a dar um pedacinho da nossa vida por eles, sacrificando-nos realmente em seu benefício, sem nos sentirmos *vítimas*, criando, assim, na nossa família diocesana um ambiente de autêntica solidariedade fraterna. Deste modo, realmente assumimos a nossa verdadeira condição de pastores: *sabemos dar a vida pelas nossas ovelhas* (cf. Jo 10, 11). "Vivendo num clima de constante disponibilidade — diz a *Pastores Dabo Vobis* —, para se deixar agarrar, como que 'devorar' pelas necessidades e exigências do rebanho"[12].

Além da solidariedade, a obediência deve ter outra característica: *a docilidade*. Para tanto, temos de saber superar, repetimos, a tendência humana para a autossuficiência. Custa-nos compartilhar a autoridade, a propriedade, o comando. Dizem que todos nós levamos "um rei na barriga". Daí a tendência humana para o autoritarismo, a prepotência e o absolutismo. Alguns obedecem como os senhores feudais: das muralhas do seu feudo para fora. Dentro do seu território, dentro da sua paróquia, quem manda são eles. Pagam o seu "tributo" ao "Rei" — o que está indicado para colaborar com a diocese —, mas o resto é deles. Com essa mentalidade, nunca se poderá fazer de uma diocese uma família verdadeira. Temos de saber derrubar as muralhas do egocentrismo feudal; saber obedecer suavemente, docilmente, "como o barro nas mãos do oleiro" (Jr 18, 6), superando as resistências naturais que todo ser humano tem para aceitar o que não parte da sua cabeça e do seu coração.

---

12 *Ibidem*.

Há quem tenha a tendência instintiva de ser "do contra", de apresentar sempre ressalvas, travas, resistências.

Lembro que, já faz anos, acompanhei um amigo na compra de um "fusquinha" usado. Entramos no carro com o vendedor para verificar o seu estado. O carro não puxava. "Mas este carro parece que não tem força", disse o meu amigo. E o vendedor emendou de primeira, com um sorriso malicioso: "Acho que puxará um pouco melhor se destravar o freio de mão". Às vezes, parece que fazemos as coisas "rangendo", "estrilando", como se algo por dentro impedisse a nossa disponibilidade, nosso espírito de serviço. É preciso destravar o nosso amor-próprio, a nossa autossuficiência, para percorrer, com o combustível superaditivado pela obediência, os caminhos do Senhor com a suavidade e a rapidez de uma Ferrari.

Com não pouca frequência, não sabemos assimilar o que nos indicam, incorporando-o como coisa própria. Não obedecemos por amor. Obedecemos *pro-bono-pacis*, para não criar caso, mas aceitamos aquilo como algo imposto de fora. E fica, porventura, uma marca, uma ferida: "Por que fui colocado neste lugar? Por que me encomendaram um trabalho tão insignificante e 'braçal', que não exige talento e qualidade? Por que deram a esse meu colega aquele cargo para o qual ele não está preparado e eu reúno todas as condições?". Essas marcas vão ficando em forma de *ressentimentos*. Uma emoção negativa ficou retida, alojada na memória, e termina provocando, no dizer de Max Scheler, uma verdadeira *intoxicação psíquica*[13]. Indicações dos

---
13 Max Scheler. *El Sentimiento de La Moral*. Editora Caparrós, Madri, 1993, p. 19 e 35.

superiores ficam em forma de mágoa, de rancor... Com um fundo de sentimentos reprimidos, de tristeza, que dão como resultado uma personalidade complicada, difícil.

É preciso superar esse estado de ânimo, que azeda todo o nosso trabalho pastoral. Como vamos ser semeadores de serenidade, de paz, de jubilosa segurança, quando do fundo da alma destila esse ressentimento? É necessário fazer todo um trabalho de conversão, voltar uma e outra vez a oração para fazer, porventura, a súplica daquele leproso: "Senhor, se queres, podes curar-me, podes devolver à minha alma a pronta docilidade que eu preciso para derramar nos outros toda a suavidade do teu amor" (Mt 8, 2).

Uma vez vencida a nossa autossuficiência, é preciso "encarnar" o que nos indicam como se fosse algo arquitetado por nós, como algo que fosse filho da nossa inteligência, com a mesma paixão com que um cientista leva à realização a sua "patente de invenção", com o mesmo ardor com que um artista se devota diante da sua obra de arte.

Deste estado de ânimo dimanará outra qualidade que dá brilho à obediência: a *alegre prontidão*. Saber que estamos contribuindo para a construção do Reino de Deus é fonte de extraordinário júbilo. É muito conhecida, mas apesar de tudo não resisto à tentação de contá-la, a história daqueles dois pedreiros que batiam nas mesmas pedras construindo o mesmo edifício. Um deles, acabrunhado, murmurava: "Que tristeza ter de martelar sempre em cima destas malditas pedras"; e o outro, radiante, exclamava: "Que alegria sinto: estou construindo uma catedral!". Ambos faziam o mesmo, mas a feição do trabalho mudava completamente, de acordo com a motivação diferente que os dominava. Saber que, seja qual for o nosso trabalho, estamos construindo o Reino de Deus e a nossa própria realização eterna é algo que deveria dar-nos uma exultante motivação. Saber que estamos trabalhando na realização de uma obra divina confere à nossa vida uma atitude pronta e alegre como a de Maria: "apressadamente" foi visitar a sua prima, Santa Isabel, e ambas exultaram de alegria na vivência do cumprimento fiel dos desígnios do Senhor (cf. Lc 1, 39-55).

A obediência vivida assim terminará realizando plenamente a (Pr 21, 28) nossa vida. *Vir obediens loquetur victoriam*, "o homem obediente cantará sempre vitória" (Pr 21, 28). Essa convicção nos levará a dizer, com Santo Agostinho: *Domine, da quod jubes et jube quod vis* — "dai-me, Senhor, a força para cumprir o que ordenas e ordena, Senhor, o que quiseres"[14].

---

14 Santo Agostinho. *De Natura et gratia*, e. 43.

9
O DISTINTIVO PECULIAR DO PRESBÍTERO: O AMOR

A vida do Senhor termina entregando-nos um legado de amor. Naqueles momentos íntimos em que o Senhor abre o seu coração na última ceia, deixa aos apóstolos, como se fosse a chave para entender toda a sua mensagem, a peça mais valiosa do seu testamento: "Um mandamento novo vos dou, que vos ameis uns aos outros como eu vos amei. Nisto reconhecerão todos os que sois meus discípulos" (Jo 13, 34-35).

São grandiosos os acentos da palavra do Senhor quando nos fala da humildade, do desprendimento, da obediência, da pobreza, mas a nenhuma dessas virtudes deu ele a característica de *mandamento novo*, de distintivo peculiar dos seus discípulos.

É desse amor que falaremos agora, como uma ressonância dos profundos ensinamentos de Cristo. Uma ressonância que nunca se poderá apagar no seio da grande família da Igreja, porque, se esse amor morrer, com ele morrerá o próprio Cristianismo.

Levando em conta a nossa grande responsabilidade como sacerdotes de Jesus Cristo, a quem especialmente foi encomendada a tarefa de construir a Igreja, poderíamos dirigir uma pergunta ao Mestre, como tantas vezes o fizeram os apóstolos: "Que significa, Senhor, a expressão *amai-vos uns aos outros?* Quem são os outros e o que querias dizer quando falavas de *amá-los?*".

"Os outros", poderia responder-nos o Senhor, "são os que estão ao teu lado: os teus pais, os teus irmãos, os teus parentes, os teus amigos e, nomeadamente, aqueles a quem o Pai confiou aos teus cuidados amorosos de Bom Pastor — a tua comunidade, os que trabalham conjuntamente contigo na construção do Reino de Deus. Mas *os outros* são também os que estão um pouco mais afastados: os vizinhos, os colegas, os superiores, os subordinados, aqueles que encontras habitualmente no teu dia a dia e ainda os conhecidos: o mendigo que te pede esmola, o pipoqueiro, o funcionário do guichê...". "Esses são os outros, Senhor?". "Sim. Mas se queres chegar a seu completo significado, deverás entender que os outros são também esses que talvez denomines 'inimigos': as pessoas que te tratam com indiferença ou de forma injusta; que te criticam; que te olham e se dirigem a ti agressivamente; os importunas; os antipáticos... Esses também são *os outros*".

"E amar? Que significa amar?"

> Amar não é um simples impulso, um mero sentimento. É um verbo de múltiplas e diversas acepções, algumas equivocadas, outras difíceis de conjugar; tem muitos tempos e formas; mas, se realmente queres amar como eu amei, terás de chegar ao fim do seu significado. E esse fim está encerrado nestas palavras: *ninguém tem maior amor do que aquele que dá a vida por seus amigos* (Jo 14, 13). Quando puderes dizer, como eu disse na cruz, *tudo está consumado* (Jo 19, 30), tudo o que poderia ter dado, eu o dei até a última gota do meu sangue, então terás esgotado o significado do verbo amar.

Para chegar até lá, contudo, teremos de ir subindo, degrau a degrau, a escada do amor, como faremos a seguir.

Saber olhar

"Nada se pode amar se antes não se conhece", diz um princípio filosófico clássico; e um outro o completa, acrescentando: "Nada pode ser conhecido pela inteligência se antes não for captado pelos sentidos", pela percepção sensível. Aprender a perceber e a enxergar é a primeira exigência do amor.

Há duas formas de olhar. É o que nos revela a parábola do samaritano: o sacerdote, ao deparar-se com um homem ferido que jazia à beira do caminho, "vendo--o, passou de largo"; mas um samaritano, "vendo-o, compadeceu-se dele" (Lc 10, 31-35).

O olhar indiferente e frio — egoísta! — do *sacerdote*, do homem "bom", "piedoso", do homem ocupado com o cumprimento dos seus deveres "religiosos", e o olhar sensível, acolhedor do *samaritano* — do homem considerado religiosamente marginalizado — indicam não apenas duas formas de percepção, mas dois modos substanciais de ser.

Reparemos que o Senhor escolhe precisamente a figura do *sacerdote* para estabelecer o contraste com o *samaritano*. É muito significativo.

Nós podemos esconder, detrás da nossa condição oficialmente religiosa, caridosa, certa indiferença, certo autoritarismo ou uma frieza comodista. Isso fere muito. As pessoas esperam de nós sempre uma atitude especialmente humana e abnegada. Não podemos frustrar as legítimas expectativas dos que nos rodeiam.

SACERDOTES para o terceiro milênio

É por isso que olhar como Cristo nos ensinou a olhar, na parábola do bom samaritano, é começar a percorrer o itinerário do seu amor: é saber enxergar os outros no fundo de suas vidas; olhá-los não apenas como indivíduos isolados, números que integram quantitativamente uma massa, mas distingui-los qualitativamente por suas características peculiares, por seu destino único, irrepetível; ir encontrá-los mergulhados nos seus projetos vitais, talvez no seu drama íntimo, para resgatá-los do anonimato, da solidão...

Abramo-nos aos outros com uma palavra atenciosa, com um sorriso... Quantas vezes a palavra carinhosa de um sacerdote, um tapinha afetuoso no ombro, uma palavra acertada — "ofereça isso a Deus pelos seus filhos..." — tem levantado um irmão em um momento de depressão!

Os *preconceitos*, às vezes, impedem-nos de ver a pessoa humana na sua verdadeira dimensão. Cada um de nós nasceu no meio de uma família; cresceu num determinado meio social e cultural; formou-se em determinado ramo profissional; dedicou-se a algum tipo de trabalho concreto... Tudo isso foi criando em nós uma mentalidade peculiar, às vezes limitada, ou pelo menos especializada, e, com frequência, sem o percebermos, servimo-nos dela como parâmetro absoluto para julgarmos os outros: não entendemos bem aqueles que não cabem dentro do nosso padrão mental e os julgamos, sumariamente, segundo critérios estreitos e cortantes, talvez provincianos.

A nossa cabeça parece estar cheia de gavetas rotuladas, pelas quais vamos distribuindo as pessoas das nossas relações: engenheiro, advogado, artista, operário, estrangeiro, brasileiro, branco, preto, caipira, culto, grosseiro, santo, pecador... E vamos colocando nas costas dessa pessoa um cartaz identificador que parece esgotar o quadro completo da sua personalidade.

De modo especial, como pastores do nosso povo, não marquemos excessivamente os nossos gostos e preferências nas matérias sobre as quais livremente se podem opinar — política, economia, movimentos religiosos, esportes, preferências a respeito de regiões ou países — para não dividir a comunidade com uma mentalidade partidarista, preconceituosa ou preferencial. Devemos ter o coração grande como o de Jesus Cristo, universal, que é sinônimo de católico, de dimensões planetárias.

Com que vivacidade reagia o Senhor em face da mentalidade redutiva de que padeciam os seus contemporâneos! Uma mulher a quem ele pedira um pouco de água perguntou-lhe: "Como é que tu, sendo judeu, pedes de beber a mim, que sou samaritana?" (Jo 4, 9). E Jesus abre-lhe dilatados horizontes, que rompem fronteiras e preconceitos, ao responder-lhe que Deus é espírito e paira por cima dos lugares, das ideologias, das nacionalidades, das raças e dos tempos. Claramente o entendeu São Paulo quando escrevia: "Não há judeu nem grego, nem escravo ou homem livre... Sois todos um em Cristo" (Cl 3, 11).

Não identifiquemos as pessoas pela raça, pelo grupo social, pelo partido político, pela religião. Superemos essa visão simplista que acaba por ser deformante e caricaturesca, tão imprópria de um sacerdote. "Não julguemos o homem segundo a categoria a que pertence" — escreve Gheorgiu, que sofreu na sua carne o julgamento preconceituoso do comunismo. "A categoria é a mais bárbara, a mais diabólica das aberrações produzidas pelo cérebro humano"[1]. O homem não se reduz a uma categoria. É um universo.

Saber olhar é, em última análise, saber superar as muralhas de uma visão egocêntrica para ver o homem como Deus o vê, não do lado de cá — do subjetivismo unilateral —, mas do lado de lá — da abertura e do mais amplo realismo —, que fica para além do espaço e do tempo, que se abre para a infinita sabedoria e eterna misericórdia.

Tudo isso exige esquecer-se de si mesmo, superar esse deslumbramento da vaidade que nos ofusca, impedindo-nos de enxergar os outros como realmente são.

Esquecer-se de si mesmo: superar a vaidade

O homem vaidoso é incapaz de olhar os outros limpidamente. Parece sofrer de cataratas. Enxerga através dos seus próprios tecidos oculares esclerosados: gosta das pessoas e das coisas apenas quando refletem a sua própria imagem. O ser humano sente uma atração indeclinável pelos espelhos. Não somente por essas superfícies de vidro especialmente polidas para refletir imagens, mas também por outras que não têm essa finalidade: a opinião pública em que se espelha a sua personalidade, as três linhas do jornal que falam da sua pessoa, o olhar dos mais próximos em que lê admiração...

Sim, talvez os espelhos que o homem mais procure sejam as pupilas das pessoas que o rodeiam, particularmente se estas são importantes. Essa atitude é

---
1 Cit. por Vieujean, Jean. *Teu outro eu*. Editora Agir, Rio de Janeiro, 1960, p. 100.

especialmente lamentável num presbítero. Parece que esse sacerdote, em vez de olhar os outros como Bom Pastor para lhes descobrir as necessidades — com o olhar de um pai —, olha-os apenas para descobrir o que pensam dele: "Gostou da figura que fiz? Pareceu-lhe interessante a minha homilia, a agudeza da minha inteligência, a firmeza das minhas decisões pastorais?". Interroga os outros não acerca deles, das suas coisas, mas apenas acerca de si próprio, como se as pessoas lhe interessassem unicamente à medida que ele mesmo se reflete nelas.

Ao padre vaidoso, nada lhe provoca maior prazer do que experimentar a feliz excitação de que tudo se relaciona com *ele*; de que a paróquia caminha bem porque é *ele* quem está à frente; de que as pastorais e os ambientes adquirem vida e vibração porque *ele* lhes confere a voz e o brilho sem os quais permaneceriam miseravelmente mudos e apagados. Interessa-lhe mais que seja *ele, precisamente*, a fazer o bem, do que o fato de o bem ser realmente feito. Parece-lhe mais importante que seja *ele* quem faz progredir a Igreja, do que a Igreja progredir realmente.

A vaidade encontra também o seu espelho nas obras que saem das nossas mãos. Remiramo-nos nelas para ver espelhada a nossa própria perfeição. Quando nos satisfazem, nelas nos demoramos, contemplando a nossa beleza como a adolescente diante da sua penteadeira; quando nos desencantam, ficamos tristes como a senhora idosa que compara a imagem refletida no espelho com a fotografia da sua mocidade. O reflexo emitido pelas nossas obras é tão importante que gera essa ansiedade, esse desassossego e essa inquietação que se chamam *perfeccionismo*.

SACERDOTES para o terceiro milênio

O perfeccionista não se resigna a ver a sua imagem menos brilhante estampada em um trabalho incompleto, uma homilia, uma publicação, uma festa paroquial da qual participará o Bispo, uma visita pastoral, um empreendimento qualquer que não chegue a ser uma obra-prima. Trabalha até o esgotamento, precisamente naquilo que mais se cotiza no mercado da opinião pública. Nesses trabalhos é escrupuloso, preocupado, minucioso, diligente, exaustivo. E em outros, que porventura são mais importantes e que nunca aparecerão no seu currículo, como a atenção diuturna às confissões, à formação dos agentes de pastoral, ao estudo de matérias pouco brilhantes, mas fundamentais, à luta nos alicerces da alma para conseguir autênticas virtudes, é desleixado, lento, despreocupado e negligente. Assim se explica a existência disso que poderíamos chamar a *preguiça seletiva*: a preguiça que se manifesta somente em face das ocupações menos atraentes. Trata-se de pura vaidade que, desmotivada pelo anonimato e ferida pela obscuridade, derrama-se por essa chaga aberta chamada tédio, cansaço e modorra.

O deslumbramento do vaidoso, essa espécie de elefantíase personalista que o coloca no centro do universo, poderia encontrar uma imagem plástica na figura mitológica de Narciso. Narciso era um jovem extasiado pela sua própria beleza que, um dia, ao ver refletido o seu rosto nas águas de um lago, atraído por si mesmo, tentou abraçar-se e morreu afogado. É o que acontece com esse tipo humano: termina afogado, asfixiado pelo excessivo apreço que sente por si mesmo.

Eu, as minhas coisas, os meus problemas, os meus projetos, as minhas realizações... Há pessoas que parecem ver apenas seu próprio rosto, saber falar só de si:

os seus pensamentos parecem-lhes importantíssimos, e as suas palavras são para elas a música mais melódica. A sua verdade tem de coincidir necessariamente com a Verdade. Os outros deverão concordar com as suas opiniões porque a razão, indubitavelmente, tem de estar com elas. A voz dos outros deverá ser como uma ressonância da sua. Se não for assim, surgirá a discussão ou a desavença. E, depois, um homem desses há de queixar-se de solidão. Pensará que todos o abandonaram, quando, na realidade, foi ele quem se isolou em seu pedestal. Ninguém suporta a sua presença, porque ninguém se resigna a não ter voz, a ser simplesmente eco. A solidão é o corrosivo que afoga a personalidade narcisista.

Gustavo Corção, em *Lições de Abismo*, sintetiza o perfil da personalidade do vaidoso quando diz: todas as coisas, todas as opiniões "são como o espelho da sua própria importância, da sua própria face, que para ele é a grande, a única realidade, em torno da qual o mundo inteiro é uma imensa moldura"[2].

Dessa forma, é muito difícil enxergar, de forma transparente e clara, as necessidades daqueles que encontramos na nossa caminhada.

Compreender

Esse olhar a que nos referimos leva não só a reconhecer e respeitar o ser humano, mas a compreendê-lo também. Porque conhecer não basta. É preciso ir além. Um médico pode conhecer em profundidade o quadro clínico de um doente, ter sobre ele dados exaustivos em

---

2   Corção, Gustavo. *Lições do Abismo*. Editora Agir, Rio de Janeiro, 1962, p. 88.

nível científico — análises, cardiogramas, encefalogramas, tomografias computadorizadas... — e, no entanto, estar muito aquém do conhecimento humano que tem sobre o doente a sua própria mãe, porventura ignorante ou inculta. A mãe *sabe* mais, porque o seu conhecimento se enraíza numa carinhosa compreensão.

Quem compreende interna-se, de alguma maneira, na personalidade do outro: vive as suas penas e alegrias e ufana-se com os seus ideais e empreendimentos. Dessa forma, compreender vem a ser, mais do que um mero conhecimento racional, uma tarefa da mente feita com o coração: *um conhecimento cordial.*

A compreensão abrange três planos ascendentes: querer bem aos outros como eles são; querer-lhes bem com os seus defeitos; querer-lhes bem precisamente porque têm defeitos.

Querer bem aos outros como eles são. E poderíamos perguntar: como é que eles são? São simplesmente diferentes. É preciso amar não apenas o que nos une, mas também o que nos diferencia.

Há pessoas *monovalentes*, que gostam exclusivamente de um determinado tipo humano, dos que são ecos da sua própria voz. Parecem aquele "samba de uma nota só". Tornam-se incapazes de ter esse coração universal católico.

Certa vez, um rapaz ainda bem novo deu uma excelente lição de compreensão à sua mãe, que se queixava constantemente da empregada: "Não sabe fazer isto; não sabe fazer aquilo; é uma burrinha; estou tentada a mandá-la embora". Um dia, depois de ouvir toda aquela ladainha, o rapaz disse a mãe: "Você paga-lhe o salário mínimo; se ela fosse tão delicada e inteligente como você quer, não trabalharia aqui como empregada, seria professora ou secretária executiva, ganhando dez vezes mais... Portanto, de duas uma: ou deixamos de falar mal da empregada ou arranjamos uma secretária executiva".

Em todos os terrenos da vida social podem acontecer situações semelhantes, que exprimiríamos simplesmente com aquele ditado bem brasileiro: "Se não fosse o verde, o que seria do amarelo?". Há pessoas que dão a impressão de terem *ictericia psicológica*: veem tudo amarelo, tudo tem de ser do seu jeito. Não percebem que os contrastes cromáticos possibilitam o quadro da vida; que qualidades e funções diferentes representam ordem e eficácia; que o pluralismo que não compromete a verdade — a legítima diferença de opiniões — é um sinal claro de liberdade. E sem liberdade nunca existirá nem humanismo nem cristianismo.

Quando um padre não tem essa abertura, esse amor à liberdade, esse respeito pela opinião dos outros, torna-se autoritário, um pequeno ditador que, em vez de harmonizar, divide a comunidade.

Compreender significa também *acolher os outros com os seus defeitos*.

Apesar de o enunciado parecer razoável, inclinamo-nos, contudo, a seguir a direção contrária, precisamente por tendermos a ver antes os defeitos dos outros do que as suas virtudes. Essa atitude tem uma raiz psicológica: consideramos as falhas dos outros como um veículo de auto-afirmação. Reparando nos defeitos alheios, ressaltamos por contraste — assim pensamos — as nossas virtudes, aliás tão mesquinhas... E, no entanto, desse modo, acabamos demonstrando exatamente o contrário: a nossa ótica doentia, defeito porventura pior do que aquele que exageradamente criticamos. Bem clara é, neste sentido, a sentença do Evangelho: "Reparam na palha no olho alheio e não enxergam a trave no próprio" (Mt 7, 3). Pela maneira como observamos os defeitos alheios, revelamos os nossos. A todos os aspectos da personalidade humana se pode aplicar o agudo pensamento de La Rochefoucauld: "Se a vaidade dos outros nos irrita, é porque fere a nossa"[3].

Mas o nosso egoísmo serve-se ainda de outro expediente. Alegamos não poder compreender os outros porque não se encaixam em um determinado "ideal de perfeição" que nós mesmos criamos: o colega ideal, o superior ideal, o agente de pastoral, a secretária, o seminarista ideal... "Assim como são, não é fácil aceitá-los ou tratá-los com carinho", podemos pensar.

Pensar assim não é apenas um egoísmo revestido de aparente nobreza de sentimentos, mas uma absoluta falta de perspectiva. Porque os seres ideais não existem; o que existe, na realidade, são seres concretos, com as suas limitações, seus defeitos, suas imperfeições e fraquezas. Se só pudéssemos amar os que são perfeitos, não amaríamos ninguém. Os orientais têm um provérbio divertido: "Só existem dois homens perfeitos: um não nasceu, o outro já morreu".

Num sentido paralelo, se desejássemos para os outros o que desejamos para nós, procederíamos de maneira mais justa. Em todos nós há um desejo íntimo de sermos compreendidos e acolhidos. Às vezes, receamos ser mal interpretados ou que as nossas falhas sejam aumentadas e distorcidas. Agradecemos quando os outros sabem encontrar delicadamente uma desculpa, uma saída honrosa para os nossos pequenos ou grandes

---

3   La Rochefoucauld, François. *Reflexões e Máximas Morais*. Editora Cultrix, São Paulo, 1962, p. 128.

defeitos... Sim, não há quem não sinta o anseio profundo de ser compreendido exatamente como é, com as suas luzes e as suas sombras, com as suas qualidades e os seus defeitos, com as suas virtudes e os seus pecados... Essa experiência íntima deveria levar-nos a proceder com os outros tal como gostaríamos que os outros procedessem conosco.

Devemos ir inclinando suave e decididamente as nossas tendências para interpretar a personalidade dos outros não pelo prisma dos defeitos, como fazem os caricaturistas, mas pelo ângulo das virtudes, como fazem as mães, que sabem ver virtudes onde os outros só vêem defeitos.

Existe um preconceito comum: "Pensa mal e acertarás". Deveríamos empenhar-nos em implantar no nosso cérebro uma outra mentalidade: *o maravilhoso preconceito psicológico de pensar e julgar favoravelmente*, procurando o lado bom que nenhuma personalidade deixa de ter; compreendendo que a sombra dos defeitos não deveria tirar o brilho das qualidades, mas, ao contrário — como nos esplêndidos quadros de Rembrandt —, as sombras deveriam tornar mais vivas as luzes; alegrando-nos e admirando-nos sinceramente com os êxitos dos outros, apesar de estarem pontilhados de malogros; tendo por princípio um olhar benevolente, mais ainda, *admirativo*, para com todas as pessoas.

Entendemos os erros dos outros quando sentimos o peso dos nossos. Em contrapartida, não conseguimos compreender os outros quando estamos excessivamente convencidos das nossas qualidades.

Acompanhei, não há muito tempo, um incidente familiar característico. O pai passava a vida recriminando os filhos pelo pouco cuidado que tinham com o carro: sujeira, pequenos acidentes, batidas na lataria. "Não há orçamento que aguente!". Era frequente ouvir em casa essa exclamação. Até que um dia foi ele próprio que bateu feio. Demorou a chegar à casa. Temia enfrentar os filhos. Por fim, decidiu-se. Ficou admirado. Todos o acolheram com a maior compreensão: "Não foi nada, pai; não tem importância". Um deles acrescentou: "Conheço um mecânico amigo; vai ser uma *barbada*". Experimentou um alívio extraordinário. Dizia-me: "Pode parecer uma bobagem, mas naquele momento senti-me tão comovido que tive vontade de abraçá-los um por um". A partir daquele dia não houve mais reclamações.

Um insignificante episódio caseiro, que lembra tantos e tantos outros, e que nos coloca, contudo, diante de uma verdade essencial: o conhecimento da nossa própria fraqueza, o sentimento de desagrado e tristeza que nos provocam as nossas limitações e erros, levam-nos a compreender melhor os defeitos dos outros. Por isso, também nesse ponto é indispensável um profundo e humilde exame de consciência diário. Se diariamente tomássemos consciência dos nossos próprios deslizes e pecados, se não os desculpássemos com falsas justificativas, se deixássemos que a dor de ter ofendido a Deus e ao nosso próximo penetrasse mais fundo na nossa alma, então, também, diariamente, saberíamos compreender melhor os outros e nos disporíamos, não tanto a criticar e a recriminar, mas a estimular e a encorajar.

Não compreendemos os defeitos dos outros porque muitas vezes transferimos os nossos defeitos, culpando os outros de erros que, na realidade, são nossos. O nosso orgulho nos impede de aceitar as nossas limitações.

Essa atitude contraria princípios elementares do desenvolvimento da personalidade. Há uma lei que paira por cima de toda a psicologia humana: não se supera aquilo que não se reconhece e se aceita. Na realidade, toda a base do tratamento analítico consiste em fazer o paciente descobrir o que está escondido nos porões da sua alma. Mas o amor-próprio, origem de todas as neuroses, agarra-se com unhas e dentes às suas racionalizações, teima e insiste nas suas desculpas. Por isso, reincide nos mesmos erros. E é por isso também que, ao justificar os seus descalabros, incapacita-se tanto para conseguir o crescimento e o progresso pessoal, como para alcançar e compreender os defeitos dos outros.

Lembro-me de um padre que trabalhava em Bangu, no Rio. Estava continuamente se queixando. A sua comunidade era extremamente mesquinha. Não arrecadava nada. Queria mudar de paróquia. Ao chegar um outro padre, ele verificou que aquelas pessoas humildes eram abertas e generosas. Fez várias reformas, pintou a Igreja... Qual a explicação desse fenômeno? É fácil encontrá-la, bastava olhar para o rosto do padre substituído: enrustido, carrancudo, autoritário... Culpando a comunidade, desculpava-se a si próprio e não corrigia o seu defeito, ainda que advertido, várias vezes, nesse sentido. Três anos depois, ele continuava a mesma pessoa mal-humorada, destilando queixumes sobre suas novas comunidades.

Como é importante fomentar essa disposição de reconhecer os nossos defeitos para compreender os defeitos dos outros; é fundamental para quem está à frente de uma comunidade! Como é essencial essa atitude para ser, também no Sacramento da Reconciliação, um verdadeiro pai!

Compreender é, enfim, *amar os outros precisamente porque têm defeitos.*

É natural que não entendamos bem esta maneira um tanto insólita de enunciar o terceiro plano da compreensão. Que quer dizer aqui a palavra *precisamente?* Quer dizer uma coisa muito simples: os que verdadeiramente amam — como os pais — tratam com especialíssimo carinho o filho que tem maiores problemas; devotam-se de corpo e alma ao filho excepcional; envidam esforços para levar adiante, nos seus estudos, aquele que é curto de cabeça; rezam e sacrificam-se por aquele que se desviou, para que volte ao caminho certo. Isso não tem nada de estranho; é, pelo contrário, uma sublime delicadeza de amor.

Lembramos a atitude de Jesus para com Zaqueu. Criou-se uma agressividade mútua entre o povo e aquele que chamavam de *publicano*, defraudador, e ele se vingava com impostos mais fortes. Desenrolou-se uma espiral, uma escalada de animadversões recíprocas, até que o gesto amoroso de Jesus quebrou esse círculo vicioso.

Singularmente, em determinados ambientes eclesiásticos ou pastorais, ou comunidades paroquiais, criam-se à nossa volta círculos semelhantes de agressividade. Uma parte acusa a outra. Ambas julgam ter razão. E, no entanto, ambas estão erradas: "É intratável" — diz um —, "tem um modo de ser distante, frio", e afasta-se. E quem é assim rejeitado pensa: "Esse não merece a minha consideração, afasta-se de mim como se eu estivesse empestado" e passa a tratá-lo com maior agressividade ainda. A reação em cadeia — o círculo vicioso — já está em andamento e, se não houver quem o corte, o processo se desencadeará ilimitadamente até uma ruptura total e um rancor sem retorno.

Soube da descoberta de um novo processo para a extração de petróleo nos poços já esgotados; consiste em injetar neles grande quantidade de água a alta pressão, a fim de trazer à superfície o petróleo escondido nas obras dos bolsões. O mesmo processo se pode aplicar aos homens. Não há homens radicalmente maus. A bondade está talvez sepultada no fundo do seu ser, asfixiada por desatenções, injustiças, recalques e frustrações. Mas quando chega até eles um jato de carinho de alta pressão — como as palavras de Jesus: "Zaqueu, desce depressa!" —, a bondade soterrada vem acima aos borbotões, como a alegria e o arrependimento daquele publicano.

Quando alguém ao nosso lado tiver cometido erros graves ou perdido o espírito cristão, antes de criticá-lo, devemos interrogar a nós mesmos: não nos caberá uma parte de responsabilidade no caso? Não nos terá faltado compreensão e amor? Essa pessoa teria chegado ao estado em que se encontra se lhe tivéssemos dedicado um pouco mais de atenção e afeto? Fiz o papel do Bom Pastor que se desvela em cada uma das suas ovelhas e sabe dar a vida por elas?

Que os defeitos mais acentuados não nos separem das pessoas que os padecem, mas que nos aproximem mais delas. Assim, elas e nós melhoraremos, porque tanto elas como nós nos aprofundaremos no âmago do coração — no mais íntimo da alma — onde se encontram as raízes do amor.

Perdoar

Fruto saboroso da compreensão é o perdão. Perdoar é difícil, como é difícil compreender. E por que é difícil perdoar? Por causa do amor-próprio.

As ofensas recebidas parecem tanto mais afrontosas quanto maior nos pareça a dignidade ferida. E como o amor-próprio agiganta a nossa dignidade, pela mesma razão supervaloriza a ofensa: "É imperdoável! Como se atreveu a dizer semelhante insensatez a uma pessoa como eu".

Essa atitude encontra a sua explicação na supervalorização do próprio *ego*, o que leva a uma *hipersensibilidade* doentia. Em determinados sacerdotes, nota-se um fenômeno singular: são extraordinariamente sensíveis para as coisas que lhes dizem respeito e manifestam uma notável insensibilidade para as coisas que dizem respeito aos outros; têm uma epiderme delicadíssima, como a de uma criança, para os assuntos que os afetam e uma pele paquidérmica para os assuntos que afetam os outros; possuem antenas potentíssimas que detectam a mínima suspeita e insinuação pejorativa de caráter pessoal e pupilas cegas para aquilo que afeta ou magoa o próximo. Esse fenômeno é uma decorrência do egoísmo.

Uma pessoa normal, quer dizer, uma pessoa consciente da sua própria realidade, não se irrita desmensuradamente quando alguém comete alguma indelicadeza com ela. Sabe que ele também é, às vezes, indelicado e agradece que o perdoe. O mesmo acontece com as críticas, especialmente se pretendem corrigir positivamente. O orgulhoso, pelo contrário, sente a indelicadeza ou a crítica como um ataque pessoal. Supervaloriza-as com uma reação emocional. Como explicar a intensidade da sua ira? A sua explosão irracional só pode ser plenamente compreendida se tiver presente que o seu mundo começa e termina nele. A sua personalidade e a sua segurança baseiam-se na falsa imagem inventada pelo seu orgulho. E quando alguém lhe falta com o respeito ou o critica, tem a sensação de que esse suporte começa a fragmentar-se e experimenta a vertigem de quem sente o chão desaparecer debaixo dos pés. A sua ira intensa é como o instinto de defesa ou de conservação de um animal acuado. A sua agressividade é, por isso, paradoxalmente, um claro sinal de insegurança.

O orgulho ferido pode ter ainda outra manifestação alternativa: *a depressão, o ressentimento*. Há padres que não reagem violentamente, mas fecham-se em si mesmos, abalados, tristes. É como se ficassem "de luto" diante desse formidável "eu" que sonhavam ser, e que acaba de morrer vítima de um desrespeito, de uma crítica ou de uma correção que lhes parece injusta.

Dá pena ver tantos sacerdotes que, como bons pastores, deveriam pensar fundamentalmente em suas ovelhas, mas vivem reconcentrados sobre as suas pequenas feridas; chorando o hipotético abandono a que se sentem relegados; remoendo as mágoas provocadas por supostas injustiças... Um miligrama de aparente desrespeito ou indiferença representa para eles um autêntico veneno.

Essas pessoas parecem estar sufocadas pela sua própria importância, pela importância que atribuem ao seu nome, à sua dignidade e à sua honra. Estão como que corroídas por uma suscetibilidade alérgica a tudo o que de longe possa significar desrespeito ou falta de consideração. Isso as torna suspicazes, desconfiadas e melindrosas. Sofrem extraordinariamente. Daí brota um ímpeto de reivindicação: *não querem perdoar.*

Uma personalidade forte — uma personalidade autenticamente cristã — está habitualmente inclinada à benignidade, porque, no íntimo, sente-se a coberto de qualquer ofensa: o conceito da sua pessoa não depende da opinião alheia, mas do ditame da sua própria consciência. Uma personalidade fraca, pelo contrário, sente-se atingida pela ofensa alheia, porque não está assentada sobre o alicerce forte da humildade, isto é, do conhecimento próprio; não possui uma verdadeira escala de valores; é caudatária do comportamento dos outros ou da imagem que dele fazem. Uma injustiça, uma afronta abalam. E essa pessoa procura restabelecer o equilíbrio agredindo ou vingando-se de uma forma indireta: recusando-se a perdoar.

Em última análise, ninguém seria capaz de abalar a nossa honra se compreendêssemos que quem nos pode avaliar é somente Deus. Nós somos o que somos diante de Deus, e mais nada. Por isso, coisa alguma nos poderá atingir se nos mantivermos pendentes unicamente do conceito que Deus faz de nós, refletido na nossa consciência. A nossa imagem não ficará diminuída, sem dúvida, perante a ofensa injustamente sofrida; mas ainda ficará dignificada diante de Deus, quando benignamente perdoarmos.

É por isso que os santos perdoam facilmente. Como os poderão atingir as opiniões, as críticas e até os maus-tratos dos outros? Os seus valores estão fora do alcance humano. Participam de uma serenidade superior, gozam daquela liberdade interior que Cristo vivia no mais alto grau.

Jesus apresenta-se, com efeito, como o modelo exemplar de um homem de coração grande que sabe perdoar. Deixa-se beijar por Judas, um homem que o está traindo; responde com calma senhoril a um lacaio de Caifás que lhe bate no rosto; cala-se diante da acusação injusta; olha com benignidade salvadora para Pedro, depois da tríplice negação e, quanto àqueles que o estão crucificando no meio da sua agonia, ainda encontra forças para advogar pelo seu perdão, servindo-se da única alegação cabível: "Pai, perdoa-lhes porque não sabem o que fazem" (Lc 23, 39). É o cúmulo da misericórdia.

A amabilíssima e ilimitada capacidade de perdoar do Senhor — é claro — não se apresenta como sinal de fraqueza, mas de uma fortaleza inexpugnável e de um amor heroico. E esse exemplo — enxertado na nossa fraca natureza — deveria guiar-nos não apenas nos momentos cruciais, mas também nos corriqueiros. O convívio fraternal de Jesus com todos, a sua paciência com os que intempestivamente lhe saem ao encontro — doentes, crianças, necessitados, curiosos... — deveriam também nos ajudar a adquirir essa feição de diligente benevolência para com todos, no nosso viver cotidiano; deveriam traduzir-se numa atitude de benignidade diante de todos os erros e todas as afrontas alheias, numa capacidade grande de encarar, com elegância, com "espírito esportivo", as mil incidências da vida diária em que, naturalmente, nos sentimos atingidos pelas faltas e indelicadezas das pessoas que nos rodeiam.

Este é um dos sinais que outorga ao presbítero uma maior confiabilidade. Com a paciência e a serenidade refrescante que comunicamos, quando sabemos levar as deficiências, os erros, as limitações e as indelicadezas dos outros com um sorriso nos lábios, estamos, sem dúvida, fazendo a melhor homilia da semana. Por isso, quando nos sentimos irritados por causa do cansaço ou da fraqueza, é bom que comecemos a "contagem regressiva" para retirar-nos para descansar. Temos a obrigação de estar sempre em "boa forma". O sacerdote, assim, converte-se no ombro em que os fiéis se podem apoiar, em cima do qual se pode chorar... Torna-se o amigo de todas as horas.

Perdoar, porém, não quer dizer compactuar com o erro. Uma justiça cheia de dispensas e benignidade invalidaria todo o direito, toda a disciplina, toda a moral. O perdão não significa uma conveniência com a desordem.

O Senhor é claro nas suas correções. Utiliza epítetos fortes ao enfrentar a hipocrisia dos fariseus: "Raça de víboras, sepulcros caiados" (Mt 23, 27); repreende com firmeza o Apóstolo Pedro que o quer afastar do cumprimento do seu dever de Redentor: "Arreda-te de mim, Satanás, porque não entendes as coisas de Deus, mas as dos homens" (Mt 16, 23) e termina recomendando a correção fraterna, uma prática que sempre foi vivida no seio da Igreja, desde os seus primórdios: "Se o teu irmão tiver pecado contra ti, vai e repreende-o: se te ouvir, terás ganho o teu irmão" (Mt 18, 15).

Não podemos apenas *querer bem aos outros*; devemos também *querer o bem para os outros*. O bem é o seu progresso e o progresso exige esforço.

A história oferece-nos uma multidão de situações que revelam como uma correção oportuna pode mudar o destino de uma pessoa. Entre outros exemplos bíblicos, destaca-se a correção que fez Natã a Davi (cf. 2 Sm 12, 1-15).

Davi converteu-se. Da sua doce boca — do seu coração — saíram as palavras mais pungentes de arrependimento e de amor. E a reviravolta teve lugar devido à delicada correção de um homem. E Davi se arrependeu. Chorou e fez penitência. Foi santo. Um grande santo.

Como pastores, temos a obrigação de dizer a verdade, de corrigir, com delicadeza, mas sem ambiguidades: de preferência, de forma particular, individualmente. Encaremos com absoluta reserva as homilias e palestras revestidas de um caráter corretivo, quando podem parecer um "puxão de orelhas" ou uma "bronca" do pároco. Se é necessário corrigir, nunca o devemos fazer dominados pela irritação. As correções que surtem melhor efeito são as feitas com amabilidade, a sós ou em pequenos grupos, sem humilhar, mas com clareza e coragem. Muitas vezes, o padre não corrige porque lhe falta coragem; ou melhor, porque não tem um amor suficientemente forte para superar o receio de magoar. E, com frequência, não reparamos que esse receio de magoar não é uma manifestação de caridade, mas um álibi por detrás do qual escondemos o temor de magoarmos a nós mesmos. Poupando os outros, poupamo-nos a nós mesmos. Esse dizer "vai incomodar" também significa "vaime incomodar", "vou passar um mau bocado".

Em algumas ocasiões, cresce em nós a impaciência ou o espírito crítico ao observarmos os erros cometidos pelas pessoas que nos rodeiam; advertimo-las em público, humilhando-as, ou derivamos pelo atalho das insinuações, das indiretas, das ironias e das "gozações", ferindo os outros. Talvez isso seja mais fácil, mais espontâneo, mas não tem cabimento no espírito cristão. Deveríamos adquirir o hábito de dominarmo-nos, de calarmo-nos, de ponderarmos e refletirmos na presença de Deus, para depois corrigirmos a sós, quem errou, com amabilidade e firmeza, substituindo a crítica negativa, a rispidez ou o escárnio pela ajuda leal de um coração de pastor que ama.

Esperar, carregar, servir, sorrir

"O amor é paciente, tudo espera" (1 Cor 13, 4ss.). O amor-próprio, pelo contrário, é impaciente. Não sabe esperar. É tal a estima que tem por si mesmo que lhe parece não merecer que o façam esperar.

Mas nem as circunstâncias nem as coisas se curvam às nossas pretensões. Tudo tem o seu ritmo próprio: a cadência dos acontecimentos e o compasso das pessoas. É preciso respeitá-lo. E para tanto é indispensável dominar a irritação que provoca a nossa inveterada impaciência. Às vezes, parece-nos que a nossa inquietação é dinamismo, vigor, e, amiúde, é simplesmente falta de maturidade e excesso de fraqueza. O domínio de si próprio e a capacidade de esperar são um sinal de equilíbrio e de fortaleza: "Melhor do que o forte é o paciente, e quem sabe dominar-se mais do que aquele que conquista uma cidade" (Pr 16, 32).

Lembremo-nos das nossas atitudes precipitadas; das nossas irritações destemperadas; das palavras que não deveriam ter sido proferidas no momento em que nos sentíamos feridos nas nossas fibras mais íntimas; da voz que se eleva e se torna cada vez mais estridente; das palavras que, sem sabermos como, vão inflamando-se até o ponto de dizermos coisas que mais tarde nos enchem de vergonha. Lembremo-nos de todas essas coisas para compreendermos que a calma, o silêncio, nesses casos, são sinais de maturidade e de fortaleza, uma verdadeira conquista.

Ser paciente é conservar o domínio de si. Mas o autodomínio não é inato; é preciso adquiri-lo. E isso exige esforço e luta. Mas se não soubermos colocar-nos no mesmo compasso dos que trabalham conosco, acelerando pouco a pouco o seu ritmo, mal poderemos ser pastores de uma comunidade.

A atitude de espera paciente está aberta a outra paralela: *a de carregar o fardo da vida dos nossos irmãos*. "Levai uns as cargas dos outros e assim cumprireis a lei de Cristo" (Gl 6, 2).

Olhar, compreender, perdoar, esperar, não devem ser entendidos em termos passivos; pelo contrário, todas essas atitudes são um pressuposto e, ao mesmo tempo, um convite para uma ação efetiva, que nos ajude a levar às costas as cargas alheias.

Temos a experiência do alívio, que representa para nós a ação efetiva de quem nos tira das costas o fardo pesado de uma angústia ou de uma necessidade; como temos também a experiência da decepção que sentimos quando esperamos a ajuda de alguém que estimamos e a ajuda não chega: a pessoa passa ao nosso lado com pressa, cheia de preocupações e trabalhos, como aquele ônibus superlotado que não pára no ponto, no momento em que já estávamos apressados para chegar a tempo à escola ou ao trabalho.

Parar, escutar e depois ajudar. Mas sempre nos parece a mesma tentação: "Se não tenho tempo para fazer o meu trabalho, como vou fazer o dos outros?".

O problema não consiste em ter muito ou em ter pouco. O problema é um problema de amor. Repito uma história tal como a ouvi: uma menina chinesa levava, de acordo com os costumes do seu país, uma criança às costas — olhos rasgados, sorriso enigmático, atitude paciente... Alguém lhe perguntou:

— Menina, pesa muito?

E ela respondeu:

— Não, é o meu irmão.

Por amor, o irmão não lhe pesava nas costas. Por amor à esposa, um homem prescinde, com alegria, dos seus gostos pessoais; por amor, uma mãe passa noites a fio ao lado da cama do filho doente; por amor a Deus e aos seus irmãos, São Paulo dizia gozosamente que se gastava e se desgastava (2 Cor 12, 15), "transbordando em alegria em todas as suas tribulações" (2 Cor 7, 4); por amor, o pastor de uma comunidade sabe carregar a ovelha nos seus ombros, assumir — de verdade, sem fazer charme! — as dores, angústias e dificuldades de cada um dos seus fiéis, especialmente os mais carentes e necessitados; por amor, o presbítero — como homem prudente, maduro e, ao mesmo tempo, líder — sabe fazer-se *tudo para todos*, assumindo as falhas de cada pastoral, sem se justificar colocando a culpa nos coordenadores leigos.

O Senhor nos ensinava que, quando há amor, o seu "jugo é suave e a sua carga leve" (Mt 11, 30). E Santo Agostinho comenta que "tudo o que possa haver de pesado se torna leve pelo amor. O que é que não se faz por amor? Vede como trabalham os que amam: não sentem o que padecem, redobrando os seus esforços ao ritmo das dificuldades. *Ubi amatur, aut non laboratur, aut et labor amatur* — "Onde há amor, ou não há pena, ou ama-se a pena".

No ambiente em que vivemos, flutua uma espécie de aversão à palavra *serviço*.

O Senhor, porém, com a sua atitude, parece fazer questão de afirmar exatamente o contrário: quando lavou os pés dos seus discípulos na última ceia, teve um gesto simbólico que resumia a sua atitude permanente, o seu substancial espírito de serviço.

O amor transformado em serviço deve traduzir-se em mil e um pequenos detalhes do viver cotidiano: na diligência em colaborar com o trabalho dos outros; na boa disposição de assumir as tarefas mais pesadas, que são frequentemente as mais necessárias; na escolha dos trabalhos denominados "braçais" acompanhando os nossos irmãos leigos; na presteza em antecipar-se a abrir a porta ou atender o telefone; na boa vontade em suprir a ausência da pessoa que cuida habitualmente de determinado serviço ou pastoral; na aceitação de um trabalho "extra" que contraria os nossos planos; na mudança da programação do nosso dia para beneficiar os outros; na prontificação a ir de ônibus para que outros possam utilizar o carro; no sacrifício de um dia de folga para atender às necessidades do pároco vizinho; na prontidão para celebrar uma missa ou atender confissões na sua ausência etc.

Para ajudar-nos a viver este espírito, o Senhor oferece-nos uma regra tão simples como eficaz: "Tudo quanto quiserdes que os homens vos façam, fazei-o vós a eles" (Mt 7, 12). A experiência daquilo que nos agrada ou nos mortifica, daquilo que nos beneficia ou nos prejudica, é um bom critério para determinar o que devemos fazer ou evitar no trato com os outros. Todos nós sabemos muito bem o que nos beneficia, estimula e consola: o alento, nos fracassos; a compreensão, nos erros; o apoio nos defeitos; a cordialidade no trabalho; o aconchego no lar; a amabilidade na exigência; a lealdade na crítica; o carinho na doença; o incentivo na depressão; a oração no desamparo... Pois bem, são precisamente todas essas conotações qualitativas que devem acompanhar o nosso relacionamento com os outros, se queremos de verdade viver a norma de conduta do Senhor: "Eu não vim para ser servido mas para servir" (Mc 10, 45).

"Deus ama a quem dá com alegria" (2 Cor 9, 7), e essa alegria deve traduzir-se numa *atitude sorridente*. Os orientais têm um ditado encantador: "Quem não souber sorrir, não abra uma loja". Poderíamos nós acrescentar: quem não souber sorrir, não constitua uma família; quem não souber sorrir, não pretenda ser amado pela sua comunidade, não espere ganhar a confiança necessária para ser um Bom Pastor.

Um sorriso pode ser mais elegante do que um longo discurso, é capaz de representar o sinal claro de um perdão que não se sabe explicitar com palavras; um sorriso que acompanhe um favor prestado é como se dissesse: "Não foi nada, estamos aqui para isso": um sorriso especialmente pode ser uma forma delicada de esconder as penas ou um meio heroico de não deixar transparecer uma dor profunda.

Temos de saber cultivar a arte de ser amáveis, rejeitando qualquer forma de altivez que nos torne distantes, talvez frios. O sorriso cumpre essa função de aproximação, de amabilidade calorosa, como se estivesse abrindo de par em par as portas do coração, como se estivesse murmurando: "Pode entrar, está em casa, fique à vontade", ainda que, às vezes, o próprio coração esconda a amargura mais íntima.

Na sua biografia sobre Disraeli, André Maurois descreve as dificuldades com que o primeiro-ministro inglês lutou para transpor os primeiros degraus da sua carreira política e a ajuda insubstituível que lhe prestou nessa luta a esposa, que o amava profundamente. Depois de muitos esforços, conseguiu uma cadeira na Câmara dos Comuns. Chegado o grande dia em que deveria pronunciar o seu primeiro discurso no Parlamento, a esposa acompanhou-o na carruagem até a entrada. Disraeli desceu e despediu-se carinhosamente através da janela. Quando fechou a porta, a esposa sorria, mas não disse uma palavra; sorria, sorria... Mal o marido se afastou, caiu desmaiada no assento: a porta, ao fechar-se, tinha-lhe prendido a mão e esmagado os dedos. Em vez de gritar, conseguiu sorrir. Escondeu, assim, uma dor insuportável. Sabia que o marido não teria condições psicológicas de pronunciar o discurso se visse a sua mão naquele estado... Se isso foi capaz de fazer uma mulher, que não admirava o amor heroico de Cristo, quanto mais nós deveríamos fazer, como *outros cristos*, tendo como modelo a atitude serena de Jesus no Calvário. Um sorriso sangrento, um sorriso heroico... Provavelmente, a vida não nos exigirá tanto, mas poderemos ir criando uma espécie de esquema psicológico que substitua, pouco a pouco, os nossos queixumes habituais pelos nossos sorrisos permanentes.

O correr dos anos, as decepções do passado, as preocupações com o futuro, o cansaço e as doenças tenderão porventura a roubar-nos essa capacidade de dar um pouco da nossa alma em forma de sorriso. Mas, ainda que nos custe, não deixemos que nos arrebatem esse dom. Então, o sorriso se converterá, talvez, num verdadeiro sacrifício, sem dúvida o melhor de todos, no esforço por tornar a vida dos outros mais grata. João Paulo I, o papa do sorriso, quando ainda cardeal, dizia num escrito sobre o fundador do *Opus Dei* que ele nos tinha ensinado precisamente a substituir a tragédia diária pelo "sorriso diário".

Sair de nós mesmos: superar o egocentrismo

Ao longo de todo este capítulo, já insistimos em não ser possível adquirir essa atitude aberta, compreensiva, descontraída, serviçal, sorridente, se não conseguirmos sair da carapaça egocentrista.

O egocentrismo é uma atitude absorvente que enxerga tudo através de um único prisma: o proveito pessoal. Poderia ser comparado a um câncer, que devora tudo o que o rodeia, ou a um imenso polvo, que arteiramente envolve e atrai para si as vítimas que caem dentro do seu raio de ação.

O egocentrista vive de uma estranha lógica: tudo o que entra dentro do campo dos seus interesses deve entrar dentro do campo dos interesses dos outros. O que é do seu agrado deve ser do agrado de todos. A sua dor é a dor do mundo inteiro. O relógio da sua vida é o que cronometra o ritmo dos outros. O critério do *para mim* preside a todas as suas tomadas de posição: este acontecimento, esta circunstância, esta pessoa, que utilidade podem ter *para mim?* Essa é a sua eterna pergunta.

Alguém que não conhece o mundo eclesiástico poderia pensar que uma atitude assim, tão centrada em si próprio, não se dá entre aqueles que se consagraram a Deus para ocupar-se dos outros. Sabemos que isso não é assim.

Pode parecer mentira aos que não nos conheçam, mas é triste reconhecer que há padres que têm como que atrofiada a grande e generosa dimensão do amor; parecem incapacitados para pensar nos outros, só por causa dos outros. "Os outros — pergunta-se a si mesmo o egocêntrico — quem são os outros?" "Os outros são aqueles com quem faço, em proveito próprio, as minhas tabelas; os outros irão servir-me de degrau para me elevarem, se estão no meu nível, e, se estão em nível superior, hão de ser bajulados a fim de me guindarem; os outros, com as suas falhas e limitações, estão dando-me oportunidade para que as minhas qualidades brilhem; os outros hão de ser sempre o instrumento útil da minha própria realização".

Pode parecer-nos que essa atitude não se dá entre nós. Talvez seja porque não nos conhecemos bem. Não nos surpreendemos, às vezes, alegrando-nos com os erros dos outros para que apareçam melhor as nossas qualidades? Não observamos, vez por outra, que um padre põe em perigo a reputação da Igreja, mantendo determinadas amizades? Como se explica que alguns, com bastante frieza, abandonem o sacerdócio para se juntar, talvez, com uma paroquiana, alegando: "Eu também tenho o direito de ser feliz"? Só se explica essa atitude compreendendo que ele está deixando-se dominar pelo mais feroz egoísmo. Não toma consciência, por acaso, que com essa "felicidade" pessoal está deixando frustrada, escandalizada e triste uma comunidade inteira formada por milhares de pessoas?

Sem o perceber, em maior ou menor grau, o egocêntrico serve-se dos outros. Não é difícil vê-lo aproveitando--se do espírito de serviço dos que o rodeiam; pedindo com facilidade ajudas e favores; procurando para si o melhor; cochilando no seu comodismo; fazendo prevalecer os seus duvidosos direitos ou correndo atrás deles de forma revanchista; apegando-se às coisas materiais, ao conforto, ao dinheiro, à segurança pessoal até as fronteiras da mesquinhez: o medo que tem de uma hipotética carência no futuro é paralelo ao descaso que manifesta pelas reais e patentes necessidades do próximo, no presente.

Com frequência, o egocêntrico não se revela de uma forma direta, unívoca, mas através de um comportamento duplo, de uma atitude oblíqua. É como se tivesse duas balanças: uma para se julgar a si mesmo e outra para julgar o próximo. São Francisco de Sales descreve-o assim:

> Costumamos acusar o próximo pelas menores faltas por eles cometidas e a nós mesmos nos escusamos de outras bem grandes. Queremos vender muito caro e comprar o mais barato possível... Queremos que interpretem as nossas palavras benevolamente e, quanto ao que dizem de nós, somos suscetíveis em excesso... Defendemos com acurada exatidão os nossos direitos e queremos que os outros, quanto aos seus, sejam muito condescendentes. Mantemos os nossos lugares caprichosamente e queremos que os outros cedam os seus humildemente. Queixamo-nos facilmente de tudo e não queremos que ninguém se queixe de nós. Os benefícios que fazemos ao próximo sempre nos parecem muitos, mas reputamos em nada os que os outros nos fazem. Numa palavra, temos dois corações: um doce, caridoso e complacente — para tudo o que nos diz respeito —, e outro duro, severo e rigoroso — para com o próximo. Temos duas medidas: uma para medir as nossas comodidades em nosso proveito e outra para medir as do próximo, igualmente em nosso proveito. Ora, como diz a Escritura, os que têm lábios dolosos falam com o coração duplo... E têm duas medidas: uma grande, para receber, e outra pequena, para pagar. Isso é uma coisa abominável diante de Deus[4].

---

4   São Francisco de Sales. *Introdução à vida devota*. 6ª ed., Vozes, Petrópolis, 1948, p. 292-94.

Uma manifestação requintada do egoísmo é o que poderíamos denominar *amor falso*. O amor que encontramos na vida cotidiana está com frequência misturado com outras muitas motivações e segundas intenções. Como escreve Von Gebsattel, "debaixo da bandeira do amor, navegam muitas fragatas do egoísmo"[5].

Se observarmos atentamente veremos que, quando se fala de amor, amiúde este amor é simples vaidade, uma forma de autoafirmação, uma maneira de satisfazer uma necessidade afetiva ou sexual ou uma espécie de compensação de outras carências.

Por isso se pode dizer que, muitas vezes, o amor não é um antídoto do egoísmo, mas simplesmente a sua superestrutura. O padre pode ampliar o âmbito do *eu* com tudo aquilo que chama de *meu* (o *meu* trabalho pastoral, o *meu* grupo de catequistas, a minha comunidade, a minha paróquia, os meus filhos espirituais, as minhas publicações...) de tal maneira que o *"meu"* fica englobado dentro do *"eu"* como mais um círculo na espiral do egocentrismo. E assim, quando alguém diz, por exemplo, "amo muito a minha paróquia", está na realidade dizendo: "Amo muito o *meu eu*, por detrás da minha paróquia".

O amor é nesses casos uma forma transferida de egoísmo. Amamos fundamentalmente porque o objeto amado nos completa, nos satisfaz, integra-se na nossa personalidade como mais um elemento de realização pessoal. O ser querido, mais do que um destino peculiar que é preciso respeitar e fazer crescer, é um simples complemento do "eu". É o amor, um bom álibi para que o nosso egoísmo se agigante.

---

5 Gebsattel, Freiherr von. *La Comprensión del hombre desde una perspectiva cristiana.* Editora Rialp, Madri, 1966, p. 148.

Um homem pode transferir o seu narcisismo para uma comunidade ou um grupo de pessoas, quando as encara e trata como parte de si mesmo, como um objeto de sua propriedade. Neste caso não concede às pessoas o valor que têm *em si*, mas o valor que têm *para ele*; não pretende com o amor a felicidade dos outros, mas fundamentalmente a felicidade própria e o próprio esplendor narcisista.

Em todas essas situações, não encontramos a verdadeira expressão do amor maduro, mas apenas a sua forma incipiente ou larvada. O amor imaturo fala assim: "Amo-te porque me tornas feliz". O amor amadurecido, pelo contrário, expressa-se de modo diferente: "Sou feliz porque te amo". No primeiro caso, o amor é apenas um meio de a pessoa que ama se tornar pessoalmente feliz; no segundo, uma verdadeira entrega para tornar feliz a pessoa amada. O amor egoísta é uma hipertrofia do próprio eu; o amor autêntico, um veículo de doação generosa.

Aquele que ama verdadeiramente o faz por puro amor, sem segundas intenções, sem motivos secundários: ama com um amor coerente, simples, inteiriço. Com uma entrega total, no espaço sem reservas e no tempo até a morte.

O amor falso tem uma expressão ainda mais sutil em forma de disfarçada *egolatria*.

O egoísmo é um movimento tão forte e profundo que quereria absorver, se fosse possível, até o próprio Deus. Não nos esqueçamos de que a tentação dos primeiros pais se concretizava nesta promessa: "Se comerdes deste fruto, sereis como Deus" (cf. Gn 3, 4).

Há em muitos uma violenta tendência para se considerarem o centro do universo. Gostam de ser astros e de que os outros girem em torno deles, como satélites. Inclusive Deus.

A *egolatria* — essa tendência para nos adorarmos — não se manifesta, porém, de uma forma direta. Pareceria excessivamente pretensioso. Habitualmente, apresenta-se de forma disfarçada. Um desses disfarces é a *autossuficiência religiosa*.

Por vezes, essa autossuficiência leva certos sacerdotes a "interpretar" o Magistério ao sabor dos próprios gostos: filtram os ensinamentos da Igreja para aproveitarem somente aquilo que lhes agrada e acrescentam outras pretensões feitas à imagem e semelhança das suas preferências.

Há, sem dúvida, formas mais benignas de *egolatria* que convivem com uma vida religiosa, às vezes, bastante intensa. Há padres que não percebem que, no seu trato com Deus, o que fazem é procurar mais a si mesmos do que a Deus: lutam por conseguir virtudes, mais pelo prazer de se sentirem perfeitos do que para amar e para serem bons instrumentos de Deus; contristam-se com os seus defeitos e quedas mais porque tudo isso lhes desfia a alma do que por verdadeiro pesar de terem ofendido a Deus; rezam pedindo a Deus consolações e favores, com o mesmo espírito interesseiro com que se pede um empréstimo a um banco. O místico alemão Eckart resumia essa mentalidade com a sua proverbial rudeza: "Há cristãos que tratam a Deus como se fosse a sua vaca leiteira"[6].

Atendi a uma religiosa muito fiel e cumpridora que estava vivendo as suas últimas horas. Mostrou-se temerosa do julgamento de Deus. Eu disse-lhe que

---
6 Citado por Torelló, Johannes B. *Psicologia aberta*. Editora Quadrante, São Paulo, 1987, p. 95.

não se preocupasse e que se lembrasse das centenas de doentes a quem tinha assistido. Ela, muito séria, me disse: "*Os meus doentes...* Talvez, eu considerasse os doentes como algo próprio, como um modo de ganhar simpatias ou como um veículo para mostrar a minha abnegação... que Deus me perdoe".

Essas palavras fizeram-me pensar seriamente na retidão de intenção com que eu próprio tratava as pessoas ou fazia uma pregação: fazia-o pela glória de Deus e pelo bem das almas ou para conquistar as pessoas, ganhar glória e ser bem-sucedido?

Uma tomada de consciência em profundidade desse amorpróprio espiritual, que se infiltra sucilmente no âmago da alma, deveria levar-nos, nós sacerdotes, a um desejo sincero de retificar seriamente as nossas intenções para evitar, de qualquer forma, acomodar Deus dentro dos planos pré-fabricados pelo nosso egoísmo e lutar, em sentido contrário, por entrar com absoluta disponibilidade nos planos determinados por Deus desde toda a eternidade.

Dar-se e sacrificar-se

Diante dessas atitudes tortas, alambicadas, às vezes extremamente sutis, só cabe uma solução: a doação efetiva, o sacrifício da nossa própria vida.

Quando estava cursando o terceiro ano de direito, visitei uma família pobre, em companhia de um amigo. Entramos num barraco imundo dentro de uma favela. O casal e seis filhos ocupavam o mesmo cômodo. Só havia um colchão e uma cadeira. Sentamo-nos no colchão ao lado das crianças. O frio daquele inverno era espantoso. Repartimos umas guloseimas e demos ao casal um envelope com dinheiro. Conversamos longamente. Era comovente a carência material daquela gente. Mas acreditavam em Deus. Tinham devoção a Nossa Senhora: uma gravurinha dela pendia pobremente da parede. Estavam contentes. Rimos à vontade. Ao nos despedirmos, o meu amigo teve um gesto discreto, mas inesquecível. Sem que o casal percebesse, antes de fechar a porta, introduziu o seu sobretudo no barraco e deixou-o em cima da cadeira. "Vamo-nos embora depressa, antes que percebam", disse-me, e saímos em disparada. "O frio é de matar", acrescentou, "mas nunca tive o coração tão quente". Ele nunca se arrependeu e eu nunca me esqueci do seu gesto.

Alegria, para mim, representa constatar que tanto ele como eu terminamos ordenando-nos sacerdotes. Talvez o Senhor tenha premiado meu amigo com a inigualável graça do sacerdócio por esse gesto de generosidade. Nenhum dos dois pensava naquela altura em ser padre. E agora ele está desempenhando — feliz da vida! — o seu ministério na Alemanha e eu — tão feliz como ele ou mais — na querida Terra da Santa Cruz.

Milhões de sacrifícios como esse pavimentam a estrada do cristianismo ao longo dos séculos: são como uma ressonância da entrega total de Cristo na cruz e dessas outras entregas que comoveram o seu coração: a da pobre viúva que deposita no cofre do templo as duas últimas moedas que possuía; a de Maria que, em Betânia, quebra de um só golpe o frasco de alabastro que continha um perfume de nardo preciosíssimo e unge com ele o Senhor...

O cristianismo é a antítese da mesquinhez. A falta de generosidade não é apenas um defeito, é uma característica que desclassifica: ou somos verdadeiramente generosos ou devemos deixar de nos chamar cristãos. Nesse sentido o sacerdote tem de ser o paradigma da generosidade. As pessoas não conseguem aceitar o padre interesseiro, ganancioso, "pão duro". Para elas, essa atitude num padre é um contrassenso.

Dar com generosidade é dar-se. Quem dá apenas coisas materiais parece estar medindo com o braço a distância que o separa de quem recebe. É preciso acabar com essa distância, transformarmo-nos, nós mesmos, num presente: entregar ao outro a própria vida.

São Tomás diz que a perfeição do amor fraterno manifesta-se

> [...] quando o homem dá pelo próximo não só os bens temporais, mas também os seus bens espirituais e, finalmente, se entrega a si mesmo por completo, segundo a expressão do apóstolo São Paulo: "Por mim, de boa vontade me gastarei e me desgastarei até o esgotamento pelas vossas almas, ainda que, amando-vos mais, venha a ser menos amado por vós".

Dar coisas é relativamente fácil. O difícil é dar a vida, é dar-se: dar um pedaço do meu ser, uma partícula do meu espírito, uma verdade da minha inteligência, o tesouro do meu tempo, o desgaste do meu corpo, a vibração dos meus sentimentos ou, mais ainda, o sentido inteiro da minha vida, a minha existência toda: construir o coração dos outros com pedaços do meu coração.

É o que fez Cristo na cruz. Do seu coração aberto, rasgado pela lança, saíram sangue e água: água porque não tinha mais sangue para dar.

Dar-se é sacrificar-se pelos outros. Quando não se chega a esse grau de amor, a caridade cristã se esvazia. É como se da biografia de Cristo tirássemos a sua paixão e morte ignominiosa: não silenciaríamos apenas o último e mais importante capítulo da sua vida; estaríamos, na verdade, arrancando o sentido supremo da sua existência terrena, a redenção através da Cruz e o paradigma por excelência do amor humano: "Ninguém tem mais amor do que aquele que dá a vida pelos seus amigos" (Jo 15, 13).

Se não atingimos o patamar da entrega sacrificada pelos outros, é como se quiséssemos imitar Cristo, mas somente até a Última Ceia: onde começa a cruz e acabam os louvores; onde se iniciam as afrontas e as dores e terminam os milagres e os entusiasmos da multidão; onde já não existem o êxito e a consolação e principia a última e mais sublime caminhada do amor. Estaríamos imitando, em última análise, não apenas um Cristo incompleto, mas um Cristo desfigurado e mutilado pelo nosso egoísmo.

Se observarmos atentamente todas as diferentes conjugações do verbo amar anteriormente formuladas — olhar, compreender, perdoar, corrigir, esperar, carregar, servir, sorrir, dar e dar-se —, veremos que sempre esteve presente, como ingrediente fundamental, o espírito de sacrifício. Palavras, sentimentos, protestos de amor, entusiasmos, ternuras, sem a decisão de nos sacrificarmos efetivamente pela pessoa amada, são... efervescências de adolescente, atitudes "sentimentalóides", puros lirismos.

É bom que nos perguntemos: "Eu, como sacerdote, sei sacrificar-me pelos outros sem fazer alarde da minha abnegação, sem 'capitalizar' em benefício próprio as horas escuras e anônimas da minha vida sacerdotal?". Ou, pelo contrário, faço uma hábil e discreta propaganda das noites que passo programando os trabalhos pastorais, das longas permanências no confessionário, dos diferentes trabalhos que tenho que fazer para a diocese fora dos encargos da paróquia? Procuro, com isso, criar a imagem do "padre devotado" para receber estima e elogios? Compreendo que tudo isso não pode comparar-se com a "elegância" da mãe que se sacrifica anonimamente para que seus filhos não fiquem constrangidos por isso? Devemos fazer as coisas assim, com tal discrição, com tanta "classe", que os outros não se sintam obrigados a nos agradecer.

No fim dessas considerações, como síntese, poderíamos perguntar-nos: "Em que medida amo o meu semelhante e a Deus?". Respondamos: "À medida que estou disposto a sacrificar-me por eles".

A partir deste critério, deveríamos examinar pormenorizadamente a nossa consciência: na vida em família, na vida comunitária, escolho os trabalhos mais custosos, o lugar menos confortável, a comida menos apetitosa? Sei sacrificar o meu tempo e o meu descanso para ir em ajuda dos outros? Abro mão dos meus critérios pessoais, às vezes dos meus preconceitos, para acolher as ideias dos que me rodeiam? Aceito com alegria um encargo pastoral, uma paróquia pouco atraente ou muito custosa, para que os meus irmãos possam ocupar um posto de maior relevo e importância? Sei desprender-me, em benefício dos outros, do supérfluo a que estou apegado, do dinheiro que tanto valorizo, da segurança econômica que temo perder? Sei desprender-me também dos meus pontos de vista acidentais para evitar discussões inúteis, que servem apenas para reafirmar o meu amor-próprio e desunir a comunidade ou o presbitério? Enfim, estou disposto, a despeito do sofrimento pessoal, a perder para que os outros ganhem, a descer para que os outros subam, a sacrificar-me para que os outros se alegrem?

Temos de conseguir que essas respostas sejam positivas. Isso é colocar o nosso coração à altura do coração de Cristo. E o coração de Cristo está transpassado por uma lança, dilacerado por um sacrifício redentor. Quando o nosso coração chegar até essa altura, aí realmente cada um de nós poderá dizer como Cristo agonizante: *Consummatum est* (Jo 19, 30) "tudo está consumado". Estamos atingindo o último significado do verbo amar.

Um amor todo especial: o amor fraterno

Não posso terminar este capítulo sem falar de algo que levo muito dentro: o amor que devemos ter aos nossos irmãos sacerdotes. Se o amor que devemos ter a todos compreende todas essas formas verbais que acabamos de ponderar, elas adquirem características singulares quando se referem àqueles que compartilham o inigualável privilégio de ter recebido a ordenação presbiteral. O presbítero de uma diocese é como o grupo dos apóstolos em torno do Senhor. Se nós não nos amamos como membros de uma mesma família, como vamos amar os outros?

Os apóstolos estavam unidos entre si, ao lado de Maria, em Pentecostes, nesse ambiente de fiel receptividade ao *Divino Paráclito*. E foi precisamente nesse momento que o Espírito Santo lhes foi enviado. A unidade de corações atrai o Espírito Santo. Meditemos nisso ao pensar em nossa comunidade, em nossos fiéis, nos movimentos, nas pastorais, principalmente na união com nossos irmãos no sacerdócio e na estreita comunhão com o nosso bispo e com o Papa.

Temos que estabelecer profundos vínculos de amizade, de carinho humano e sobrenatural que superem diferenças temperamentais e culturais, pequenas invejas ou qualquer espírito de competição. Devemos unir-nos uns aos outros, com solidariedade humana e espiritual, como se encaixam as pedras, uma a uma, para formar uma muralha: *porque o irmão que ajuda ao irmão* — disse a Sagrada Escritura — *é como uma cidade amuralhada* (Pr 18, 19, na Vulgata). E a argamassa que une uma pedra a outra — um irmão ao outro — é a caridade fraterna que o Espírito Santo suscita em nosso ser.

O Cardeal Dário Castrillón, Prefeito da Congregação do Clero, numa das conferências que nos deu no Curso dos Bispos, no Rio de Janeiro, a que antes me referi, contou-nos algo que me comoveu e que transcrevo literalmente:

> Meditando um dia sobre a presença do Espírito Santo na Igreja e sobre a profusão de seus dons sobre ela, na capela situada em minha casa, pela tarde, comecei a repassar os nomes dos sacerdotes para rezar por eles, pedindo ao Espírito Santo que me permitisse descobrir os dons que ele lhes havia concedido para enriquecer a Igreja. Esta prática se converteu num costume diário de minha vida episcopal e comecei, pouco a pouco, a descobrir a maravilhosa riqueza de meus presbíteros. Adorando o Espírito Santo presente neles com seus dons e graças, começou a crescer em mim o respeito e

o amor por cada um deles. Até nos mais problemáticos encontrei metais preciosos, como os que encontramos nas profundas galerias de mineração, e senti-me obrigado a abrir caminhos para que esses dons estivessem a serviço da esposa do Senhor, sua Igreja. Garanto-lhes que meu relacionamento com o clero mudou totalmente. Perdoem-me esta humilde confidência. Como bispos, não podemos ser homens da Igreja e seus condutores sem um amor verdadeiro por nossos presbíteros.

Esta atitude assumida por um bom bispo poderia ser uma referência para todos nós, como sacerdotes: encontrar — seguindo os bons garimpeiros — os tesouros escondidos no coração de nossos irmãos; potenciar suas qualidades; minimizar seus defeitos; suprimir o que separa; acrescentar o que une; esforçar-se, enfim, para encaixar a irregularidade de uma pedra na outra, como faz um bom pedreiro, com a argamassa do amor fraterno. É nesta compressão mútua, nesta união de corações, que estaremos bem dispostos, todos juntos, a receber o Espírito Santo, ao lado de Maria, a mãe de Jesus. Porque, como diz a conhecida música que tantas vezes se canta, "só quando estamos unidos que o Espírito Santo nos vem".

O Cardeal Nguyễn Văn Thuận, do Vietnã, que foi perseguido implacavelmente e passou 13 anos numa cadeia comunista, transmite-nos uma experiência que nós nunca poderíamos esquecer: "Quando se viveu uma experiência de Igreja perseguida, compreendeu-se como é importante a unidade na fé. À Igreja causa mais dano a divisão interna entre os batizados do que a perseguição por parte dos inimigos"[7].

---
7 Thuận, Card. F. X. Nguyễn Văn. *El gozo de la esperanza*. Editora Ciudad Nueva, Madri, 2004, 2ª edição, p. 55.

Vivamos fraternalmente a unidade! Defendamos com paixão a nossa união no presbitério! É uma questão de sobrevivência: o organismo desunido decompõe-se, apodrece.

É dentro dessa "cidade amuralhada" (Pr 18, 19) do nosso presbitério, construída com nossas asperezas e irregularidades, alinhadas e consertadas pelo amor fraterno, que encontraremos o modelo para também proteger nosso "pequeno rebanho", aquele que nos foi confiado. Na Igreja, todos nós somos, como dizia Santo Agostinho, ovelha e pastor: mas o primeiro rebanho de que devemos cuidar é o dos nossos irmãos sacerdotes. Nós deveríamos descobrir suas carências, seus sentimentos de solidão, de frustração, de desmotivação e desânimo e ajudá-los discretamente, sem que se sintam diminuídos ou humilhados. Temos de alegrar as suas vidas, participar gostosamente dos encontros da forania, da diocese, da região; fomentar as confraternizações e os passeios em conjunto; ter um cuidado especial pelos doentes... Devemos ser, enfim, realmente irmãos no sentido verdadeiro da palavra. Uma palavra, aliás, tão gasta e, às vezes, tão burocrática e demagógica, que chegou a converter-se num lugar comum. Temos de revalorizar em profundidade o significado da nossa *fraternidade sacerdotal* e ela será — já dizíamos — o paradigma para vivê-la com a nossa comunidade.

A fraternidade vivida no presbitério e na paróquia se interliga e complementa mutuamente. Ao mesmo tempo que protegemos as nossas "ovelhas", elas nos protegem e nos unem igualmente. Quantos filhos protegem os pais de uma crise conjugal! Quantos irmãos salvaram um membro da sua família espiritual! Quantos padres resgataram a vocação de seus irmãos no sacerdócio!

Quantas comunidades paroquiais já salvaram tantos sacerdotes de uma possível infidelidade! A união com nossos irmãos é uma garantia para perseverar na nossa vocação e um estímulo em nossas fadigas, nossos descalabros, nossas crises e doenças.

Dom Jorge Marskell, um irmão Bispo da Prelazia de Itacoatiara, em plena selva amazônica, estava sofrendo de um câncer incurável no pâncreas. Do lugar onde foi internado para tratamento, escreveu uma carta comovedora a seus fiéis e agentes de pastoral, a qual tive acesso e que, em parte, transcrevo:

> Se Deus quiser, espero estar aí com vocês para celebrar a Páscoa. Sei que minha vida se modificou. Tinha que ser assim depois de padecer uma experiência como esta. Não sei quanto tempo Deus reservou para mim. Tento viver o dia de hoje como o melhor dia da minha vida. Aprendo, pouco a pouco, a confiar na bondade e no amor de Deus, que tem para nós planos que nem sequer imaginamos. Quando chegam o desânimo e o medo — e existem momentos em que se sente isso de maneira muito forte, recordo-me de vocês e de todo o nosso querido povo, de suas orações, de sua solidariedade e amizade. É desta recordação que tiro ânimo e coragem.

Quantos de nós já teremos experimentado algo semelhante alguma vez! Caímos e pensamos no nosso presbiterato, na comunidade, nos irmãos na fé, naqueles em que, de alguma maneira, recai a nossa responsabilidade e então nos levantamos, nos esforçamos e crescemos... Lembrando-nos deles, a consciência grita lá no fundo da alma: "Não, não podes ceder! Não é assim que eles esperam que tu te comportes!". E o mais profundo sentido de responsabilidade cristã atua como uma potente força motriz... Somos elos de uma mesma corrente: eu tenho que resistir, para que a corrente inteira não se parta.

Recordo-me agora de Guillomet — aquele amigo de Saint-Exupéry, retratado no seu livro *Terra dos homens* — que, depois de um desastre aéreo, perdido nos Andes chilenos, reagia, ao cair por terra, à terrível tentação de abandonar-se no seu leito de neve, esgotado como estava pelo cansaço; mas lá, no mais fundo de sua alma, a consciência lhe clamava: "Se minha esposa, se meus amigos pensam que vivo, pensam que caminho eu serei um covarde se não continuo caminhando!". Esse pensamento o cumulou de uma energia incrível, como se fosse um potente guindaste que o levantava daquela mortal prostração, cada vez que caía. Uma força impotente o reerguia do solo em cada recaída: "Eles me estão chamando; não posso falhar!". A responsabilidade escondida no mais íntimo de seu ser, movida pelo amor, arrancava-o da neve de um só golpe e precipitava-o para frente: "Vamos, coração, bate mais forte!, temos que chegar!... E ele começou a pulsar aceleradamente e a empurrar-me... Ah! Eu tive orgulho de meu coração! E esse coração, movido pelo amor, transportou-o durante duas noites e três dias".

Saint-Exupéry conclui: "Foi assim que te encontramos; choramos todos de alegria e te comprimimos fortemente com nossos abraços, vivo!, ressuscitado!, autor de teu próprio milagre![8]".

Guillomet, esquecendo-se de si mesmo, querendo salvar os outros, salvou-se a si mesmo; foi o protagonista de sua própria ressurreição.

---

8 Cf. Saint-Exupéry, Antoine. *Terra dos homens.* 17ª ed., Editora José Olympio, Rio de Janeiro, 1973, p. 28-35.

Relendo essa belíssima passagem, como uma ressonância, vem-me à memória, de uma forma muito viva, as palavras do Senhor a seus discípulos: "É por eles que me santifico" (Jo 17, 19). Por eles me esforço, santifico-me a mim mesmo, "para que eles também sejam santificados na verdade" (Jo 17, 19). É por eles, Senhor, que luto! Deveríamos também nós dizer: é por eles que me esforço e me santifico! Por eles, Senhor! Os meus irmãos no sacerdócio precisam do meu apoio: *Eles me estão chamando, não posso falhar*, eles necessitam neste momento difícil da escalada que eu aguente firme a corda para que ninguém caia; eu tenho que crescer nas virtudes que eles mais necessitam para servir-lhes de estímulo; a minha comunidade precisa de um pastor, de um amigo, de um alento, de um líder, de um exemplo! Minhas ovelhas, meus queridos irmãos sacerdotes e minha comunidade necessitam de mim, e serei um covarde se não continuar lutando, se não me levanto das minhas quedas, se não me santifico! Nas horas escuras, geladas como a neve, quanta força dá esse pensamento e como nos ajuda a santificar-nos! Nas nossas derrotas e quedas, nos nossos desânimos e nas depressões, a lembrança de nossos irmãos faz com que sejamos, no dizer de Santa Teresa, "como um gigante que levanta um punhado de palha".

Para conseguir essa união com nossos irmãos e para recolher a força que deles nos vem, teríamos que dizer muitas vezes na oração as palavras de João Paulo II, no penúltimo ano de preparação para o jubileu do ano 2000: "Vem, Espírito de amor e de paz! Espírito de comunhão, alma e sustentáculo da Igreja, fazei que a riqueza de carismas e de ministérios contribua para a unidade do corpo de Cristo!".

SACERDOTES para o terceiro milênio

A unidade e a força de coesão da Igreja começarão no seu centro diamantino, que somos nós, os sacerdotes, na íntima solidariedade fraterna que sempre se efetivará, perseverando unânimes em oração ao lado de Maria, a Mãe de Jesus.

10
A ESPIRITUALIDADE DO PRESBÍTERO: VIDA DE ORAÇÃO

A espiritualidade sacerdotal representa o eixo central da sua vida, ou melhor, a fonte de toda a sua energia, a alma da sua ação evangelizadora. Assim o manifesta o *Diretório para o Ministério e a vida do Presbítero*:

> Nascidos da oração de Cristo e chamados a renovar um Sacrifício que é inseparável delas, os presbíteros manterão vivo o seu ministério mediante uma vida espiritual, a qual darão absoluta preeminência, evitando esquecê-la por causa das diversas atividades. Precisamente para realizar frutuosamente o ministério pastoral, o sacerdote tem necessidade de entrar numa particular e profunda sintonia com Cristo Bom Pastor, o qual permanece sempre o único protagonista principal de toda a ação "pastoral"[1].

A importância do plano de vida

Essa espiritualidade alimenta-se de vários meios e de várias práticas que devem inserir-se num *plano de vida* que determine um horário completo das ocupações e exercícios de piedade a serem praticados durante a jornada, levando em consideração também as conotações

---
1 *Diretório para o Ministério e a Vida do Presbítero*. Editora Vozes, Petrópolis, 1994, p. 38.

concretas que têm cada dia, especialmente os sábados e domingos.

O eminente teólogo Royo Marín escreve a respeito:

> A grande utilidade do plano de vida está fora de toda discussão, sobretudo para os espíritos caprichosos e inconstantes. Sem ele perde-se muito tempo, fomenta-se a indecisão, descuida-se das obrigações ou as cumpre desordenadamente, e se fomenta a inconstância e a volubilidade de caráter. Pelo contrário, submetendo-nos a um plano sabiamente traçado, não existe lugar para vacilações nem perdas de tempo, não fica nada importante sem prever, sobrenaturalizamos as menores ocupações por meio da obediência ao diretor e educamos nossa vontade submetida ao dever de cada momento.
>
> Especificamente foram escritas para o *sacerdote secular* umas palavras de autor anônimo que vêm sendo repetidas em diferentes obras de espiritualidade sacerdotal: é por demais sabido que o sacerdote que vive sem regra não cumprirá todas as obrigações de seu estado nem se santificará; mas não nos referimos aqui apenas à regra de vida como meio para conseguir a santidade sacerdotal, mas também como meio de santificação do povo que se lhe foi encomendado. Que confiança, que docilidade prestará esse povo aos avisos e às recomendações que lhes faça seu pastor se o veem descuidar do que recomenda, contradizer suas instruções com sua conduta e exigir ordem na paróquia, vivendo ele sem regra nenhuma? Destrói com uma mão o que edifica com a outra. A paróquia será bem pronto tão desordenada como seu pastor. Quantas funções desprezadas ou mal-feitas! Quanto tempo perdido! Que vazio em sua vida! Não se levanta senão depois de ter dado à preguiça os momentos mais preciosos da manhã. Deita-se mais cedo ou mais tarde segundo a duração de programas e diversões ou dos atrativos do sono. Não ora, não lê, não estuda mais do que quando encontra no estudo um gosto sensível. Adia indiscretamente a

reza do breviário, a visita aos enfermos, a composição de suas práticas e instruções... Sua vida não é mais que uma sucessão de caprichos, um efeito do humor e da vontade própria. Nada pode esperar de Deus, que não é quase nunca a regra e o fim de suas ações.

Pelo contrário, um sacerdote fiel à sua regra de vida edifica seu povo por sua constância, apoia suas instruções e pregações no exemplo. O tempo tem para ele um grande valor; economiza os momentos, distribuindo-os ajuizadamente para colocar em ordem todos os exercícios espirituais, todas as funções de seu ministério. Seus dias estão todos repletos, inteiramente consagrados às necessidades de sua grei. Ofereceu a Deus o sacrifício contínuo do que existe de mais caro, de suas inclinações e de sua própria vontade; e por este sacrifício comove ao Senhor e obtém dele os mais abundantes socorros para si mesmo e para a santificação de seu povo. A regra deste pastor compreende as práticas próprias de cada semana, de cada mês e de cada ano[2].

A programação das práticas de piedade

O *Diretório para o Ministério e a Vida do Presbítero* é reiterativo, insistente:

> O cuidado da vida espiritual deve ser considerado pelo sacerdote como um dever que infunde alegria e ainda como um direito dos fiéis que procuram nele, consciente ou inconscientemente, *o homem de Deus*, o conselheiro, o mediador de paz, o amigo fiel e prudente, o guia seguro

---

[2] Citado por Ribet, Jerôme. *L'ascétique chrétienne* e ROYO MARÍN, Antonio, OP, *Teologia de la Perfeccion Cristiana*. Biblioteca de Autores Cristianos, Madri, 1968, p. 791-92.

em quem as pessoas confiam nos momentos duros da vida para encontrar conforto e segurança[3].

Por causa de numerosos empenhos provenientes em larga medida da atividade pastoral, a vida do presbítero está exposta, hoje mais do que nunca, a uma série de solicitações que poderiam conduzi-la para um crescente *ativismo exterior*, submetendo-a a um ritmo, por vezes, frenético e irresistível.

Contra tal "tentação", é necessário não esquecer que a primeira intenção de Jesus foi a de convocar à sua volta os apóstolos para que, antes de mais nada, "estivessem com ele" (Mc 3, 14).

Por isso, a vida espiritual do presbítero especifica também o Diretório,

> [...] deve ser encarnada na existência de cada presbítero mediante a liturgia, a oração pessoal, o estilo de vida e a prática das virtudes cristãs que contribuem para a fecundidade da ação ministerial. A própria conformação a Cristo exige, por assim dizer, o respirar um clima de amizade e de encontro pessoal com o Senhor Jesus e de serviço à Igreja, seu Corpo, que o sacerdote demonstrará amar mediante o cumprimento fiel e incansável dos deveres do ministério pastoral[4].

É necessário, portanto, que o presbítero programe a sua vida de oração de maneira a incluir: a celebração eucarística cotidiana[5], com adequada preparação e ação

---

3   Cf. Possrn10. *Vita Sancti Aureli Augustini*, 31: PL. 32, 63-66.
4   Cf. CIC, cân. 276, § 2, 1°.
5   Cf. Concílio Ecumênico Vaticano II. *Decreto Presbyterorum Ordinis*, 5; 18. São João Paulo II. *Exortação Apostólica post-sinodal Pastores Dabo Vobis*, 23; 26; 38; 46; 48. l.c. 691-694; 697-700; 720-723; 738-740; 742-745. CIC, cân. 246, § l; 276, § 2, 2°.

de graças; a confissão frequente[6] e a direção espiritual já praticada no seminário[7]; a celebração íntegra e fervorosa da Liturgia das Horas[8], à qual é cotidianamente obrigado[9]; o exame de consciência[10]; a oração mental propriamente dita[11]; a *lectio divina*[12]; os momentos prolongados de silêncio e de colóquio, sobretudo nos exercícios e retiros espirituais periódicos[13]; as preciosas expressões da devoção mariana, como o Rosário[14]; a "Via-sacra" e os outros pios exercícios[15]; a frutuosa leitura hagiográfica[16].

---

6 Cf. Concílio Ecumênico Vaticano II. *Decreto Presbyterorum Ordinis*, 5; 18. CIC, cân. 246, § 4; 276, § 2, 5°. São João Paulo II *Exortação Apostólica post-sinodal Pastores Dabo Vobis*, 26; 48: l.c. 697-700; 742-745.

7 Cf. Concílio Ecumênico Vaticano II. *Decreto Presbyterorum Ordinis*, 18. CIC, cân. 239. São João Paulo II. *Exortação Apostólica post-sinodal Pastores Dabo Vobis*, 40; 50; 81; l.c. 724-726; 746-748; 799-800.

8 Cf. Concílio Ecumênico Vaticano II. *Decreto Presbyterorum Ordinis*, 18. CIC, cân. 246, § 2; 276, § 2, 3°. São João Paulo II. *Exortação Apostólica post-sinodal Pastores Dabo Vobis*, 26; 72: l.c. 697-700; 783-797.

9 Cf. CIC, 1174 § 1.

10 Cf. Concílio Ecumênico Vaticano II. *Decreto Presbyterorum Ordinis*, 18. São João Paulo II. *Exortação Apostólica post-sinodal Pastores Dabo Vobis*, 26; 37-38; 47; 51; 53; 72: l.c. 697-700; 718-723; 740-742; 748-750; 751-753; 783-787.

11 Cf. CIC, cân. 276 § 2, 5°.

12 Cf. Concílio Ecumênico Vaticano II. *Decreto Presbyterorum Ordinis*, 4; 13; 18. São João Paulo II. *Exortação Apostólica post-sinodal Pastores Dabo Vobis*, 26; 47; 53; 70; 72: l.c. 697-700; 740-742; 751-753; 778-782; 783-787.

13 Cf. Concílio Ecumênico Vaticano II. *Decreto Presbyterorum Ordinis*, 18. CIC, cân. 276, § 2, 4°. São João Paulo II. *Exortação Apostólica post-sinodal Pastores Dabo Vobis*, 80. l.c. 798-800.

14 Cf. Concílio Ecumênico Vaticano II. *Decreto Presbyterorum Ordinis*, 18. CIC, cân. 246, § 3; 276, § 2, 5°. São João Paulo II. *Exortação Apostólica post-sinodal Pastores Dabo Vobis*, 36, 38, 45; 82. l.c. 715-718; 720-723; 736-738; 800-804.

15 Cf. Concílio Ecumênico Vaticano II. *Decreto Presbyterorum Ordinis*, 18. São João Paulo II. *Exortação Apostólica post-sinodal Pastores Dabo Vobis*, 26, 37-38, 47; 51; 53; 72. l.c. 697-700; 718-723; 740-742; 748-750; 751-753; 783-787.

16 Cf. Concílio Ecumênico Vaticano II. *Decreto Presbyterorum Ordinis*, 18c.

A necessidade da oração

Se fôssemos ao fundo das reflexões feitas anteriormente, chegaríamos facilmente a uma clara conclusão: *a oração é algo indispensável para todo homem, muito mais para o sacerdote*[17].

Necessitamos de Deus como necessitamos de ar, de alimento, de água, e nos sentimos asfixiados, famintos, sedentos, quando de alguma maneira não o temos conosco.

Mergulhando em Deus, estamos mergulhando nos nossos mais profundos anseios. Ao encontrá-lo de verdade, encontramos uma paz e uma alegria tão profundas que desejaríamos ficar assim confundidos com Ele para sempre. *A oração é esse mergulho.* Quando não há oração, os homens sentem-se inquietos como a corça sequiosa que não encontra a fonte de águas límpidas que procura. É por isso que no mundo não há paz.

Tudo isso o homem parece ignorar, anda à procura da felicidade e pretende descobri-la no amor meramente humano, no prazer, na satisfação das suas ambições de poder, de domínio, de exaltação, e ali não a encontra. Ele desconhece que a fonte dessa felicidade está no mais profundo do seu ser, porque Deus está mais dentro de nós do que nós mesmos. *E o canal para chegar a essa fonte é a oração.*

Aqui está tudo. O homem deveria convencer-se de que aqui está tudo. Se compreendesse isso, não se sentiria tão insatisfeito, tão irrequieto e angustiado, tão inseguro e deprimido. Toda a sabedoria, toda a pedagogia humana consistem em ensinar esta

---

17 Nas próximas páginas nos apoiamos no texto do nosso livro *Serenidade e paz pela oração*. Editora Marques Saraiva. Rio de Janeiro, 2002, p. 181-86.

verdade tão simples e tão ignorada: na oração encontramos Deus. E, tendo a Deus, temos tudo. É o que gostava de repetir São Francisco de Assis: *"Meu Deus e meu tudo"*.

Se isso que acabamos de dizer é valido para todos os homens, muito mais o é para o sacerdote: ele foi escolhido e consagrado a Deus antes da criação do mundo. Bento XVI, nesse sentido, é extremamente claro:

> Os evangelistas dizem-nos que o Senhor durante noites inteiras se retirava reiteradamente "no monte" para rezar sozinho. Também nós temos necessidade deste "monte": trata-se da altura interior que devemos escalar, o monte da oração. É somente assim que a amizade se desenvolve. Só desse modo podemos realizar o nosso serviço presbiteral, somente assim podemos anunciar Cristo e o seu Evangelho aos homens. O simples ativismo pode chegar a ser heroico. Mas se não nascer da profunda e íntima comunhão com Cristo, no final de contas o agir exterior permanecerá infecundo e perderá a sua eficácia. O tempo que dedicamos a isso é verdadeiramente um tempo de atividade pastoral, de um serviço autenticamente pastoral. O sacerdote deve ser sobretudo um homem de oração. No seu ativismo frenético, o mundo perde com frequência a orientação [...]. O núcleo do sacerdócio é o fato de sermos amigos de Jesus Cristo. Somente assim podemos falar verdadeiramente *in persona Christi* [...]. Ser amigo de Jesus, ser sacerdote, significa ser homem de oração[18].

São Bernardo, no *De consideratione*, escrito a convite do Papa Eugênio III, diz ao Sumo Pontífice:

---

18 Homilia do Papa Bento XVI na Missa Crismal de Quinta-Feira Santa. Basílica de São Pedro, 13 de abril de 2006.

Temo que no meio das más ocupações, que são muitas, [...] tua alma se torne árida. Por isso, é mais prudente que te subtraias a tais ocupações em tempo, em vez de ser arrastado por elas, aos poucos, para onde não queres ir, isto é, para a dureza de coração. Eis para onde poderiam levar-te estas *malditas ocupações*, se te entregares totalmente a elas, sem deixar nada para o teu relacionamento com Deus.

Jesus nos ensinou que se pode fazer da oração a própria urdidura, o pano de fundo contínuo do próprio dia a dia: é possível "rezar incessantemente sem desfalecer" (cf. Lc 18, 1; 1Ts 5, 17).

João Paulo II, na Carta Apostólica *Novo Millennio Ineunte*, que dá as orientações fundamentais para o início do terceiro milênio, fala também que para conseguir a santidade para a qual estão chamados todos os batizados, e de modo especial os sacerdotes, "é necessário um cristianismo que se destaque, antes de mais nada, na *arte da oração*". O ano jubilar foi um ano de oração, pessoal e comunitária, mais intensa. Mas a oração, como bem sabemos, não se pode dar por suposta; é necessário aprender a rezar, voltando sempre de novo a conhecer esta arte dos próprios lábios do divino Mestre, como os primeiros discípulos: "Senhor, ensina-nos a orar" (Lc 11, 1). As nossas comunidades, amados irmãos e irmãs, devem tornar-se *autênticas "escolas de oração*, onde o encontro com Cristo não se exprima apenas em pedidos de ajuda, mas também em ação de graças, louvor, adoração, contemplação, escuta, afetos de alma, até se chegar a um coração verdadeiramente "apaixonado" [...].

Seria errado pensar que o comum dos cristãos pudesse contentar-se com uma oração superficial, incapaz de encher a sua vida. Sobretudo perante as numerosas provas que o mundo atual põe à fé, eles seriam não apenas cristãos medíocres, mas "cristãos em perigo": com a sua fé cada vez mais debilitada, correriam o risco de acabar cedendo ao fascínio destes sucedâneos, aceitando propostas religiosas alternativas e acomodando-se até as formas mais extravagantes de superstição.

Por isso, é preciso que *a educação para a oração* se torne de qualquer modo um ponto qualificativo de toda a programação pastoral[19].

Depois dessas orientações fundamentais de João Paulo II, podemos concluir que a oração é o meio indispensável para viver o Cristianismo. Se estes apelos do Papa devem ser seguidos por todos os cristãos, quanto mais nós, queridos irmãos no sacerdócio, deveremos vivê-los com todo o nosso empenho.

Depois do mês de setembro de 2001, em que as duas torres do *World Trade Center* desabaram, implodidas por dois aviões pilotados por suicidas, nunca em Nova York se rezou tanto. É significativo que seis meses antes desse terrível atentado João Paulo II nos tenha alertado que *um cristão sem oração é um cristão que corre perigo.*

Já o escrevia, em 1960, Wernher Von Braun, o cientista alemão que abriu ao homem, com a sua genialidade, os espaços interplanetários:

> Nesta época de voos espaciais e explosões nucleares, é preciso conseguir uma atmosfera ética e moral que governe nosso controle de poder. Isso somente se pode conseguir dedicando muitas horas a essa concentração profunda que chamamos de oração. Eu me pergunto: queremos fazê-lo assim? É necessário esforçar-se em consegui-lo. A oração pode chegar a converter-se

---

19 São João Paulo II. *Carta Apostólica Novo Millennio Ineunte*, 6 de janeiro de 2001, n. 32 e 33.

num trabalho realmente duro. Mas a verdade é que é o trabalho mais importante que podemos realizar no momento atual[20].

O trabalho mais importante é orar, diz-nos um cientista eminente. O tempo dedicado à oração é o que dá força e sentido a todas as nossas tarefas. Não podemos alegar que nos falta tempo. Não podemos ser tão pretensiosos que julguemos ter mais trabalho que João Paulo II. Ele, no entanto, dedicava um longo tempo à oração, como nos testemunham muitas pessoas que viveram a seu lado.

Um presbítero sem oração é um presbítero em perigo

Acabamos de ver na Carta Apostólica de João Paulo II, *Novo Millenio Ineunte*, que *um cristão sem oração é um cristão que corre perigo*. Acrescentaríamos a isso, com muito maior razão, que *um presbítero sem oração é um presbítero em perigo*.

Como podemos afirmar uma proposição como essa? Será que a oração é tão importante como para pôr em perigo a nossa própria vocação? "Sim", responderíamos. Este perigo se baseia numa verdade muito simples: quando não nos encontramos diariamente com o nosso Amor, corremos o perigo de esquecer-nos dele. E esquecendo-nos dele vai-nos faltando, pouco a pouco, a motivação para perseverar. Podemos perseverar durante um tempo por motivações humanas: o trabalho que estamos fazendo interessa-nos em si mesmo;

---

[20] Cit. por facm., Elcid, Daniel, *El Hermano Francisco*. Editora Bac, Madri, 1981, p. 109.

a comunidade vai reconhecendo as nossas iniciativas; o nosso prestígio vai crescendo... Essas motivações humanas estimulam-nos, mas chega um momento em que vão perdendo a sua força, e terminamos perguntando-nos: será que por esses motivos vale a pena continuar? Não poderei encontrar fora do sacerdócio uma realização humana mais gratificante?

Caríssimos irmãos, ou trabalhamos por amor de Deus ou a nossa vocação perderá o sentido. E o amor de Deus se cultiva fundamentalmente na oração. Se não somos de alguma maneira contemplativos, não perseveraremos.

Bento XVI fala-nos da importância da oração para superar a fadiga cotidiana:

> Temos, sem dúvida, necessidade de momentos para recuperar as nossas energias também físicas, e sobretudo para rezar e meditar, entrando de novo na nossa interioridade e encontrando dentro de nós o Senhor. Por isso, o tempo para estar na presença de Deus na oração é uma verdadeira prioridade pastoral, não é algo ao lado do trabalho pastoral; estar diante do Senhor é uma prioridade pastoral, em definitivo a mais importante. Mostrou-nos isso do modo mais concreto e luminoso João Paulo II, em todas as circunstâncias da sua vida e do seu ministério[21].

Leo Trese apresenta a esse respeito um exemplo claro e doloroso.

> Acabo de saber que um dos meus jovens amigos, Edmundo, abandonou o sacerdócio. E o que é mais

---

21 Discurso do Papa Bento XVI aos Sacerdotes e Diáconos da Diocese de Roma na Cátedra de São João de Latrão, sexta-feira, 13 de maio de 2005.

trágico é que não partiu sozinho. Fiquei naturalmente muito abatido. Era um rapaz formidável e tinha sido excelente no seminário. Parecia ter muito a dar ao Senhor. No início do meu sacerdócio, o acontecimento ter-me-ia amedrontado e desencorajado. "Se isso lhe aconteceu, também eu corro este risco" — teria eu dito de mim para mim, com uma inquietação real. Do ponto de vista humano, a deserção do sacerdote poderia acontecer a qualquer um de nós, mas esta não se verifica no caso do padre que conserva uma vida espiritual cheia de vigor. Qual a razão? Nosso Senhor Jesus Cristo não consentirá. Se não estivesse convencido disso, poderia também deixar de acreditar na oração. Nenhum sacerdote terá de se inquietar com a sua fidelidade ao Mestre enquanto não deixar a oração.

Todos nós possuímos os nossos cursos, intelectualmente falando, pelo menos, ao sair do seminário. Outra coisa é fazer passar estas verdades para todas as fibras do nosso coração e fazer delas um elemento da nossa vida. Aqui temos um jovem sacerdote que dá gosto ver. Ocupa a sua primeira Paróquia e mergulha de tal maneira na ação que nunca tem tempo para fazer um plano de vida. Aprendeu no seminário que exercícios como oração mental, o exame particular e a leitura espiritual são de uma importância essencial para a vida verdadeiramente sacerdotal. Tem realmente a intenção de se dedicar a elas logo que a sua agitação acalmar. Entretanto, descobre (ou julga descobrir) que pode muito bem passar sem elas sem deixar de realizar a sua tarefa. A sua vida espiritual vai declinando passo a passo e tão insensivelmente que não repara na deterioração. Considera ser tão bom sacerdote como quando deixou o seminário. Infelizmente a anemia da alma não se pode medir pelo ritmo do pulso como a do corpo.

Acontece às vezes que o jovem se vê afirmado no seu raciocínio errôneo ao contato de um sacerdote mais velho, que parece ter bastante êxito no seu ministério sem aparentemente consagrar tempo à oração, salvo o seu breviário.

Tem realmente de se admitir que há sacerdotes cuja vida de oração é muito fraca e sempre foi. Encontram-se no meio do seu rebanho, nunca escandalizam gravemente e exercem o seu ministério de uma maneira bastante razoável. Sobretudo esses podem levar os seus jovens colegas a perguntar a si próprios se a oração mental e a leitura espiritual têm verdadeiramente a grande importância que se lhes atribui. "Aqui temos bons sacerdotes que realizam o seu trabalho sem uma multidão de floreados espirituais" — dizem eles de si para si. "Se eles conseguem, porque não hei de eu conseguir?". Assim a vida espiritual vai esmorecendo. O que acontece quando a vida espiritual é fraca? No nosso ressentimento com o seu quê de compaixão e no nosso desejo de afeto humano, pomo-nos a argumentar quanto aos nossos processos. Não tardamos a nos dispensarmos da confissão ou a sermos menos sinceros naquilo que contamos. Uma vez que a visão espiritual está perdida, passamos a considerar a Igreja apenas como uma organização humana, cujo ensino presta o flanco à crítica; só vemos os seus ministros, os bispos, por exemplo, à luz dos seus defeitos e sem nenhum sopro de inspiração divina. Desprezamos o "dispositivo de segurança" e vamos abaixo no meio de ruínas.

Uma atitude desse gênero é a que se deve ter dado com o pobre sacerdote de que falei. Tenho a certeza de que, no dia da sua primeira missa, estava muito longe de imaginar que viria a proceder mal. Ao iniciar o seu trabalho sacerdotal, sentia-se certamente tão forte como Sansão e tão sábio como Salomão. Para ele a meditação e outros exercícios eram talvez bonitos ornamentos espirituais, bons para aqueles que tinham momentos de ócio. Tenho a impressão de que já desde há muito Edmundo não fazia oração diante do tabernáculo[22].

---

22 Trese, Leo. *Op. cit.*, p. 111-13.

Edmundo, como infelizmente tantos outros, não levou em consideração as importantíssimas ponderações que fez São Pio X por ocasião do quinto aniversário da sua ordenação sacerdotal:

> É de capital importância assinalar cada dia um tempo determinado à meditação das coisas eternas; nenhum sacerdote pode descuidar disso sem cometer uma imprudência grave e sem dano para a sua alma. Escrevendo a Eugênio III, que tinha sido o seu discípulo e que depois foi Pontífice Romano, o Santo Abade Bernardo lhe advertia, com grande clareza e insistência, que não deixasse um só dia a meditação das coisas divinas, sem procurar desculpas nas ocupações mais numerosas e tão graves como leva consigo o supremo apostolado[23].

Seria desnecessário insistir nas razões pelas quais — parafraseando João Paulo II — afirmávamos antes que *um presbítero sem oração é um presbítero em perigo.*

A oração como estado

A palavra *oração* provém da raiz latina *os, oris* — boca —; por isso, à primeira vista, tem uma conotação *verbal*: indica que se verbaliza algo com a boca. Esse conceito corresponde à ideia que se faz da oração vocal ou que comumente se expressa quando se diz *rezar.* *Rezar* e *orar*, contudo, não são palavras sinônimas, porque se pode *orar* sem *rezar* com a boca. Pode-se

---

23 São Pio X. *Exortação Harent animo.* No 5° aniversário da sua ordenação sacerdotal.

orar com a mente, com o pensamento. Daí deriva o termo oração *mental*. A oração *mental*, falando com acerto, não é apenas da mente: é da mente, do coração, do sentimento, da língua, da atitude, do silêncio, da contemplação e até do corpo.

Pode-se fazer oração juntando as mãos, dobrando os joelhos, estendendo os braços, com as lágrimas, com os sorrisos, com os suspiros, com os gritos. Quantos já fizeram a oração chorando, sorrindo, suspirando, clamando! Santa Teresinha se expressa nesse sentido de uma maneira encantadora: "Para mim, a oração é um simples olhar lançado ao céu, um grito de recolhimento e amor no meio da provação ou da alegria"[24]. O importante é entender que a oração é uma atitude vital que brota do mais íntimo da personalidade. Nesse sentido, pode-se dizer que não há apenas *momentos de oração*, mas também um *estado de oração*. Podemos dedicar *determinados momentos* à oração ou podemos assumir uma atitude vital, permanente, que constitua um verdadeiro *estado de oração*[25].

Conheço pessoas que vivem nesse *estado de oração*, como outras podem viver num *estado de alegria*, num *estado de pessimismo*, num *estado de prostração*, num *estado de melancolia*, num *estado de paixão*.

O que significa viver num *estado de oração*? É difícil explicar, mas o entenderemos se o compararmos com um estado de ânimo qualquer, por exemplo, com um *estado* de paixão. Quem vive assim pensa continuamente na pessoa amada; quer estar ao seu

---

24 Santa Teresa de Lisieux. *Manuscritos autobiográficos*, C25r.
25 Benedikt, Baur. Faz de maneira muito precisa a distinção entre *ato de oração* e *estado de oração*. Cf. *A Vida Espiritual*. 3ª ed., Editora Rei dos Livros, 1995, p. 206-14.

lado o maior tempo possível; ouvir as suas palavras; contemplar o seu rosto; sentir o seu contato... Quem ama não quer estar sempre na presença do ser amado, não quer estar unido a ele continuamente? Uma pessoa verdadeiramente apaixonada não o está de forma intermitente. Não ama apenas em determinados momentos, vive num *estado de paixão*. João Paulo II, na Carta Apostólica já citada, tem a audácia de dizer que a oração há de chegar até a contemplação, até uma viva afeição, até o "arrebato do amor"[26].

Shakespeare belamente o manifesta, quando Romeu diz a Julieta, ao partir para Mântua: "Quero saber de ti todos os minutos da minha vida, porque sem ti cada minuto parecem muitos dias". A esse estado chegaram muitos santos.

Que consequências práticas se derivam desse *estado de oração*? Principalmente duas: uma presença habitual de Deus e uma disposição permanente de secundar os seus desejos, de dizer *sim* a tudo o que representa a vontade dele. É como estar habitualmente numa atitude de escuta e de obediência. Como se os ouvidos da alma estivessem atentos para saber o que Deus deseja dela em cada momento. Ou melhor: é o estado de quem se sente filho de Deus e vive com a consciência contínua dessa filiação, desse olhar paterno depositado nele, da sua solicitude, do seu amparo e do seu amor solícito.

É igual a viver mergulhado em Deus, como o peixe na água, é como viver respirando profundamente a atmosfera de Deus.

---

26 São João Paulo II. *Novo Millennio Ineunte*, 6 de janeiro de 2001, n. 33.

Oração: respiração da alma

Fazer oração é como o respirar, costumam dizer os autores espirituais[27]. Pio XI definiria a oração precisamente como "a respiração da alma em Deus"[28]. Respira-se continuamente, respira-se no repouso e no trabalho, respira-se dormindo e acordado... Assim, *"importa orar sempre sem desfalecer"* (cf. Lc 18, 1), diz o Senhor.

Ao respirar, expulsamos o ar rarefeito e inspiramos o oxigênio limpo que revivificará o nosso organismo. Da mesma maneira, ao viver esse estado *contemplativo* no meio das nossas atividades humanas, em primeiro lugar devemos saber expulsar tudo aquilo que nos perturba: a inquietação; a preocupação inútil; a ansiedade que nos faz atropelar nosso trabalho; esse ativismo desenfreado que está, muitas vezes, motivado pela ambição de subir na escala eclesiástica, pelo desejo de possuir bens materiais, pelo orgulho e pela vaidade de sermos enaltecidos e exaltados... Devemos saber expulsar essa irritação que chega a tumultuar o ambiente de nosso trabalho pastoral; esse pessimismo que destila ao nosso redor insegurança, apreensão e temor; essas ambições dominadoras que nos levam a invadir o espaço de autonomia dos outros... Devemos saber dominar tudo isso, fazendo o trabalho ordenado, colocando as atividades e as coisas em seus devidos lugares, dando a Deus, aos nossos irmãos no sacerdócio, aos que trabalham pastoralmente conosco, à nossa família, o tempo que merecem; devemos saber purificar o nosso organismo dessa ambição egoísta, dessa trepidação que desgasta

---

27 Cf., por exemplo, Jean Daujat. *Viver o Cristianismo*. 2ª ed., Editora Ascer, Lisboa, 1973, p. 63 e ss.
28 Cf. João Mohana. *Paz pela Oração*. Agir, Rio de Janeiro, 1977, p. 16.

a nossa saúde, o nosso sistema nervoso e também o sistema nervoso dos que conosco convivem.

Para conseguirmos essa purificação da alma é muito útil fazer, ao longo do dia, algumas breves pausas refrescantes. Paramos como param as águas do rio, para remansar e voltar depois ao curso da atividade com mais calma e com mais força. Parar e dominar-se. Parar e recuperar a serenidade. A calma de um remanso: a água torna-se transparente, pode-se enxergar o fundo do rio, o seu verdadeiro rosto. Da mesma maneira, quando fazemos uma pausa, os que nos rodeiam poderão também vislumbrar o nosso verdadeiro semblante e não a face turbulenta do desassossego, da pressa, do mau humor e da inquietação. Que necessária é essa paz para nossa alma, para o ambiente de nosso trabalho pastoral, para a nossa comunidade!

Essas pausas podem ser feitas de forma natural ao longo do dia. Poderíamos adquirir o hábito de aproveitar para isso as demoras que traz consigo o próprio decurso da vida: o telefone está ocupado; o ônibus ou o metrô não chegam; o trânsito está parado; o agente de pastoral ou a secretária demoram; a fila não termina; o consultório médico está repleto de gente... Esses momentos de repouso podem ser a ocasião para nos recolhermos, fazermos uma breve oração, olharmos para o crucifixo ou uma imagem de Nossa Senhora que sempre deveríamos ter por perto ou, em questão de segundos, formularmos breves perguntas:

> Estou fazendo neste momento o que devo fazer, da maneira que devo fazê-lo? Estou trabalhando com retidão de intenção ou estou deixando-me dominar pela vaidade, pelo espírito de competição? A minha atividade

está cadenciada pelo cumprimento do dever ou atrelada à trepidação, à ansiedade, à pressa ou à irritação? Trabalho no ritmo intenso de um bom sacerdote ou estou deixando--me levar pelo compasso do desleixo ou da preguiça? Estou cumprindo a vontade de Deus ou simplesmente os ditames do meu capricho?

Sei de alguns profissionais que têm o costume de telefonar para casa na hora do almoço para saber como andam as coisas por lá, dar um apoio à sua esposa e aproveitar esse ensejo para rezar pela família. Conheço operários, taxistas, donas de casa, empregadas domésticas, técnicos, enfermeiras e médicos que têm o costume de parar exatamente ao meio-dia para rezar o *Angelus*, unidos ao Papa e a todos os seus irmãos que no mundo inteiro têm também esse antigo costume cristão. E nós, padres, fomentamos esses tipos de atitudes ou nos deixamos simplesmente conduzir pelo ritmo de um trabalho absorvente ou desordenado?

Com sua experiência e criatividade — estou seguro — saberá apresentar aqui outros recursos semelhantes... Trata-se, enfim, de utilizarmos os meios convenientes para nos desintoxicarmos; para depurarmos nosso organismo espiritual dessas "toxinas" que em doses microscópicas envenenam o nosso sangue; para nos interiorizarmos e recuperarmos o equilíbrio; para sermos nós mesmos e não um apêndice das circunstâncias, uma biela movida por um motor que não é o nosso; para recuperarmos a paz, se a perdemos, ou nos aprofundarmos na paz, se nela estamos. E depois de libertar-nos desse ar rarefeito... respirar, encher os pulmões de ar puro.

Respirar: assim como é necessário oxigenarmos continuamente o nosso corpo com a respiração, também é necessário revitalizarmos a nossa alma continuamente com a oração. Se não respiramos, fisicamente morremos. Se não oramos, espiritualmente caducamos. Por isso, o Senhor nos diz: "Orai sempre sem desfalecer" (cf. Lc 18, 1), "Orai sem cessar" (1 Ts 5, 17), repete São Paulo.

Mas, perguntaríamos, como podemos orar continuamente, se passamos o dia ocupados em mil trabalhos e comprometidos com mil responsabilidades? Para responder a essa pergunta devemos lembrar o que já dizíamos, quando falávamos do *estado de oração*: uma pessoa apaixonada lembra-se continuamente do seu amor; a sua presença está *implícita* na motivação, na alegria, no entusiasmo do seu trabalho... É como se interiormente dissesse: "Por ti trabalho, por ti sofro, por ti me alegro". Isso é o que vivencia uma mãe de família pensando nos seus filhos; um noivo pensando na sua noiva; Maria, lá em Nazaré, contemplando Jesus no meio dos seus afazeres domésticos...[29]

A razão de ser, a motivação de Maria era Jesus. E a sua lembrança, a sua contemplação não só não impediam a realização do seu trabalho, mas incentivavam a intensificá-lo e aperfeiçoá-lo.

Essa presença *implícita* torna-se *explícita* em determinados momentos, como quando a namorada puxa da bolsa a fotografia do namorado e se delicia olhando para ele; como quando Maria entra na oficina de Nazaré e abraça o seu filho; como quando um profissional qualquer olha para o crucifixo que discretamente

---

29 São Tomás de Aquino. *Summa Theologica.* Suppl. q. 82,a. 3, ad. 4.

colocou em cima da mesa de trabalho ou o sacerdote levanta o olhar para o quadro de Nossa Senhora que está pendurado na sala...

Poderia contar *muitos* exemplos. Descobri na mesa de trabalho de um engenheiro um signo estranho que claramente se destacava na capa da sua agenda de mesa. Mostrei a minha perplexidade: o quê significa isso? Ele sorriu: "É o sinal matemático *sigma*, que significa 'somatório'. Quando o vejo, lembro-me de que Deus está querendo que a minha vida seja um somatório de minutos heroicos. Isso me ajuda a manter uma presença de Deus 'cutucadora'. Parece que me diz: 'Vamos, não seja mole, trabalhe com ritmo, ofereça a Deus esse trabalho bem-feito, não perca nem um minuto'".

Alguém que queria publicar um artigo do Cardeal Wojtyla, escrito em polonês, observou que no manuscrito — ininteligível para ele, que não conhecia essa língua — encontrava, vez por outra, uma frase em latim que nada tinha a ver com o texto. Pouco a pouco, foi descobrindo que o futuro João Paulo II anotava jaculatórias em latim dirigidas a Jesus e a Maria que o ajudavam a manter a presença de Deus durante o seu trabalho de redação. Não nos parece um bom exemplo para adotá-lo nós quando escrevemos uma homilia ou um artigo?

Contaram-me a história verídica de um motorista de caminhão que deu carona a um senhor que lhe acenava, junto à estrada, com uma mala na mão. Este perguntou ao motorista se estava sozinho e se poderia levá-lo. O motorista hesitou um pouco e depois disse:

— Sim... Estou sozinho, posso levá-lo.

Depois de subir no caminhão e de terem percorrido já certa distância, o homem perguntou ao motorista por

que hesitara ao dizer-lhe que estava sozinho, já que era evidente que não havia mais ninguém no caminhão.
— É que... eu nunca estou sozinho — respondeu o motorista. Sei que Deus vai sempre comigo, que mora no meu coração e que posso conversar com Ele, enquanto viajo. Aqui, ao lado do volante, tenho uma pequena imagem de Nossa Senhora.

O outro ficou com a cara transtornada, entrou num profundo silêncio e depois de alguns momentos, disse:
— Pare, pare, por favor. Quero descer.
— Que aconteceu?
— Nada. É que sou o pároco da cidadezinha que deixamos para trás e estava abandonando a paróquia e o meu sacerdócio... Você acaba de me indicar que não é esse o meu caminho.

Deus serviu-se da vivência daquele homem simples para tocar o coração de um sacerdote de mãos ungidas, que certamente tinha deixado de orar. E também está a servir-se agora para lembrar-nos de que a nossa união com Deus, através da oração, é a melhor garantia para a nossa fidelidade e, muitas vezes, para a fidelidade dos outros.

São apenas alguns significativos exemplos dessa longa história de homens e de mulheres que, desde os primórdios do Cristianismo, se esforçaram para converter o trabalho em oração, para conseguir que a oração seja contínua, como a *respiração da alma*.

Momentos fortes de oração

O nosso corpo, dizíamos antes, tem necessidade de uma respiração constante, mas precisa também de momentos de oxigenação mais profunda. Os médicos recomendam movimentação física, ginástica respiratória, exercícios "aeróbicos" que facilitam precisamente essa função. Quando aumenta a atividade metabólica, o organismo reclama mais oxigênio, a circulação torna-se mais intensa e, assim, o oxigênio chega até os últimos vasos sanguíneos, vivificando todas as células; as artérias, irrigadas por um fluxo sanguíneo mais acelerado, ficam livres de plaquetas gordurosas, aumentando a sua capacidade condutora e evitando possíveis enfartos.

Algo parecido acontece com o organismo espiritual. Além da respiração contínua que representa a presença de Deus habitual — o *estado de oração* — ele precisa de momentos mais fortes, em que a "respiração da alma", a oração, torna-se exercício intenso e exclusivo.

Essa necessidade pode ser entendida de um modo mais claro se pensarmos que a vida de oração é uma vida de amor. Quem ama não se satisfaz com uma simples lembrança do seu amor ao longo da vida; deseja encontrar-se com ele em momentos determinados, os mais longos possíveis, quer que a sua presença física, o seu relacionamento se tornem algo vivo, privativo e total.

Há colegas nossos, sacerdotes talvez dedicadíssimos ao seu trabalho pastoral, que não têm a generosidade de dedicar a Deus um tempo exclusivo e desculpam-se alegando: "Eu rezo a toda hora, eu estou sempre na presença de Deus, o meu trabalho é todo para o bem da Igreja, não vejo a necessidade de dedicar um tempo à oração". Isso é uma justificativa sem consistência. Gandhi, que não era cristão, mas era um homem de fé, disse algo que está de acordo com toda a psicologia do amor:

Quando se aceita a existência de Deus, a necessidade da oração torna-se indiscutível. Não sejamos tão presunçosos a ponto de afirmar que toda a nossa vida é uma oração e que, portanto, é supérfluo reservar para ela determinados horários[30].

Deixemos de lado qualquer subterfúgio e dediquemos a Deus — a quem devemos amar com todo o coração — um tempo adequado e exclusivo. Ele é, por definição, o único ser necessário. O resto é contingente. Não nos esqueçamos nunca daquelas palavras do Senhor, recriminando o trabalho de Marta e louvando a atitude orante e contemplativa de Maria: "Marta, Marta, tu te preocupas e andas agitada por muitas coisas. Porém só há uma coisa necessária. Maria escolheu a melhor parte" (Lc 10, 38-42). Aquele que tem interesse por alguma coisa consegue tempo para ela. As pessoas muito ocupadas marcam as suas *prioridades* e escalonam as atividades do dia em função dessas prioridades. A *prioridade das prioridades* é Deus. Deus é o Alfa e o Ômega. O criador do tempo: Aquele que pode permitir que a nossa vida chegue até os cem anos ou fique na metade. Seria tão insensato negar tempo ao *dono do tempo* como recusar dez reais àquele de quem esperamos receber um milhão. E o tempo que devemos dedicar a Deus tem de ser, por exigência da sua dignidade, o melhor tempo: o *tempo nobre*.

Dificuldades para orar

Nesses momentos especialmente dedicados à oração, nesses momentos fortes, podem surgir alguns

---

30 Gandhi. *Palavras de Paz*. Editora Cidade Nova, São Paulo, p. 15, cit. por Cintra, Luiz F. *A oração*. Editora Quadrante, p. 43.

obstáculos. Ao falar das possíveis dificuldades para fazer oração, poderíamos dizer, preliminarmente, que existem *dificuldades de fundo* e *dificuldades de método*.

As dificuldades de fundo

As *dificuldades de fundo* — as dificuldades substanciais — podem ser várias, mas essencialmente só há uma; *a falta de amor*. Quando alguém está enamorado — reiteramos — quer estar sempre perto da pessoa amada, deseja ardentemente a sua presença, o seu olhar, o seu contato, as suas palavras. Quem não ama, guia-se só por interesses ou conveniências. Aí é que encontramos a dificuldade substancial para nos relacionarmos com Deus Nosso Senhor: falta a indispensável motivação do amor.

Falando com exatidão, o pecado, em si mesmo considerado, não é o que causa o afastamento da oração. Quem ama e peca se arrepende. Quando marido e mulher brigam — se há amor — pedem mutuamente perdão, com palavras de carinho e de desculpa pela ofensa cometida. O amor se constrói, muitas vezes com os escombros dos conflitos, das crises e das desavenças superadas. Mas o que mata o relacionamento conjugal, como o relacionamento com Deus, é a falta de amor, a indiferença, o desleixo, a frieza ou, talvez, essa tepidez morna chamada *tibieza*.

O pecador arrependido grita como gritava o bom ladrão na cruz ou o pobre leproso, à beira do caminho: "Senhor, se queres podes curar-me!" (Mc 1, 40). Quando há fé e amor, corremos para o Senhor, mostrando-lhe as nossas chagas, os nossos pecados, para que seja Ele realmente o nosso *Salvador*. Ele veio para curar os doentes e salvar os pecadores (Mt 9, 12-13). E é na oração que lhe damos a oportunidade para desempenhar o título que mais lhe agrada: o de *Salvador*. Não acontece o mesmo quando há um estado habitual de tibieza. Não podemos analisar aqui todas as situações que compreendem este estilo de vida espiritualmente relaxado, mas vamos deter-nos em algumas delas.

A primeira consiste numa atitude de *falta habitual de entrega*. A consciência de que Deus nos está pedindo alguma coisa e nós não estamos dispostos a entregá-la é algo que necessariamente nos distancia dele. É como o marido que, por exemplo, tem um costume que desagrada profundamente a esposa — como o de beber — e tenta demonstrar para ela o seu amor de outra maneira — com agrados ou presentes —, sem mudar esse hábito que repugna a mulher. Haveria sempre entre os dois uma barreira. Estaria sempre pairando entre eles esta pergunta: "Se me amas de verdade, por que não mudas de comportamento?".

Nas nossas relações com Deus, acontece algo semelhante. Ninguém pode fazer oração se não tem a corajosa sinceridade de perguntar ao Senhor, antes de mais nada, como Paulo lá na estrada de Damasco: "Senhor, que queres que eu faça?" (At 9, 6). Talvez nem sequer precise perguntar-lhe: no fundo, já o sabe e por isso mesmo tem receio de apresentar-se abertamente diante dele com essa sinceridade rasgada. É por isso que muitos rejeitam a oração verdadeira, transparente, ou se comportam nela com reservas e justificativas como se tentassem esconder-se do rosto de Deus, à semelhança de Caim (Gn 4, 14), como se pretendessem velar a sua conduta detrás da máscara das desculpas. Não há oração autêntica quando não há sinceridade.

Outra dificuldade que nos afasta da oração é a *superficialidade*: a *dissipação* e a *leviandade* que nos impedem de sentir os toques do Espírito Santo. A fidelidade ao Espírito Santo é essencial para o crescimento de nossa vida espiritual. Deus subordina umas graças a outras. A quem é fiel a uma primeira graça, Ele concede outras e outras cada vez maiores. O ângulo abre-se progressivamente. Entretanto, ao desprezar uma, talvez se esteja desprezando um verdadeiro rosário de graças que levaria a uma perfeita união com Deus.

É necessário recolher-se. Ninguém pode dialogar em profundidade com uma pessoa quando está ocupado com outras coisas; prestando atenção, por exemplo, ao rádio ou à televisão. Um mínimo de respeito a Deus exige recolhimento: desligar o rádio da imaginação ou a televisão da curiosidade.

Quem não é capaz de dedicar a outra pessoa uma *atenção exclusiva* é porque não a ama. Recolher-se, fazer silêncio, é difícil no mundo em que vivemos. Tudo parece que chama à novidade, à mudança, às notícias sensacionalistas, às solicitações que continuamente estão sussurrando nos nossos ouvidos. Tudo isso vem agitar os nossos sentidos, a nossa imaginação, os nossos pensamentos, o nosso coração. Tudo isso cria em nós a confusão e perturba a nossa oração.

Há, enfim, quem não faz oração por *falta de tempo*. Voltamos a repetir, quem não tem tempo para a outra pessoa é porque não a ama. Tive oportunidade de verificar a verdade de que nos falam as biografias de João Paulo II: ele dedicava longos espaços do seu dia à oração. Nas capelas das residências em que morou no Brasil, foi surpreendido com frequência prostrado diante do Sacrário em oração, a altas horas da noite.

Depois de um dia esgotante, o Santo Padre tinha tempo para Deus. Era daí, talvez, que ele tirava toda essa força e vibração que comovia as multidões. Ninguém, nesse sentido, poderá alegar que está mais ocupado que o Papa!
   Não! Insistimos: não é um problema de tempo, mas de prioridades. E a prioridade de um cristão é o amor de Deus.

As dificuldades de método

   Outras dificuldades que, porventura, possam representar um obstáculo surgem de uma falta de orientação sobre o método a ser utilizado na oração. Se a oração é um relacionamento afetivo com Deus, há tantas formas de fazer oração como maneiras de expressar o amor. As expressões do amor não podem ficar circunscritas por fórmulas preestabelecidas, confinadas em padrões formais ou bitolas que aprisionem a sua espontaneidade.
   No entanto, o amor também pode utilizar os seus canais de relacionamento. Há pessoas que se comunicam melhor ouvindo juntos uma música; trabalhando lado a lado; abordando determinado tipo de conversa... Os esposos gostam de recordar acontecimentos especialmente tocantes da vida conjugal; o filho pede à mãe que lhe conte histórias da família... O mesmo acontece na oração. Recorrer ao Evangelho, a um livro; abordar um determinado tema, servindo-nos de algumas anotações tomadas com essa intenção; ponderar diante do Senhor algum assunto que temos de solucionar ou que nos preocupa; rezar... rezar pausada e repetidas vezes uma oração, uma jaculatória, podem representar uma grande ajuda.

Vamos referir-nos a dois métodos tradicionais: *meditar sobre algum livro* e *introduzir-nos no Evangelho* como se fôssemos uma personagem a mais.

Mas, antes, cumpre fazer um esclarecimento. Não podemos confundir *oração* com *meditação*. A *meditação* está formada por uma série de reflexões a respeito de um adequado comportamento cristão, de um aspecto relativo a Deus, a Nossa Senhora, aos Santos etc. A *meditação* pode ser, às vezes, um excelente meio para fazer *oração*, já que nos ajuda a recolher os sentidos, a imaginação e a memória, e a criar um clima adequado para o diálogo com Deus. No entanto, ela não se identifica com a *oração*: é só um meio, um veículo para orientar esse profundo olhar interior dirigido a Deus, esse movimento do coração que se eleva a Nosso Senhor e que consiste fundamentalmente na *oração*.

Meditar sobre o texto de um livro é uma boa muleta para iniciar-nos na oração. A leitura canaliza os pensamentos, prende a imaginação e nos oferece um tema de conversa com o Senhor. Longas confidências entre duas pessoas que se amam podem começar quando ambos prestam atenção a um assunto de interesse comum, como quando marido e mulher começam a sua conversa abordando o tema dos filhos e depois passam a outros vários da família e do futuro. Isso também pode acontecer com a leitura meditada de um livro.

Por essa razão é bom que nós utilizemos determinado livro de forma intencional. Talvez, por exemplo, haja algo que preocupe ou tire a paz e, então, procura-se um livro ou capítulo que trate precisamente desse tema. Por isso, também é muito conveniente que nós usemos para a oração livros que já conhecemos, para buscar neles, propositadamente, o alimento de que precisamos. Isso reclama, evidentemente, que tenhamos o hábito de dedicar um tempo à leitura de livros de espiritualidade.

Talvez apenas uma frase lida seja suficiente para que o coração se solte e a conversa interior comece. O livro na oração é só um recurso e não um fim. Para informar-nos espiritualmente, temos especificamente *a leitura espiritual*; para incentivar o diálogo, utilizamos o livro apenas como elemento de *meditação*, como catalisador, "estopim", ponto de ignição para esse relacionamento amoroso e íntimo que é a *oração*.

Entre os livros, porém, hão de destacar-se os *Evangelhos*.

A *oração* tem como finalidade fazer-nos parecer cada vez mais com Cristo, identificar-nos com Cristo pelo amor: que os outros, ao verem a nossa vida, possam reconhecer em nós a própria vida de Jesus.

Devemos esforçar-nos por *meditar o Evangelho* com um grande desejo de *conhecer para amar*. Não podemos folhear as páginas da Escritura Santa como se se tratasse de um livro qualquer. A nossa leitura deve ser acompanhada de oração, cheia de fé. Como se nós fôssemos uma personagem a mais entre os que acompanhavam o Senhor. Como se Jesus estivesse realmente vivo, presente ao nosso lado. Ao meditar o Evangelho, devemos fazer um ato profundo de fé. Toda *oração* deveria começar repetindo a confissão de Tomé: "*Meu Senhor e meu Deus*" (Jo 20, 28), creio firmemente que estás aqui, que me vês, que me ouves, que me compreendes, que me falas". Escreve Santo Agostinho: "Nós devemos ouvir o Evangelho como se o Senhor estivesse presente e nos falasse. As palavras que saíam da boca do Senhor foram escritas, guardadas e conservadas para nós"[31].

Só se ama aquilo que se conhece bem. Por isso, é necessário que tenhamos a vida de Cristo na cabeça e no coração, de modo que, a qualquer momento, sem necessidade de livro algum, fechando os olhos, possamos contemplá-la como num filme; de forma que, nas mais diversas situações da nossa existência, acudam à memória as palavras, os atos e os exemplos do Senhor. Assim nos sentiremos integrados na sua vida. Porque não se trata apenas de pensar em Jesus, de imaginar as cenas que lemos. Temos de intervir plenamente nelas, ser protagonistas.

Aproximarmo-nos, assim, do Evangelho com o grande desejo de contemplar o Senhor tal como os seus discípulos o viram; de observar as suas reações, a sua maneira de comportar-se, as suas palavras; de vê-lo cheio de compaixão perante tantas pessoas necessitadas, cansado depois de uma longa caminhada, maravilhado com a fé de uma mãe ou de um centurião, paciente com os defeitos dos seus seguidores mais fiéis, abandonado na vontade de seu Pai durante as longas noites de oração...

Nós podemos fazer o que uma moça fazia, segundo me contou, para fazer oração. Abria os Evangelhos em alguma passagem que especialmente a comovia — concretamente ela me falava da longa confidência de Jesus na Última Ceia narrada por São João — e começava a ler. Quando alguma palavra do Senhor a tocava, parava e dizia: "Isto é o que Jesus quer dizer-me hoje pessoalmente". Colocava-se diante dele,

---

31 Santo Agostinho. *Comentário ao Evangelho de São João*, 30.

deixava que seus olhos amabilíssimos a fitassem e voltava a ler a mesma passagem e nela repensar: "É isto o que Ele quer dizer-me, é isto o que realmente me acende e incentiva".

A palavra de Deus meditada é extremamente reconfortante. O cardeal vietnamita Văn Thuận, que esteve nove anos isolado numa cela sem janelas, conta-nos uma experiência inesquecível:

> Quando estava na prisão e havia perdido tudo, pensei em preparar um manuscrito que me permitisse viver a Palavra de Deus naquela situação. Não tinha papel nem cadernos, mas os guardas davam-me muitas folhas de papel em que tinha de escrever as respostas aos questionários que me formulavam. Então, pouco a pouco, comecei a guardar alguns pedaços de papel e consegui fazer um pequeno caderno no qual fui escrevendo — dia a dia — em latim, mais de 300 frases da Sagrada Escritura de que me lembrava de memória. A Palavra de Deus, assim reconstituída, foi o meu cofre cotidiano do qual tirava força e alimento[32] [...]. Na prisão de Phu-Khanh os católicos dividiam o Novo Testamento, que havia entrado clandestinamente, em pequenos papéis dobrados que dividiam entre si e decoravam. Como o solo era de terra ou areia, quando ouviam os passos dos guardas, escondiam a Palavra de Deus debaixo da terra.
>
> À noite, na escuridão, cada um se revezava recitando a passagem que havia aprendido. Era impressionante e comovente ouvir, no silêncio e na escuridão, a Palavra de Deus, a presença de Jesus, o "Evangelho vivo" recitado com toda a força de ânimo, ouvir a oração sacerdotal, o relato da Paixão de Cristo.
>
> Os não-cristãos escutavam com respeito e admiração o que eles chamavam *verba sacra*. Muitos diziam, como

---

[32] Thuận, Card. F. X. Nguyễn Văn. *Testigos de esperanza*. Op. cit., p. 76.

experiência própria, que a Palavra de Deus é "espírito de vida"[33].

Se procedermos assim, se meditamos na palavra do Senhor e fazemos oração com ela, pouco a pouco, quase sem o percebermos, poderá cumprir-se em nós este grande desejo: "Oxalá fossem tais o teu porte e a tua conversação, que todos pudessem dizer quando te vissem ou te ouvissem falar: 'Este lê a vida de Jesus Cristo'[34]. Na verdade, temos de reproduzir em nossa vida a vida de Cristo, conhecendo Cristo à força de ler a Sagrada Escritura e de a meditar"[35].

A nossa alma — como o pano de Verônica — deveria estender-se pela *meditação* uma e outra vez, reiterativamente, sobre o rosto de Jesus, gravado nas cenas evangélicas, para que nela venha a ficar estampado o amabilíssimo semblante do Senhor. Cada um de nós deveria ser um *vere ícone* — daí procede o nome de Verônica —, um *verdadeiro ícone*, um autêntico retrato da face do Senhor. A *meditação orante* do Evangelho poderá reproduzir em nós esse milagre.

---

[33] *Ibidem*, p. 79. Deveríamos pensar, queridos sacerdotes, que no meio das nossas dificuldades, que às vezes nos parecem imensas — nunca serão como as do Cardeal Van Thuân —, temos sempre a presença revigorante da Palavra de Deus. Não deixemos de meditá-la. Ela nos trará novo vigor.

[34] São Josemaria Escrivá. *Caminho*. Editora Quadrante, 9ª ed., São Paulo, 1999, p. 27, n. 2.

[35] *Ibidem*, n. 14.

11
O BOM PASTOR

Cristo delineou a sua personalidade com uma definição simples, expressiva: "Eu sou o bom pastor" (Jo 10, 11). Ele sabia o rico significado da palavra *pastor*. Os seus contemporâneos estavam habituados a encontrar-se com a figura do pastor: dedicado a seu rebanho, defensor das suas ovelhas contra os animais predadores — ovelhas que tinha visto nascer e a quem queria como se fossem suas filhas...

Jesus definia-se como *Bom Pastor*, sabendo muito bem o que representava essa expressão aos ouvintes da sua palavra. Mas nós deveríamos perguntar-nos: o que entenderia o Senhor ao falar do *Bom Pastor*? Quais seriam as qualidades que ele atribuiria ao *Bom Pastor*?

Ser bom

Em primeiro lugar ele tem de ser, antes de mais nada, *bom*.

Talvez ao longo do caminho da vida já tenhamos encontrado alguns desses seres humanos tão incomuns que em tudo nos aceitam, que em nada nos julgam ou criticam e, no entanto, nos impulsionam para os cumes... Como se na sua presença sentíssemos a comunicação de uma serenidade superior, semelhante à que nos transmite um céu estrelado aberto aos mistérios de Deus, um mar sereno, uma criança aconchegada no seio materno...

Essa experiência íntima convida-nos a pensar que nós mesmos podemos converter-nos num desses seres tão difíceis de achar, que lembram a figura de Cristo que passa à beira de qualquer necessitado.

Diante de um homem assim dá vontade de exclamar, quase que espontaneamente: como ele é bom!

Precisamos de cautela, no entanto, caríssimos irmãos, em relação a uma falsa aparência de bondade que se confunde com fraqueza. Já ouvi pessoas dizerem: "O meu pároco é tão bom... *coitado*...". Pronuncia a palavra com um sorriso de indulgência... *Coitado*, ele é tão bom que todo o mundo passa na sua frente... Ele é tão condescendente que a paróquia está virando uma bagunça e ele é tão amável que todo mundo manda, menos ele... Ele é tão disponível que todas as pessoas se sentem no direito de exigir dele o que ele não deve fazer... É um tipo de "bondosidade" que significa, na verdade, falta de firmeza e de força de caráter.

O pai deve ter firmeza. Se quer educar os seus filhos, tem de saber dizer *não*. É muito comum ouvir uma criança dizer: "Papai é mau; a vovó é boazinha". A avó consente os seus caprichos, o pai corrige os seus desvios...

Jesus era *Bom Pastor*, mas não era fraco, sabia pegar no chicote e lançar fora os comerciantes do Templo; não deixava de falar claramente aos fariseus: "Raça de víboras, sepulcros caiados" (cf. Mt 23, 33), consentia em perdoar a mulher adúltera, mas não sem deixar de advertir: "Não voltes a pecar" (cf. Jo 8, 11).

Às vezes, contudo, fazemos uma repreensão quando deveríamos simplesmente calar e escutar. Aquela mãe que vem falar conosco furiosa porque a sua filha foi maltratada — disse ela — por uma catequista, e nós dizemos, cansados: "A sua filhinha é muito manhosa, muito caprichosa, a senhora deveria dar um jeito nela. A catequista já me disse que está farta das suas embrulhadas". A mãe fica furiosa, bate a porta e vai-se embora com o rosto congestionado. Será que nós não poderíamos ter compreendido que não era o momento de "retrucar", mas de escutar em silêncio, até que aquela boa senhora se acalmasse?

Aquele penitente altivo que, ao não querer aceitar uma admoestação que nós lhe fazemos, levanta-se e simplesmente vai embora sem absolvição... Não poderíamos ter compreendido que aquele homem sentia-se humilhado e queria defender-se alegando qualquer desculpa esfarrapada, e nós, como *bons pastores*, deveríamos, simplesmente, desviar a conversa e voltar a ela de outra maneira, com mais jeito?

Eu compreendo, queridos irmãos, que é muito difícil encontrar o ponto de equilíbrio entre o autoritarismo e a fraqueza bonachona. Por isso, temos de saber pedir ao Senhor que consigamos viver a difícil harmonia entre autoridade e amizade, entre carinho e firmeza, indispensável tanto para uma família como para uma comunidade.

Conhecer as ovelhas

A segunda condição do *Bom Pastor* foi indicada pelo próprio Jesus: "Eu conheço as minhas ovelhas e elas me conhecem a mim" (Jo 10, 14).

Importante é conhecer as pessoas. Conhecer cada pessoa. Singularmente. O Evangelho de modo explícito nos diz que Jesus *singulis manibus imponens* (Lc 4, 40), impunha as mãos em cada pessoa, singularmente. As pessoas não gostam de ser tratadas impessoalmente, como grosseiramente dizia a conhecida letra daquela música de carnaval: "Ei, você aí, me dá um dinheiro aí...". Você, não: fulano, sicrano, com o seu nome, com o nome com que o chama a sua mãe... Todos têm a dignidade humana de serem chamados pelo seu próprio nome.

Pelo próprio nome Jesus chamou Zaqueu. Já nos referimos anteriormente a Zaqueu: ele era considerado publicamente um pecador (Lc 19, 7). Quando o Senhor o viu subindo ao sicômoro, falou-lhe como se o conhecesse desde sempre. Disse-lhe com uma familiaridade encantadora: "Zaqueu, desce depressa, porque hoje devo ficar em tua casa" (Lc 19, 5).

Zaqueu era o nome com que o chamava a sua mãe. Talvez não o ouvisse há muito tempo, pronunciado naquele tom de voz comovido. Ao passar pelas ruas, como era publicano, cobrador de impostos, homem de má fama, talvez ouvisse insultos e reclamações. Por isso, provavelmente, fora-se fechando cada vez mais e é de crer que procurasse desforrar-se de todas as maneiras: seria duro nas suas exigências, defraudaria os outros, servindo-se da autoridade do seu cargo, e, com isso, certamente provocaria ainda mais irritação entre o povo, e as críticas se tornariam mais mordazes. De repente, depois de se ter esforçado para encontrar Jesus, é chamado afetuosamente pelo nome: Zaqueu. E alguma coisa lá dentro, dura, amarga, acabava de se quebrar; o círculo vicioso do egocentrismo começava a dissolver-se num sentimento de ternura; uma sensação luminosa o invadiu. Desceu rapidamente com a diligência do júbilo incontido e acolheu-o com alegria (cf. Lc 19, 6-7). Foi assim que ele se converteu totalmente: o olhar penetrante de Jesus o resgatou de uma solidão que parecia irrecuperável.

Bento XVI refere-se a esse conhecimento pessoal de maneira muito expressiva:

> Cristo é o verdadeiro Bom Pastor que deu a vida pelas suas ovelhas, por nós, imolando-se na Cruz. Ele conhece as suas ovelhas e as suas ovelhas conhecem-no, como o Pai o conhece a Ele e Ele ao Pai (cf. Jo 10, 14-15). Não se trata de mero conhecimento intelectual, mas de uma relação pessoal profunda; um conhecimento do coração, próprio de quem ama e de quem é amado; de quem é fiel e de quem sabe que, por sua vez, pode confiar; um conhecimento de amor em virtude do qual o Pastor convida os seus a segui-lo e que se manifesta plenamente no dom que lhes faz da vida eterna (cf. Jo 10, 27-28)[1].

João Paulo II, em um dos seus últimos livros, precisamente de 2004 — *Levantai-vos, vamos!* — fala de maneira muito tocante desse conhecimento e trato *singular* do Pastor com cada uma das pessoas da sua comunidade:

> Cada homem é uma pessoa individual e por isso eu não posso programar *a priori* um tipo de relação que seja válido para todos, mas cada vez, por assim dizer, devo voltar a descobrir como devo fazê-lo [...]. Cada um é um capítulo à parte [...]. Tenho como princípio acolher a cada um como uma pessoa que o Senhor me envia e, ao mesmo tempo, me confia[2].

---

1 Homilia do Papa Bento XVI durante a concelebração Eucarística para a Ordenação de 22 Sacerdotes no Domingo do Bom Pastor. Domingo, 29 de abril de 2007.
2 São João Paulo II. *Levantai-vos! Vamos!* Editora Plaza & Janés, Barcelona, 2004, p. 68-69.

SACERDOTES para o terceiro milênio

Essas palavras de João Paulo saem ao encontro das nossas experiências pessoais: como as pessoas gostam de ser distinguidas singularmente! Certamente você já esteve alguma vez numa numerosa reunião, talvez numa festa, em que todas as pessoas se conheciam, falavam entre si, e você, em um canto, como um desconhecido, parecia pertencer ao mundo do inexistente ou do inanimado; e, de repente, algum amigo se aproximou e disse-lhe: "Você por aqui, que bom! Mas está sozinho! Venha cá, vou apresentar-lhe toda esta minha gente". E naquele momento você sentiu que voltava ao mundo dos vivos.

Essa experiência tão simples não será suficientemente reveladora para mover-nos a prestar mais atenção, especialmente àqueles que formam parte da nossa comunidade, para compreender que eles, tanto como nós, precisam ser reconhecidos não apenas como seres humanos individuais, mas como pessoas, com uma identidade insubstituível? Que alegria dá quando, ao cabo de um longo tempo sem nos vermos, um amigo colega de escola, um professor, um parente afastado nos chama pelo nosso nome e se lembra de um detalhe significativo da nossa vida ou nos pergunta amavelmente: "Que se passou com aquele problema que tanto o preocupava?". Não compreendemos que nós, como pastores, representamos muito para as pessoas da nossa paróquia; que eles estão esperando de nós o trato singular, o carinho que um pai dispensa aos seus filhos?

Queixamo-nos de que vivemos num mundo de rostos frios, fechados, e não compreendemos que o mundo é como um espelho que reflete o nosso próprio rosto: o nosso mau humor, a nossa atitude dura, reservada... Abramo-nos aos outros com uma palavra atenciosa, com um sorriso, e eles se abrirão a nós: o espelho do mundo que nos circunda mudará de feição. Pensemos nisso singularmente: nós que, como sacerdotes, como pais, temos, a respeito dos outros, uma inegável influência.

Como *Bons Pastores* devemos ter o "olho clínico" das mães que sabem descobrir, melhor que o médico, doenças, tristezas e problemas do seu filho; "auscultar" os sintomas mais íntimos da sua alma; "diagnosticar" a essência do seu estado de ânimo e "medicar" com o remédio mais eficaz.

É comum ouvir dizer que "é necessário saber olhar nos bastidores". Uma coisa é o drama representado no palco e outra o drama da vida. Muitas vezes, um sorriso amável nos lábios esconde a mágoa de uma vida infeliz, lá no fundo da alma do ator. Há detalhes significativos — um remendo no paletó, um insólito descuido no vestir, uma estranha preguiça no trabalho, uma atitude ríspida, um rosto triste — que, vistos com um olhar superficial, podem levar simplesmente à crítica leviana. E, no entanto, alguma coisa deve estar acontecendo nos bastidores. Talvez nas dobras do paletó, grosseiramente remendado, possam ser vistos os apertos de uma esposa fazendo milagres com um orçamento doméstico empobrecido; no fundo do descuido, no arranjo feminino ou na preguiça habitual, uma desmotivação espantosa perante a vida e o amor; no âmago de um olhar apagado, uma depressão, um problema afetivo ou espiritual; por trás de uma atitude ríspida, um destino frustrado, que pede compreensão e não crítica.

Às vezes, os nossos julgamentos são excessivamente primários e superficiais. Sentenciamos: não presta, não trabalha, só pensa nele, é muito antipático, fechado, altivo... Mas por quê? O que há por trás de tudo isso? Talvez o mal dessa pessoa seja mais íntimo. Talvez sofra de uma doença moral: está desmotivado, sofreu uma forte decepção, está carente de amor ou bloqueado pelo medo, faltam-lhe a luz e o calor da fé... É até aí, até essa camada mais profunda, que devemos chegar. O amor deve perfurar a placa translúcida do olhar superficial que faz com que nos detenhamos na aparência das coisas. Para chegar a conseguir superar a aparência das coisas é preciso, porém, um contato mais íntimo com as pessoas.

Sempre me chamou a atenção a visita que a Virgem Maria fez a Isabel. Apressou-se para levar as suas felicitações e o conforto da sua solicitude. Uma atitude que encurta distâncias, que chega ao terreno da intimidade.

Como nos custa fazer visitas domiciliares! Sentimos preguiça, estamos comodamente instalados na nossa residência, com o nosso conforto habitual, talvez o nosso ar-condicionado e a nossa música preferida como fundo do nosso descanso... E, de repente, bate em nossa consciência, como um golpe, uma sugestão: "Como se alegraria a família Guimarães se lhes fizesse uma visita. O pai, o Francisco, acaba de ser operado e de voltar para casa. Seria uma alegria para eles". Mas imediatamente aparece a nossa velha desculpa: "Estou muito cansado, não posso visitar todos os doentes da paróquia, só os que necessitam urgentemente de confissão ou precisam receber a unção dos doentes. Caso contrário, ficarei maluco ou, pelo menos, neurótico". Deveríamos reagir e pensar em como é gratificante para um paroquiano receber a visita do Pastor. Como será bom ouvir do Senhor no dia do meu julgamento:

"Obrigado, estava necessitado e vieste me visitar" (cf. Mt 25, 36).

Na simples presença do padre há um elemento que parece ter um efeito quase sacramental sobre os lares que ele vai ver, sobretudo quando o gesto é espontâneo. Sob a influência dessas visitas paternas, certos católicos descuidados recuperam-se e os bons tornam-se mais fervorosos ainda. É um fato conhecido. Ao aparecer na casa deles, o sacerdote leva a presença de Jesus Cristo a toda a família. Durante um momento, como se a família fosse roçada pela fímbria do seu vestido. Bem-aventurada a paróquia onde o sacerdote pode dizer, como o Senhor: "Conheço as minhas ovelhas e elas conhecem-me".

É a preocupação do *Bom Pastor* que vai à procura das suas ovelhas, vencendo o natural cansaço e a acomodação.

Quem procede assim sentirá a imensa alegria do amor das suas ovelhas. Ele terminará amando aos seus paroquianos como filhos. E eles amarão o seu Pastor como a um pai. Nada há de mais gratificante e calidamente entranhável: é o cento por um; o sacerdote que renuncia a ter uma família e ganha centenas de famílias.

Procurar bons pastos

O Senhor determinava também a terceira condição do Bom Pastor: "Procurar bons pastos para as ovelhas" (cf. Ez 34, 14).

É preciso dar às ovelhas um alimento bom. As pessoas andam famintas de Deus, como aquelas que seguiam

Jesus. Elas o seguiam porque procuravam ansiosamente um sentido para a vida, para a morte e para a dor. A fome fisiológica que sentiam na passagem da multiplicação dos pães era como um símbolo de uma fome mais profunda: a fome de Deus.

O Senhor disse para os discípulos: "Dai-lhes vós mesmos de comer" (Mt 6, 37). Contou-me um sacerdote que um dia, ao meditar sobre essa indicação do Senhor, sentiu vivamente como se o próprio Jesus lhe desse pessoalmente uma ordem: "Você mesmo tem de dar de comer a seu povo, o pão espiritual, multiplicando o seu trabalho, a sua disponibilidade, as oportunidades para pregar, para confessar, para visitar os doentes, para dar oportunidade para que um maior número de crianças participe da catequese". Ele me diz que essas palavras do Senhor mudaram a sua vida: ele devia ser o *Bom Pastor* e procurar bons pastos para suas ovelhas, dar a seu povo o que o povo precisava e não o que ele pensava que precisava. E o povo precisava de boa doutrina, simples, autêntica. Ele tinha saído do seminário com aquele linguajar que parecia dar-lhe fama de erudito mas que, no fundo, o seu povo não entendia e assimilava. Só começou a sentir que os seus paroquianos digeriam o alimento espiritual quando começou a falar com uma linguagem que eles podiam entender. Especialmente utilizando exemplos vivos, parábolas, como Jesus fazia. "Foi para mim uma verdadeira *conversão*", comentou com toda a sinceridade.

Caríssimos irmãos, as homilias não são uma oportunidade para brilhar, mas para ensinar e comover. O púlpito não é uma tribuna, uma cátedra, um pedestal para subirmos e sermos admirados, mas um lugar onde deixamos que Cristo fale pela nossa boca e sinta com o nosso coração.

Um padre, que foi aluno de João Paulo I e que reside no Rio de Janeiro, explicou-me o segredo da facilidade de comunicação do "Papa do sorriso". E esse segredo está nos meandros de uma pequena história. Quando João Paulo I era pároco e estava um dia celebrando a missa, acercou-se do altar um homem mal trajado que, sem nenhum respeito, despropositadamente, tentou várias vezes tomar-lhe o cálice. Alguns participantes da missa procuraram evitá-lo, mas sem muito êxito. Era um homem forte que conseguia defender-se facilmente. E eis que, de repente, o sacristão, colocando-se ao seu lado, sussurrou-lhe ao ouvido umas palavrinhas, e o homem, sorrindo, foi conduzido pelo braço até a sacristia. João Paulo I ficou intrigado e, no final da missa, perguntou ao sacristão: "Mas o que foi que você lhe disse para que o obedecesse tão docilmente?". E ele respondeu: "Disse-lhe que na sacristia tinha um garrafão cheio de vinho. Para mim era evidente que aquele homem era um beberrão e que a única coisa que queria era beber o vinho do cálice". O futuro Papa não pôde aguentar-se de rir.

A moral que tirou João Paulo I foi esta: "É preciso saber falar com carinho ao nosso interlocutor na sua própria linguagem e, depois, pouco a pouco, trazê-lo, suavemente, ao nosso terreno: *entrar na deles e sair na nossa*".

Evangelizar é "fazer tudo para todos, para ganhar a todos" (1 Cor 9, 22). É a linguagem universal do amor. Se a aprendermos, desenvolveremos esse *dom de línguas* tão necessário para evangelizar. Se não a aprendermos, iremos converter-nos nesses padres autossuficientes com ideias personalistas, fechadas, que vivem entrincheirados no seu feudo paroquial como numa torre de marfim, ou num desses conferencistas de linguagem enigmática que pensam ser tanto mais inteligentes quanto menos forem entendidos.

A linguagem do amor, sem ceder no que é essencial, sabe compreender as situações particulares, as limitações e condições de cada pessoa, sabe submeter-se a cada situação com uma abertura semelhante à dos homens que têm um coração universal.

A linguagem é, não obstante, somente veículo. Um veículo importantíssimo, é verdade, mas só um veículo. É necessário, por isso, que a linguagem do amor tenha no seu interior, como conteúdo, a Verdade que é também ensinada pelo Espírito. *Veritatem facientes in charitate* (Ef 4, 15): comunicar a verdade com amor. Dizer a verdade completa, sem mutilações, sem "barateá-la" para ganhar simpatias, sem afrouxar suas exigências para conseguir a fama de liberais, mas adaptando-a a cada pessoa, com delicadeza, sabendo o que podemos exigir e o que devemos conceder: não é razoável dar um prato forte a quem devemos dar somente uma papinha; não é lógico convidar para correr numa maratona a quem devemos fornecer uma muleta... *Veritatem facientes in caritate*: exigir com amor. Com *amor humilde*. Dizer a tremenda palavra sobrenatural, conclamando às grandes exigências, mas preparando antes o terreno. E essa sabedoria o Espírito Santo dá.

É isso o que significa dar bons pastos às nossas ovelhas. Para uma tarefa tão importante devemos ter o espírito das mães: saber dar a cada filho o alimento de que ele precisa. Às crianças, uma comidinha fácil de digerir; aos adultos, um bom prato de arroz com feijão — e, se o orçamento o permitir —, com um suculento "bife à cavalo".

Um bom padre, um *Bom Pastor*, tem de "fazer tudo para todos, para salvá-los a todos" (cf. 1 Cor 9, 22), procurar, como um bom pastor, os prados verdes, as pastagens substanciais.

Ir à frente

"O Bom Pastor vai à frente das ovelhas" (cf. Jo 10, 4). Temos de colocar-nos diante das nossas ovelhas, fazer antes o que queremos que os outros façam depois. É a pedagogia do exemplo, do testemunho, extremamente eloquente.

Paulo VI, na *Evangelii Nuntiandi*, diz que "no nosso mundo cultural as pessoas escutam mais as testemunhas do que os mestres. E, se escutam os mestres, é porque antes eles foram testemunhas".

Os caminhos do espírito são muito semelhantes aos caminhos de montanha: não bastam cartazes indicadores; é preciso um guia. Lembro que a primeira vez que subi ao Pico das Agulhas Negras — ia com um grupo de universitários do Rio — encontramos, diante de nós, perplexos, um paredão altíssimo de pedra que barrava a nossa passagem. Na frente, dois cartazes. Um dizia: "caminho dos estudantes"; o outro, "caminho normal". Pensamos: o dos estudantes há de ser o mais fácil. Começamos a subir. Aquilo exigia a perícia de um exímio alpinista. Paramos. De repente, passou ao nosso lado um montanheiro de uns 35 anos, que nos perguntou: "Vocês querem subir ao pico?". "Mas é claro", respondemos. "Então sigam-me". Mudamos o percurso, fomos pelo "caminho normal". A ascensão foi difícil, tivemos de utilizar não poucas vezes as cordas que levávamos, mas o nosso guia conhecia perfeitamente o caminho: "Por aqui, não; vamos contornar essa rocha, parece difícil, mas é a melhor solução". E chegamos até o pico.

As nossas ovelhas precisam de um guia, de um pastor que vá à frente. Não bastam os cartazes. Eles indicam o caminho, mas não andam. Ficam parados. Nosso povo não pode ser orientado apenas com palavras, com sermões, aulas e homilias. Necessita de alguém que viva antes o que depois ensina. Necessita de um bom guia que lhe diga — como Cristo a Pedro — "vem, segue-me" (Mt 4, 19); faça o que eu digo e faça o que eu faço.

Nós somos a peça fundamental das nossas paróquias. Um padre muda uma paróquia. Um padre reclama da comunidade; outro a converte. Um padre torna uma comunidade feliz; outro faz com que desejem que ele seja transferido.

Nós somos o *projeto* encarnado das nossas comunidades. *Pro-jactare*, em latim, significa algo que se lança à procura de um objetivo. Nós lançamos o *projeto* de formar uma comunidade cristã de amor e de santidade. E o nosso povo vê através de nós esse objetivo personalizado: a sua própria realização, a sua própria felicidade. O homem tem uma atração indeclinável pela felicidade, tão forte como os corpos pelo seu centro de gravitação. Por isso, o povo sente pelo seu pároco, santo e em decorrência feliz, um verdadeiro fascínio.

Nós devemos atrair como atraíam os santos.

"O que tem este Papa que atrai imediatamente com um fascínio tão irresistível?", perguntava o ministro da Prússia depois de uma audiência com São Pio X.
O que tinha?
Nos olhos suaves e escrutinadores tinha a força e o ardor de Cristo, o poder de ler em cada fisionomia e de discernir cada espírito, inclusive o mais complexo: tinha santidade.
Era verdadeiramente um homem de Deus[3].

Nós devemos ser assim, esse homem de Deus que atrai, que arrasta com o seu exemplo. Temos de ser para eles, como Cristo, "caminho, verdade e vida" (cf. Jo 14, 6): um Evangelho vivo encarnado.

Para sermos *bons pastores*, devemos viver as virtudes que queremos inculcar aos outros. Esse princípio basilar deve aplicar-se às principais virtudes que queremos que vivam os que nos rodeiam. Quando vemos ao nosso lado tanto medo — medo de assalto, de bala perdida, medo de bandido, medo de doença, medo de morte... — temos de viver, como decorrência da nossa fé, com um comportamento corajoso, valente, destemido; quando no ambiente que nos rodeia sentimos tanta insegurança, tanta ansiedade e preocupação, deveremos ser especialmente otimistas, seguros e serenos, vivendo aquilo que o Senhor nos disse:

> Não vos preocupeis com a vossa vida [...]. Olhai as aves do céu, que não semeiam nem colhem, [...] e Deus as alimenta; quanto mais valeis vós do que as aves [...]! Olhai os lírios do campo — como crescem [...]. Se Deus veste assim a erva, que hoje está no campo e amanhã é

---

3 Dal-Gal, Girolamo. *Pio X El Papa Santo*. Editora Palabra. Madri, 1985, p. 121.

lançada ao fogo, quanto mais a vós, homens de minguada fé (Lc 12, 22-28).

Assim, quando nós soubermos abandonar em Deus as nossas preocupações, quando o nosso povo tiver a certeza de que nós vivemos essa confiança total em Deus, eles se disporão a agarrar a nossa mão como se agarra a mão de um guia seguro, porque compreenderão que nós estamos convictos daquilo que tantas vezes cantamos: "Segura na mão de Deus e vai... Segura na mão de Deus, e ela te sustentará; não temas, segue adiante, e não olhes para trás...".

O mesmo poderíamos dizer de tantas outras virtudes: num clima de permissividade hedonista, o povo ficará motivado ao ver a nossa sobriedade, a nossa pureza de vida; em face de um consumismo que valoriza o homem por sua conta bancária, eles se sentirão movidos a viver a sobriedade cristã quando observarem nosso desprendimento e nossa austeridade...

Temos de ser, com o nosso exemplo, como um baluarte e, ao mesmo tempo, como um incentivo que arrasta! Eles irão detrás de nós "como as ovelhas seguem o seu pastor porque conhecem a sua voz" (cf. Jo 10, 4).

Se o padre apoia-se demais na autoridade, as pessoas pensam que só sabe mandar. Se, ao contrário, adota uma atitude de serviço, os fiéis sentem-se espontaneamente dispostos a escutá-lo e aceitam a sua autoridade. Parece que faz falta certo equilíbrio. Se o padre diz: "Aqui só mando eu!" ou "Aqui o único que está disposto a servir sou eu", algo está falhando. O padre deve servir governando e governar servindo. Um modelo eloquente é o próprio Cristo. Ele servia sempre, mas no espírito de serviço divino soube exercer a sua autoridade expulsando aos mercadores do templo.

O sacerdote deve ir à frente, dirigir e ser guia, mas será escutado e amado pelos seus fiéis à medida que imitar a Cristo, o Bom Pastor, que *não veio para que o sirvam, mas para dar a vida em resgate de muitos* (Mt 20, 28). *"Servir!* Como gosto desta palavra!", disse João Paulo II[4].

Procurar a ovelha perdida

Não devemos apenas suscitar a vontade dos nossos fiéis para que sigam o nosso caminho, mas ir mais longe. Temos de buscar os que estão descarrilados: "O Bom Pastor procura a ovelha perdida" (Ez 34, 16).

Este é um sinal característico dos bons pastores: saem de si mesmos, da sua vida habitual, para procurar a ovelha perdida. Um exemplo característico: o Santo Cura d'Ars, que, por uma graça extraordinária — com um instinto sobrenatural incomum —, encontrava as ovelhas perdidas. Nós não temos por que receber esse dom extraordinário, mas poderíamos, sem dúvida, apurar a nossa sensibilidade humana para, com a inspiração do Espírito Santo, estarmos atentos às pessoas que ao nosso lado passam.

Um episódio apenas:

> Num dia de outono de 1852, Francisco Dorel dirigia-se a Ars. Tinha trinta e dois anos e era bonito e vistoso. Ia vestido de caçador com polainas e escopeta ao lado

---

[4] São João Paulo II. *Levantai-vos! Vamos!* Editora Plaza & Janés, Barcelona, 2004, p. 52-53.

de um soberbo cachorro de caça. Não queria passar por um *beato* em busca de confessor.

Quando entrou na cidadezinha, o Cura d'Ars, precisamente, atravessava abençoando a multidão. Ele misturava-se com as pessoas. Que surpresa! Ao passar diante dele, o santo ancião deteve-se a olhar alternativamente para o cachorro e para o caçador, e disse com toda a seriedade ao desconhecido viajante: "Senhor, seria de desejar que a sua alma fosse tão formosa como o seu cachorro!".

O homem ficou vermelho e abaixou a cabeça. Seu cachorro era como Deus o tinha feito: fiel, ágil; mas ele, como cristão, tinha arruinado na sua alma a obra divina. Refletiu longamente, aterrado, sobre aquela revelação inesperada. Finalmente confiou a escopeta e o cachorro à gente do povoado, entrou na igreja e se confessou com o Cura. Estava tão contente que se derretia em lágrimas. Tinha sido ilustrado sobre o valor da sua alma, sobre a vaidade do mundo e a seriedade da vida: queria ser religioso.

"Vá para a Trapa!", disse-lhe com segurança o Cura d'Ars. Francisco Dorel, com efeito, vestiu o hábito no ano seguinte e dezesseis anos depois fez a profissão solene com o nome de irmão Arsênio. Morreu santamente, em 18 de dezembro de 1888[5].

O Bom Pastor encontra a ovelha perdida com essa intuição humana, potenciada pela graça divina, que faz com que se descubra uma alma necessitada, no meio da multidão, talvez, uma alma mais formosa que a mais bela criatura irracional afundada na lama da vaidade ou arruinada pelo abandono espiritual.

Nós, caríssimos irmãos no sacerdócio, temos de sentir a viva responsabilidade por todas as pessoas

---

5   Cf. Trochu, François. *Bernardette Soubirous. La vidente de Lourdes.* Editora Herder, Barcelona, 1958, p. 361-62.

que moram no nosso território ou são membros de um movimento ou pastoral que dirigimos, e não apenas por aqueles que participam mais ativamente das atividades paroquiais.

Com frequência, nas muitas visitas pastorais que já fiz às paróquias com as mais diversas características, pergunto aos catequistas se estão satisfeitos com o número de crianças que assistem às aulas. Não raramente a resposta é afirmativa: "Temos mais de trezentas crianças, estamos muito contentes". Eu continuo perguntando: "Quantos habitantes católicos tem a paróquia, 25 mil, 30 mil? Vocês não acham que pelo menos quatrocentas crianças a mais poderiam frequentar a catequese? Deus vai pedir contas não apenas pelas que estão aqui ao nosso lado, mas também pelas que se perdem pela rua". Algumas vezes, surpreendidos, já me disseram: "Nunca tínhamos encarado o problema dessa maneira".

Nós temos de encarar sempre os problemas com essa mentalidade: enxergar longe, sentir a nossa responsabilidade de pastores de coração universal.

É necessário que saibamos formar apóstolos, missionários, agentes de pastoral que façam visitas domiciliares, que procurem as ovelhas perdidas. Elas suspiram por uma vida mais feliz, mais plena de sentido, e não o sabem. Nós devemos fazer-lhes descobrir seus anseios mais profundos e encaminhá-las.

No dia do juízo desfilarão diante dos nossos olhos os rostos das pessoas da nossa paróquia que, talvez, nós nem conhecíamos... Detrás de cada rosto uma pergunta: "O que fizestes por mim?". Detrás de cada vida está a própria vida de Cristo escondida dentro deles: "Tive fome e não me destes de comer, tive sede e não me destes de beber... Estava como ovelha perdida, no atoleiro da depressão e da angústia e não me socorrestes" (cf. Mt 25, 42). Assim, seremos interrogados pelo próprio Jesus Cristo.

"Há outras ovelhas que não são deste aprisco e é preciso que as traga. Elas ouvirão a minha voz e haverá um só rebanho e um só pastor" (cf. Jo 10, 16).

É preciso sentir o drama das pessoas que vivem sem um ideal de vida, sem um sentido para a sua existência, e que, talvez, por isso, desviam-se, desencaminham-se, apelam para a bebida, para as drogas, para o sexo desvairado. Não pensemos que o fazem porque são maus. Não! É que são carentes, sentem a necessidade de amor, de felicidade, e como não sabem encontrá-la na vida comum, evadem-se procurando uma felicidade artificial que acaba deixando no paladar da alma o sabor da insuficiência ou da frustração. Estão esperando, talvez sem o saberem, que nós os resgatemos... Talvez, angustiados, vivam gritando, como o paralítico da piscina: "Não tenho um homem que me leve às águas da salvação (cf. Jo 5, 7), não tenho um homem suficientemente disponível que me carregue até a fonte dos sacramentos". E esse homem sou eu, é você, meu querido irmão no sacerdócio.

Precisamos ter a santa inquietação de procurar as ovelhas que não formam parte da família de Deus.

O amor é expansivo como o fogo: ou cresce ou morre; ou se alastra e queima coisas novas ou se apaga.

O incêndio de Amor foi o que fez São Francisco Xavier — é só um exemplo — empreender as suas viagens da Europa até as terras desconhecidas do Oriente. Ele vai de Goa para Manar; de Malaca e ilhas Molucas até o Japão... Agoniza na ilha de Lanciau, devorado pela febre corporal e pela febre do amor, enquanto, impaciente, olha fixamente para a costa da China, que ele ardia em desejo de chegar a conquistar para Cristo. Morreu dizendo simplesmente: "Jesus".

Quando, em 1546, lutava insistentemente para conseguir um navio que o levasse até as Ilhas Molucas, e ninguém o ajudava, encarou aqueles comerciantes europeus com extraordinária energia, dizendo-lhes: "Se naquelas ilhas houvesse ouro ou prata, vós me conseguiríeis em seguida um navio, mas como só há almas para salvar, não tendes nenhum interesse, ficais apáticos... Pois bem, se não me dais um navio, eu irei a nado". Conhecendo aqueles homens a sua firme determinação e observando a sua atitude decidida de levar à prática a sua afirmação, tiveram de oferecer-lhe imediatamente o navio necessário. Assim, conseguiu converter milhares de indígenas — tribos inteiras de canibais —, entre perigos de morte, lá em Amboino, Ternate e Morotai[6]. De modo semelhante, procede também qualquer cristão que ama apaixonadamente a Cristo: seja qual for a época em que vive, entende essa linguagem.

Há uma espécie de santa compulsão de derramar nos outros o amor que se leva dentro, da mesma maneira como o lago, dilatado pelo temporal, ao não poder conter tanta água, transborda e inunda as margens e invade os campos e os povoados.

Não se trata de sonhar quixotescamente em converter o mundo inteiro, em mudar o ambiente da sociedade de cima a baixo — coisa fora do alcance de cada um e, nessa medida, uma boa desculpa para a apatia —, mas de, pacientemente, como um carvão ao

---

[6] Cf. Wohl, Louis de. "El oriente en llamas", in: *Biografia de São Francisco Xavier*. Edições Palabra, p. 274 e ss.

rubro, queimar com o fogo de Cristo as pessoas com quem convivemos.

Dar a vida

Enfim, "o Bom Pastor dá a sua vida pelas ovelhas" (cf. Jo 10, 11).

Quando Jesus pronunciava estas palavras talvez já experimentasse aquela angústia mortal que veio a sentir no Horto das Oliveiras, na perspectiva da paixão. Não eram apenas palavras; ele, de fato, na cruz, terminaria dando a vida pelas suas ovelhas. O presbítero é outro Cristo. E se quer sê-lo de verdade, não apenas de palavra, terá de sacrificar-se pelas pessoas que estão sob a sua responsabilidade.

Este capítulo é interminável. A história da Igreja está entapetada de exemplos. Achegando-nos aos testemunhos mais próximos, poderia recordar um acontecimento recolhido de alguém que o viveu de perto. Durante a Guerra Civil Espanhola, estando Monsenhor Escrivá acamado, com 39º de febre, recebeu uma carta de um filho espiritual que se encontrava na frente de batalha. Escrevia que sentia necessidade da sua presença. Levantou-se imediatamente e foi até a estação do trem. Lá reparou que não tinha dinheiro para a passagem. Chegou como pôde, esticando o percurso com ajuda de uns e de outros passageiros. Ao chegar ao *front*, febril, pálido, desgastado, aquele soldado, autor da carta, contentíssimo e ao mesmo tempo abismado com tal demonstração de carinho, disse-lhe: "Padre, como veio visitar-me? O senhor está doente, a viagem foi longa, o lugar é perigoso... Eu manifestara o desejo de estar ao seu lado, mas não podia imaginar que de fato viria e muito menos nestas circunstâncias". E, profundamente comovido, não pode aguentar as lágrimas. E aquele homem santo, serenamente, sem dar a maior importância, como quem estava acostumado a fazer coisas extraordinárias, heroicas, todos os dias, acrescentou: "Meu filho, depois de ler a sua carta, deve compreender que, na situação em que você se encontrava, eu não podia deixá-lo sozinho". E a confidência foi longa, entranhavelmente paterna, reconfortante... Talvez para aquele jovem o seu encontro com este homem de Deus, no meio das trincheiras, tenha sido o acontecimento mais importante da sua vida[7]. É uma forma heróica de cumprir aquele mandamento novo do Senhor: "Amai-vos uns aos outros como eu vos amei" (cf. Jo 13, 34). E ele nos amou dando a sua vida por nós. Uma história como essa comove-nos profundamente.

Não podemos considerar o nosso trabalho pastoral, apenas, como uma tarefa que venha a nos realizar. Terminará, sem dúvida, realizando-nos — que alegria dá ver crescerem ao nosso lado tantas famílias pelas quais nos sacrificamos! —, mas não podemos procurar essa finalidade como primeiro objetivo. O objetivo primordial é o bem das ovelhas. E isto exigirá sacrifício, abnegação, ainda que essa abnegação termine provocando em nós uma alegria tão grande que experimentaremos a verdade daquelas palavras do Evangelho: "Dai e dar-se-vos-á uma medida cheia e repleta, porque na medida em que dais nessa mesma medida recebereis" (cf. Lc 6, 38).

---

[7] Cf. *Postulación de la causa de Beatificación y canonización del siervo de Dios Josemaría Escrivá de Balaguer*. Roma, 1979, p. 200.

Nisso, como em tantas coisas, temos de aprender muito com as mães. Contava-me um padre amigo de São Paulo, que trabalha numa paróquia perto do presídio, que todas as semanas vinha de longe uma mãe para visitar o seu filho que estava na cadeia. O filho deveria ter chegado muito baixo na vida do crime, porque maltratava a mãe, mandava-a embora destemperadamente: "Mãe, vá para o inferno! Não venha mais me visitar". A mãe ficava, depois de cada visita, arrasada e ia chorar as mágoas com o pároco. Este terminou por aconselhá-la que não voltasse mais: não adiantava, o seu filho não queria que voltasse, e ela ficava completamente desfeita. A boa mulher encarou o padre e lhe disse: "O senhor não entendeu nada". "Como não entendi nada?", retorquiu ele. "A senhora vem aqui a sofrer à toa. É inútil. É isso o que entendi, parece-lhe pouco?". E ela, aos prantos, acrescentou: "O senhor não entendeu nada: eu sou a mãe dele!".

Esta história, contada por um padre amigo, impressionou-me profundamente.

As mães não desistem. As mães estão acima das atitudes dos filhos. Não pensam em "realizar-se", só pensam em realizar a felicidade dos seus filhos, à custa, talvez, da própria felicidade. É isto o que o Senhor queria dizer: *não há maior amor do que dar a vida pelos amigos* (cf. Jo 15, 3). E é isso o que significa que *o Bom Pastor dá a sua vida pelas ovelhas* (cf. Jo 10, 11).

Esta mãe está na trilha de todas as mães, de todos os pais e de todos os pastores que viveram aquela determinação paulina que nós presbíteros deveríamos tomar como lema da nossa vida: *impendam et super impendar pro animabus vestris* — "eu me gastarei e me gastarei por nossas almas ainda que vos amando seja menos amado por vós" (2 Cor 12, 15).

Bento XVI, enfim, faz um afetuoso apelo àqueles que vão receber o Sacerdócio: "Cada um de vós, queridos Ordenandos, tornar-se-á com a ajuda de Jesus um bom pastor, pronto para dar, se necessário for, também a vida por Ele"[8].

---

8   Homilia do Papa Bento XVI durante a concelebração Eucarística para a Ordenação de 22 Sacerdotes no Domingo do Bom Pastor. Domingo, 29 de abril de 2007.

12
COORDENADAS FUNDAMENTAIS DA AÇÃO PASTORAL PARA O TERCEIRO MILÊNIO

Antes de encerrar estas considerações sobre o sacerdócio, que neste momento já me parecem longas demais, levando em conta o pouco tempo de que todos nós dispomos para ler e meditar, parece-me necessário acrescentar umas coordenadas pastorais indispensáveis para a nossa ação sacerdotal no contexto cultural e eclesial dos alvores do terceiro milênio.

Para vincar mais determinadas ideias, repetiremos alguns tópicos já abordados.

A realidade deste mundo globalizado, submetido continuamente a rápidas mudanças e a inúmeros questionamentos e indagações, exige do presbítero estar à altura dos novos e difíceis desafios que continuamente se lhe apresentam.

A geração de padres que forjou o Concílio está já passando. Nesses 40 anos já decorridos, o mundo mudou, mudou a Igreja, mudaram os presbíteros. Os padres novos, que estão entrando no terceiro milênio, configurados com novos perfis, hão de continuar a "velha" tarefa de ser "administradores dos ministérios de Deus" (1 Cor 4, 2); deverão recordar as lições da segunda metade do século XX e aventurar-se nas novas realidades do século XXI.

A crise de valores do novo milênio repercute e incita a capacidade criativa do presbítero para encontrar novas respostas e soluções. Aos mais maduros cabe "anunciar o que viram e ouviram" (cf. Jo 1, 3); aos mais jovens, assimilar essas lições, fazer render essas experiências com a mentalidade aberta e arejada, própria da última geração. A eles compete auscultar e compreender os novos equacionamentos, para poderem dialogar com uma sociedade pluralista cada vez mais complexa[1].

Como antes indicávamos, representa para nós uma exigência destacar as orientações básicas que poderiam nortear a nossa ação pastoral no início deste milênio. Estas orientações devem ser consideradas como simples propostas, fruto da minha experiência pastoral, que podem sugerir outras, paralelas, de feições diferentes. Sem pretender apresentar uma relação exaustiva, destaquei dez coordenadas que me parecem fundamentais:

Um pressuposto: sede de Deus; sede de sentido

Devemos partir do pressuposto de que os homens de hoje, apesar da aparente indiferença e frieza religiosa reinante, têm fome e sede de Deus; necessitam dele mais do que nunca.

O existencialismo moderno tem arrancado a máscara de um frio racionalismo e deixado à flor da pele, em

---

[1] Cf. *O presbítero no mundo globalizado*. Comissão Nacional de Presbíteros, Itaici, São Paulo, 4 a 10 de fevereiro de 2004, p. 9-10.

carne viva, a angustiante consciência da caducidade da vida presente e o sentimento veemente do *instinto de eternidade* — mais profundo que o instinto de conservação. Nós temos de tomar consciência dessas realidades para convencer-nos de que a nossa ação pastoral é tão necessária quanto um tratamento médico de urgência. Esta certeza deve dar-nos grande segurança e audácia na nossa ação pastoral.

A psiquiatria experimental contemporânea tem constatado que existe uma relação de proporcionalidade direta entre os estados de insegurança e angústia, por um lado, e os estados de indiferença e de frieza religiosa, por outro. A mesma proporcionalidade foi também verificada entre a falta de sentido para a vida e o apelo ao álcool, às drogas e desordens sexuais — verdadeiras epidemias sociais do nosso tempo —, que, no fundo, são autênticas evasões existenciais.

Viktor Frankl, sucessor de Sigmund Freud na cátedra de psicopatologia da Universidade de Viena, estabeleceu nesse sentido três proposições escalonadas em conexão sucessiva que ele denomina *a tríade neurótica:*

— A ausência de Deus é igual à falta de sentido na vida.

— A falta de sentido na vida é igual a vácuo existencial.

— O vácuo existencial é igual a depressão — dependência de drogas, agressividade, violência e suicídio[2].

O conhecimento dessas realidades humanas deve levar o presbítero a valorizar a importância antropológica

---

2   Cf. Viktor Frankl. *Presença ignorada de Deus.* São Paulo, 1985, p. 86.

do seu trabalho, superando qualquer "complexo" que possa sentir ao transmitir, de forma explícita, aberta e audaz, o acontecimento mais importante da história humana: a redenção do homem, feita por Jesus Cristo, verdadeiro Deus e verdadeiro Homem.

Segurança e ardor na ação evangelizadora

A consciência viva da importância decisiva da fé cristã para solucionar os problemas da cultura moderna há de dar-nos, repetimos, uma grande segurança para entrar com pé firme no mundo intelectual, universitário, empresarial, artístico, técnico e nos meios de comunicação social.

A fé não é algo teórico que paira por cima das realidades humanas. Tem de ser uma fé que dê sentido a essas realidades: uma *fé inculturada*. João Paulo II diz que *uma fé não inculturada não é uma fé plena: ela há de ser operativa, renovadora*.

Ser coerente com a fé leva o presbítero a confiar na força sociotransformadora da ação de Deus nas realidades sociais.

Não podemos ter medo de transmitir as verdades da fé nos meios intelectuais mais elevados, nos redutos econômicos mais opulentos ou entre pessoas que possuem, em alto grau, o poder decisório. A nossa mensagem atinge a própria raiz do ser humano, sempre frágil e inseguro. Dá sentido a todas as dimensões vitais: dá sentido à vida e à morte, à doença e à saúde, à prosperidade e ao fracasso, à dor e à alegria; é algo indispensável tanto para os ricos como para os pobres, tanto para os sábios e poderosos como para os ignorantes e humildes.

Temos de pisar com firmeza em todos esses terrenos de elevada significação social.

No meio desta insegurança, desta angústia, desta depressão e desta turbulência que atravessa nossa época, todos procuram um suporte sólido que os possa sustentar. E nós temos para oferecer-lhes, na nossa ação missionária, a serena confiança e o alegre otimismo que nos dá o saber que Deus é o nosso Pai: um pai que tudo sabe, que tudo pode e que nos dá uma confiança, uma paz, que muitos inconscientemente procuram e não encontram.

Esta indispensável tarefa apostólica, feita com convicta segurança, deve estar insuflada, como em Pentecostes, pelo fogo do Espírito Santo. É, então, quando se produz um novo Pentecostes. É, então, quando o desejo de comunicar os nossos sentimentos é tão forte que se converte numa ação evangelizadora vibrante, contagiosa, contínua e eficaz. É, então, quando cobram novo sentido as palavras de João Paulo II: *"Duc in Altum*; guia ao mar alto, a águas mais profundas; conduz a barca da tua vida a horizontes mais largos...". Palavras da sua carta programática para o novo milênio que deveriam ser como o estribilho da nossa ação apostólica[3]. *"Duc in Altum*, guia o navio das tuas atividades a uma alta e profunda missão evangelizadora, entrando audazmente, como os apóstolos depois de Pentecostes, em todos os ambientes que te rodeiam".

Em Pentecostes, o Amor substancial de Deus, que é o Espírito Santo, manifestou-se em forma de línguas de

---

[3] São João Paulo II. *Carta Apostólica Novo Millennio Ineunte*. 6 de janeiro de 2000, n. 40.

fogo. E aquele fogo, que ardia na cabeça e no coração dos apóstolos, foi espalhando-se de pessoa em pessoa, de bairro em bairro, pela Palestina, pelas regiões limítrofes e pelo Império Romano todo. E, em não muito tempo, invadiu o norte da África, a Europa e a Ásia até então conhecida, desde a Hispânia até a Índia e, saltando de continente em continente, veio a cobrir o mundo todo e chegou até nós.

Queremos medir a qualidade do nosso amor a Deus? Avaliemos a profundidade e extensão do nosso apostolado; reparemos na determinação com que nos empenhamos em ultrapassar os obstáculos que se apresentam no nosso trabalho evangelizador; perguntemo-nos se sabemos passar por cima da inércia dos que nos rodeiam, do materialismo, da indiferença, da frieza e do hedonismo que parecem dominar o ambiente, da falta de recursos humanos e materiais; analisemos, especialmente, se nos empenhamos em superar a nossa natural apatia, alimentada pelo cansaço e pelo *estresse* do nosso viver diário... O amor, quando é grande, consegue saltar essas barreiras, da mesma maneira como o fogo se alastra por todo lugar, contornando rios e penhascos, procurando imperiosamente o que necessita para queimar: é um problema de subsistência, de sobrevivência.

Todas as pessoas que amam e amaram profundamente a Jesus Cristo, seja qual for a época em que viveram, entendem essa linguagem. Há uma espécie de santa compulsão de derramar nos outros o Amor que se leva dentro, da mesma maneira como o lago, dilatado pelo temporal, ao não poder conter tanta água, transborda e inunda as margens e invade os campos e os povoados...

De uma forma vibrante o canta aquele hino que costuma acompanhar em alguns lugares a cerimônia da Crisma, o Sacramento que reproduz a grande efusão do Espírito Santo:

> Tenho que andar, tenho que arriscar, ai de mim se não o faço! [...], como não falar de ti? Como calar, se tua voz arde em meu peito? Tenho que andar, tenho que lutar, ai de mim se não o faço. Como escapar de ti, como calar, se tua voz arde em meu peito?

Devemos tomar consciência desta verdade: a minha vocação é a de ser *pescador de homens!*

É preciso salvar a todo custo a nossa alma viajeira, pescadora. O barco parado no porto envelhece, enferruja... É preciso fazer-se ao largo...

Sim, parece que o Papa nos volta a exortar: *Duc in Altum!* Guie mar a dentro! Leve a barca da sua vida para o alto-mar! O alto-mar o espera. Que faz aí parado? Reavive a sua fé! Mexa com os seus brios! Não fique na praia esperando, esperando! Pescam-se os peixes com iniciativas, com decisão e risco... É preciso decidir-se. Não fique atolado em águas rasas. O alto-mar o chama. Não inveje a posição apática dos peixeiros que ficam na praia contemplado o mar e não atuam. Confie no Senhor e lance suas redes no mar da sua vida[4].

Duc in Altum! Volta-nos a repetir o Senhor. Eu estou com você. Se lança a rede em meu nome (cf. Lc 5, 4), como Pedro, a pesca será também transbordante, extraordinária.

---

4   Cf. Rafael Llano Cifuentes. *A Força da Juventude.* Editora Vozes, Petrópolis, 1999, p 85-88.

É o milagre da pesca milagrosa. Quando se lança a rede, *em nome do Senhor,* confiando no seu poder, as possibilidades se multiplicam: *porque Ele pode tudo.*

Foi isso o que fizeram os apóstolos depois de Pentecostes: confiando plenamente no Senhor, espalharam pelo mundo todo o fogo do Espírito Santo que levavam em seus corações. E a barca de Pedro ficou repleta de peixes até as bordas... Foi o início de uma Igreja que continua estendendo-se e dilatando-se pelos cinco continentes ao longo de vinte séculos...

O Documento de Aparecida é um veemente apelo a essa ação missionária para que venha a superar qualquer atitude acomodada, qualquer "pastoral de manutenção": não resistiria aos embates do tempo uma fé católica reduzida a uma bagagem, a um elenco de algumas normas e de proibições, a práticas de devoção fragmentadas, a adesões seletivas e parciais das verdades da fé, a uma participação ocasional em alguns sacramentos, à repetição de princípios doutrinais, a moralismos brandos ou crispados que não convertem a vida dos batizados. Nossa maior ameaça "é o medíocre pragmatismo da vida cotidiana da Igreja, no qual, aparentemente, tudo procede com normalidade, mas na verdade a fé vai desgastando-se e degenerando em mesquinhez"[5]. A todos nos toca recomeçar a partir de Cristo, reconhecendo que "não se começa a ser cristão por uma decisão ética ou uma grande ideia, mas pelo encontro com um acontecimento, com uma

---

5 Joseph Ratzinger. *Situação atual da fé e da teologia.* Conferência pronunciada no Encontro de Presidentes de Comissões Episcopais da América Latina para a doutrina da fé, celebrado em Guadalajara, México, 1996. Publicado em *L'Osservatore Romano,* em 1º de novembro de 1996.

Pessoa, que dá um novo horizonte à vida e, com isso, uma orientação decisiva"[6].

Não poderiam ser mais significativas as expressões utilizadas no texto citado: o nosso trabalho não depende tanto de grandes programas e estruturas, mas de homens e mulheres novos que encaram a tradição e a unidade das exigências missionárias da nossa Igreja latino-americana como missionários protagonistas de uma nova vida para os nossos povos.

É frágil e inconsistente uma fé reduzida a uma simples bagagem — que está em nós como um depósito inerte —, a algumas normas, proibições e devoções rotineiras, a participações esporádicas em alguns sacramentos, a repetições de princípios moralistas costumeiros, sem vitalidade: nossa maior ameaça é a mediocridade — uma mediocridade pragmática — da vida cotidiana da Igreja que vai deslizando imperceptivelmente para uma desgastante mesquinharia.

Expressões tocantes que têm de ser como um enérgico estimulante para superar qualquer manifestação de desleixo ou acomodação.

Não podemos afrouxar no empenho! Não podemos esquecer que, na América Latina e no Caribe, nos encontramos diante do desafio de revitalizar nosso modo de ser católico, para que a fé cristã se enraíze mais profundamente no coração das pessoas e dos povos latino-americanos. Isso requer, a partir de nossa identidade católica, *uma evangelização muito mais missionária*. Do contrário, "o rico tesouro do Continente Americano... seu patrimônio mais valioso: a fé no Deus de amor..."[7]

---

6 DCE 1 (*Deus caritas est*).
7 Bento XVI, Homilia na Eucaristia de inauguração da V Conferência Geral do Episcopado Latino-americano, 13 de maio de 2007, Aparecida, Brasil.

corre o risco de seguir desgastando-se e diluindo-se de maneira crescente em diversos setores da população. Parece que Deus, nas atuais circunstâncias conflituosas da América Latina, pergunta-nos: *Quem mitam?:* "A quem enviarei?" (cf. Is 6, 8). E nós devemos responder com firmeza: *Ecce ego quia vocaste me*: "aqui estou porque me chamaste" (cf. 1 Sm 3, 6). Conte comigo!

Consciência social e opção preferencial pelos pobres

O sacerdote não pode estar alheio aos problemas sociais da sua gente e do seu país. Como homem e como pastor, há de ter sensibilidade para captar e revelar, com espírito profético, as reivindicações do seu povo, especialmente as dos mais pobres e injustiçados.

Essa profunda consciência social há de desenvolver uma ação pastoral efetiva e atuante, evitando, contudo, qualquer tendência partidarista. O "partido", por definição, é "parte" e o catolicismo, também por definição, é "universal" (é isso o que precisamente significa "católico"). As soluções políticas e técnicas para os problemas políticos devem ser deixadas à livre opção dos leigos. Em decorrência, o posicionamento do padre, em favor de um partido ou de outro, de um candidato ou de outro, divide a comunidade e, frequentemente, suscita críticas.

O presbítero, como tal, não é de direita ou de esquerda, nem de centro: é do alto, das orientações sociais da Igreja que se mantém num nível superior: o nível da ética e da moral, que fazem parte da virtude da justiça. Evidentemente, o padre, como cidadão, poderá fazer a sua pessoal opção partidária, de acordo com a sua consciência retamente formada. Ele também é responsável individualmente pelos destinos políticos da sua pátria.

Nessa linha de atuação há de se evitar sempre qualquer tipo de *clericalismo*, tanto *ad intra* — não dando aos leigos o espaço a que têm direito ou que lhes corresponde no âmbito paroquial ou pastoral — como *ad extra* — interferindo de alguma maneira na liberdade que todo fiel tem no campo familiar, social, profissional e político.

O leigo não poderá ser um simples instrumento nas mãos do clérigo — um prolongamento da sua ação — para influenciar a sociedade. O leigo pode ser orientado, respeitando-se a sua liberdade, mas deve gozar de plena autonomia.

Não nos esqueçamos de que a tendência para exercer o poder, o domínio, a influência sobre as pessoas e as instituições é uma inclinação muito forte do ser humano, da qual não está livre o presbítero. Seria penoso e descabido descobrir em alguma das nossas atitudes uma espécie de "clerocracia" ou "teocracia" medieval incrustada em pleno século XXI.

Dentro desta consciência social, deve ser ressaltada a tantas vezes mencionada *opção preferencial pelos pobres*.

Essa *opção preferencial pelos pobres* — sem exclusões redutivas — não pode ser um "chavão" pastoral. Os pobres são os preferidos do Senhor. E também devem representar a nossa opção preferencial, não apenas nos sentimentos e nas expressões aparentes, mas na realidade pastoral vivida com verdadeira abnegação.

É necessário, porém, fazer um esclarecimento: pode haver padres que se acheguem mais aos pobres porque não têm coragem para aproximar-se dos poderosos. Às vezes podem pensar que não têm preparo intelectual ou social para conviver com as chamadas "elites". De fato, é mais difícil tratar pessoas de um nível social e intelectual superior a nós. Mas isso não nos deve fazer recuar. Devemos ter a profunda convicção de que nós somos portadores do segredo da felicidade necessária a todo ser humano. Nós devemos possuir a firme consciência de que a mensagem religiosa que temos para comunicar está muito acima de meras coordenadas culturais ou convencionalismos sociais: podemos transmitir-lhes o sentido para viver, para sofrer, para morrer, para alcançar a felicidade eterna... E este é um valor que está muito para cima de qualquer consideração humana, de qualquer posição social ou intelectual. A fé e o amor de Deus, profundamente vividos, superam qualquer timidez temperamental, "complexo de zé-ninguém", inibição motivada pela condição social, intelectual ou racial... Pensemos num Pedro, rude pescador da Galileia, num Cura d'Ars, ignorante pároco de uma aldeia perdida...

Feito esse esclarecimento, devemos ter gravada no coração essa preferência pelos mais carentes e necessitados. Em todos nós tem de existir intimamente o espírito de uma Teresa de Calcutá, de um São Francisco de Assis...

Esta disponibilidade, este espírito de serviço que nos leva a uma *opção preferencial pelos pobres*, há de superar sobejamente esta outra tão comum e ridícula *opção preferencial por nós mesmos*. Temos uma tendência inata, fruto do pecado original, para considerar-nos o centro do mundo, de fazer girar as coisas em torno dos nossos próprios interesses: pensamos *preferencialmente em nós* e não nos outros. Para deslocar o centro de gravitação das nossas *preferências* para o centro onde proliferam a dor, a carência e a miséria — como são as favelas e os hospitais —, é necessário empenhar-se, lutar dura e continuamente.

A nossa tendência de achegar-nos aos que nos podem favorecer social e economicamente, a ambição para subir, para nos tornar famosos, para progredir na própria "carreira" — reconheçamo-lo ou não — está presente em todo ser humano e também no presbítero. É preciso esforçar-se para superar qualquer manifestação de "carreirismo" eclesiástico, que gera espírito de competição, disputas, invejas, ciúmes, críticas e, algumas vezes, falta de justiça e de caridade para com os nossos irmãos sacerdotes. E uma boa escola para exercitar-nos nesse sentido é trabalhar decididamente a favor daqueles que não podem causar-nos nenhum benefício pessoal.

É uma condição indispensável para sermos autênticos presbíteros desmantelar essa estrutura de orgulho e egocentrismo, a fim de concentrar as nossas opções preferenciais naqueles que nos rodeiam, especialmente os mais pobres entre os pobres, encarnando efetivamente uma qualidade característica do verdadeiro Pontífice: ser "o servo dos servos de Deus".

Senso crítico

O presbítero deverá incentivar um incisivo e positivo *senso crítico* para julgar a sociedade onde está inserido, sem se deixar envolver, principalmente, por dois fenômenos característicos de nossa época: o *consumismo* e o *hedonismo*.

Observamos que até os bons católicos estão de tal forma contagiados pelo *consumismo* que sentem inveja daqueles que possuem um *status* social mais elevado, maiores bens e recursos; valorizam as pessoas pelo nível econômico em que se encontram; gastam mais do que podem e criam artificialmente necessidades que são em realidade dispensáveis: carro de luxo, *notebook* de última geração, celular sofisticado, vídeo, DVD, aparelho de som de qualidade excepcional... Utilizam cartões de crédito e cheques especiais, criando estados de insegurança econômica que põem em perigo a estabilidade familiar.

Não podemos pensar, caros irmãos, que nós nos encontraríamos longe desse perigo. Nas visitas pastorais que tenho realizado — por quase uma centena de paróquias —, pude observar como essa tendência também atinge a nós... Ponderemos se o nosso carro, a nossa geladeira repleta, os nossos aparelhos de TV ou de som correspondem ao perfil de um padre que quer imitar a pobreza de Jesus Cristo: incentivarão as nossas opções consumistas a generosidade dos nossos paroquianos para contribuir na reforma de uma capela ou na construção de um novo seminário? O presbítero, neste mundo de materialismo prático, tem de ser referencial de sobriedade e austeridade exemplares.

O *hedonismo* e uma onda de sensualidade invadem todos os setores do nosso mundo: o comportamento social, os costumes, os meios de comunicação social — a TV, os vídeos e a *internet* —, as leis, que desconsideram a dignidade e os direitos da vida humana, as modas despudoradas, os reclames comerciais, as expressões artísticas e até as campanhas oficiais para impedir a difusão das doenças sexualmente transmissíveis... Essa onda toda faz perder a conceituação nobre da sexualidade humana, a relevância do amor como doação mútua e fonte da vida, a significação libertadora da castidade vivida de acordo com o próprio estado, o papel altamente positivo da fidelidade conjugal e tantos outros valores humanos e cristãos.

Nós, padres, devemos dar exemplo, ir à frente das nossas ovelhas, procurar para elas pastagens sadias e águas limpas.

Continuamente se está falando da poluição da natureza, dos mares, dos rios, das praias. Entendemos muito bem as críticas que martelarmente estão fazendo os movimentos ecológicos, mas nós devemos ter a sensibilidade para captar também outro tipo de contaminação: a contaminação dos ambientes sociais, dos meios de comunicação e dos programas de lazer e diversão, empenhando-nos em oferecer, no nosso meio, outras opções mais humanas e mais cristãs que sejam verdadeiros remansos de águas limpas.

É preciso fomentar a criatividade para recomendar programas que difundam valores cristãos: a divulgação e promoção de filmes e espetáculos feitos por meio dos nossos jornais e boletins paroquiais ou diocesanos, a formação de círculos familiares que ponham à disposição uma coleção variada e numerosa de vídeos que possam ser vistos no lar, a iniciativa de incentivar o envio de mensagens aos meios de comunicação social ou aos promotores comerciais louvando os bons programas e criticando os perversos e tantos outros projetos que podem ser suscitados nos encontros do presbitério, nos conselhos das paróquias etc.

Devemos, porém, começar por nós mesmos: escolhendo devidamente os nossos programas de televisão, de descanso e de diversão; selecionando nossas amizades, o tema das nossas conversas e das nossas leituras; mantendo longe o terreno pantanoso de determinados *sites* da *internet*...

Cada um de nós deve examinar-se a si próprio nesse campo: "Que cada um saiba guardar o seu próprio corpo santamente e com pudor sem se deixar dominar pela concupiscência, como os gentios, que não conhecem a Deus, porque Deus não nos chamou a impureza, mas a santidade" (l Ts 4, 3-7).

Depois, devemos partir para uma ação decidida, através de um apostolado capilar que chegue até a última família da nossa paróquia ou cidade. Já há quem tenha dito que *Hollywood* criou um mundo materialista e sensual, que está influenciando de uma maneira global a nossa própria cultura. Não podemos ficar passivos diante de uma realidade como essa. Deveríamos fazer algo. Poderíamos até perguntar-nos a nós mesmos: dentro das nossas possibilidades não poderíamos, de alguma maneira, reinventar outros pequenos *hollywood* — entenda-se: modestos centros de lazer, mas atrativos, ainda que sejam no nível paroquial — que criem o clima familiar, límpido e digno, próprio dos valores cristãos. Queridos irmãos, não é admissível ficarmos inertes, apáticos, limitando-nos ao papel de simples espectadores ou lamentando-nos da situação reinante. Como já sugerimos, poderemos facilitar ideias no Conselho Paroquial, trocar impressões com os padres da nossa região ou forania ou tentar pôr em prática algumas iniciativas realizadas em outras dioceses.

Autenticidade e espírito de serviço

Há uma qualidade que hoje mais do que nunca se exige do presbítero: *a autenticidade*. Ciência pouca ou muita, mas autêntica; disponibilidade, generosa ou acanhada, mas real e sacrificada...
No mundo descontraído e simples que nos rodeia, a pomposidade, o formalismo, a burocracia, as atitudes protocolares, as meias-verdades num presbítero são detestáveis.

O *homem reto,* o *homem coerente* — muito mais se elevado à dignidade do sacerdócio —, está feito de uma peça só: é sólido, maciço. A sinceridade leva-o a olhar a verdade de frente, sem fugir do confronto com ela; a evitar qualquer teatralidade, fingimento ou mudança de opinião por motivos interesseiros; a viver o compromisso e a coragem pessoal sem diluir as suas responsabilidades na massa, sem buscar o amparo e o refúgio na mediocridade coletiva; a afastar-se de qualquer tentativa que conduza à justificação dos seus erros com desculpas ou falsas teorias; a chamar as coisas pelo nome, distanciando-se das ironias e das frases de duplo sentido.

O sacerdote é um *outro Cristo.* Sem perceber colocamos diante da nossa atenção a admirável figura do Senhor. Tudo nele era *sim, sim* e *não, não.* Quando ele dizia "Eu sou", "Eu não sou", todos ficavam persuadidos pela verdade dessa afirmação. Porque não era a boca que falava; o que falava era a vida, uma vida que ficava comprometida pela sua palavra.

Quando o tribunal que o julga lhe pergunta: "Tu és o Filho de Deus?" e Ele responde: "Vós o dizeis; eu o sou" (Lc 22, 70), sabia que estava selando, com essas palavras, a sua sentença de morte. A verdade custou-lhe a vida. Cumprir com o seu dever custou-lhe a vida. Isto é verdadeira autenticidade.

O sacerdote — *outro Cristo* — não pode assumir atitude diferente.

Que maravilhosa sensação se experimenta quando, ao darmos a mão a um homem, encontramos por trás dela esse coração nobre, essa atitude leal, essa fidelidade indiscutida! Que tranquilidade sentimos quando, depois de um compromisso assumido, verificamos que se cumpre pontual e eficazmente.

Essa sinceridade vital que transmite segurança e credibilidade, que arrasta tudo o que nos conduz à realização da nossa plenitude, poderíamos denominá-la *transparência* — é o que o povo russo, antes da queda do comunismo, exigia: *glasnost*, transparência. É o que também o nosso povo exige principalmente de um presbítero.

Confere: o sacerdote, *é ele, é sacerdote* quando está sozinho e quando está acompanhado. *É ele, é sacerdote* quando trabalha e quando descansa. *É ele, é sacerdote* quando reza e quando canta. *É ele* quando está rodeado da comunidade e quando está de férias. *É ele* quando fala e quando cala. *É ele* quando ri e se diverte e quando chora. Confere. *É sempre ele.*

Caríssimos irmãos do presbitério de qualquer diocese, amemos a autenticidade, a transparência, a simplicidade. Essas virtudes são um verdadeiro polo de atração, a nossa melhor "metodologia" pastoral. Essa atrativa qualidade que dimanava por todos os poros da figura de Jesus suscita confiabilidade.

Essa autenticidade, essa transparência, essa simplicidade, há de levar-nos a viver um *espírito de serviço real e sacrificado*. Hoje as atitudes "humildes", "despojadas", "simples" são, com frequência, recursos fingidos para conseguir popularidade. Não sejamos demagógicos! Dizemos que, assumindo determinadas atitudes, nos aproximamos do povo e, por essa razão fora de todo bom senso, adotamos posturas pouco condizentes com o nosso sacerdócio: frequentamos ambientes frívolos e superficiais; utilizamos uma linguagem "popular" que melhor se poderia tachar de "vulgar"; fazemos uso de roupas que talvez estejam naquele momento na moda, mas que não condizem com a dignidade, com o aprumo ou com a seriedade de qualquer detentor de uma autoridade pública, política, judicial, acadêmica ou religiosa...

Não sejamos fingidos... Se queremos ser "populistas", se queremos aproximarmo-nos do povo, devemos, principalmente, participar das suas carências, compartilhar as suas dores e angústias, entrar nos barracos, subir os morros, superar o medo das balas perdidas, percorrer becos e favelas, visitar os doentes, passar madrugadas confessando, chorar com os que choram, sofrer com os que sofrem... Enfim, servir, servir como os outros querem ser servidos, de modo sacrificado, real, efetivo, sofrendo na própria carne as mazelas do nosso querido povo. Gastando-nos e desgastando-nos, como diz São Paulo, ainda que, muitas vezes, essa nossa abnegação não apareça ou não seja valorizada.

A autenticidade, unida ao espírito verdadeiro de serviço, termina conquistando, arrastando... A nossa gente vê que nós somos realmente para eles — de cima a baixo, sem tapumes e artifícios — um irmão que ama, um pai que se sacrifica e se entrega efetivamente.

Coração universal

O presbítero há de ter um coração universal. É pai de uma grande família em que existem velhos, jovens e crianças; homens e mulheres; pobres e ricos; sábios e ignorantes; os mais variados temperamentos e graus de formação; pessoas que pertencem a diversos movimentos, entidades católicas de diferentes orientações, profissionais de vários níveis e especialidades... Como pai, deve compreender, animar e incentivar todos. Não pode ser *monovalente*. Não pode encaminhar habitualmente as suas prioridades numa única direção, porque desse modo não consegue atender e promover as distintas situações sociais e laborais, mentalidades, aptidões, tendências e os carismas que existem numa paróquia.

Devemos acrescentar ainda algo extraordinariamente relevante. A característica universal do coração do presbítero adquire dimensões grandiosas quando a colocamos no contexto da Igreja como um todo — Corpo Místico de Cristo do qual é a cabeça.

Os diferentes membros de um organismo contribuem para a saúde de todo o corpo e dependem absolutamente da vida e da saúde desse mesmo corpo. Utilizando uma comparação já usada por São Paulo, seria inconcebível se as mãos dissessem que não precisam dos olhos e os olhos julgassem que não dependiam das mãos: como as mãos vão enxergar o que querem pegar? Como os olhos podem segurar aquilo que desejam possuir?

O pároco e a sua comunidade não são partes separadas, "feudos" independentes; estão organicamente enxertados no Corpo Místico de Cristo, a sua Igreja que os irriga com o seu sangue, com a sua graça. Cada comunidade é como uma célula desse grande Corpo Místico. Vive para ele e depende dele. Nesse sentido profundo, também o presbítero deve ter o coração universal: há de viver não apenas para a sua comunidade, mas para a Igreja do mundo inteiro.

Reparemos num outro símile: o trabalho harmônico dos componentes de uma orquestra. Tive a oportunidade de apreciar, faz pouco, o magnífico desempenho da orquestra sinfônica de Lucerna, na Suíça, integrada pelos melhores músicos de cada especialidade e o melhor orfeão do mundo, para realizar um grande festival musical. Interpretavam, sob a batuta de Cláudio Abbado, também o mais destacado diretor de orquestra do mundo musical, a *Simphony n. 2 — Resurrection —* do compositor alemão Mahler. Parecia que o maestro, com os seus gestos de notável expressividade, ia tocando cada um dos instrumentos daquela orquestra, comunicando-lhes a vibração dele próprio. Tive a impressão de que fluía de cada um dos violinos, dos arpégios, a cadência musical como uma prolongação da batuta do maestro.

Cada músico, concentrado ao máximo no seu desempenho — o esforço se observava na precisão dos movimentos, na contração dos rostos, na contemplação estática da melodia... —, demonstrava um sentido de responsabilidade que despertava viva admiração. Cumpriam com o seu dever transmitindo uma extraordinária qualidade artística à execução da sinfonia de Mahler. Sabiam que de todos e de cada um deles dependia a inigualável modulação do conjunto.

O resultado final foi uma perfeição exímia. No término, a plateia, em peso, levantou-se para brindar uma salva maciça de aplausos, significativamente sonora e prolongada. Estava-se elogiando, na realidade, a própria dignidade humana enaltecida naquela hora a uma altura eminente por uma interpretação musical inigualável.

Naquele momento, pensei: assim deveria ser a Igreja, uma sinfonia composta por Jesus Cristo, regida pelo Papa e pelos bispos, expressa pelas orientações doutrinais do Magistério Eclesiástico e executada por cada um de nós com a máxima precisão, responsabilidade e exatidão, para conseguir um resultado harmônico que viesse a ter a grandiosidade do divino e do perfeito.

Assim como numa orquestra, como a de Lucerna, não se poderia conceber uma nota propositadamente desafinada. Da mesma maneira, não seria cabível que na Igreja coubesse uma falta de sintonia consciente e acintosa.

Nós devemos ter o coração universal, com uma visão de conjunto e uma responsabilidade solidária.

Às vezes ouço que um padre comenta: "Que tenho eu a ver com o óbolo de São Pedro, com a contribuição à Mitra, com a Jornada Mundial da Juventude, com o Congresso Eucarístico Nacional, com a reforma ou a construção do Seminário? Eu cuido da minha paróquia e isso já exige por demais de mim".

Esse desinteresse pelas coisas gerais, essa apatia pelo que não nos diz pessoalmente respeito, gera a figura do *burocrata eclesiástico*: interpreta a partitura de forma protocolar, acomodada, prejudicando a excelência do concerto. Não foi isso que observei nos músicos de Lucerne.

Nossa sintonia com a cabeça e os outros membros do Corpo Místico é algo indispensável, básico, primordial.

Se aquela orquestra magistral, fazendo apenas uma obra humana, exigia de si a perfeição, nós, então, deveríamos conseguir esse apurado acabamento, sabendo que estamos realizando não uma obra humana, mas uma obra divina, da qual depende a salvação do mundo e que tem como compositor e maestro o próprio Deus encarnado. Não temos o *direito* de desafinar esse extraordinário concerto eclesial que abrange os cinco continentes. Não temos o *direito* de desviar as orientações do Magistério Eclesiástico para acomodá-las à nossa maneira de ver, particular, na organização das pastorais, no ensinamento da doutrina católica, no modo de desenvolver a liturgia. Correlativamente os fiéis têm o *direito* de que nós nos comportemos de acordo com o papel que nos corresponde no concerto da Igreja. Eles têm o *direito* de que ocupemos o lugar que nos corresponde na hierarquia, evitando qualquer tipo de separação — uma espécie de nota desafinada — ou evitando que por nossa causa a nossa comunidade não esteja em plena comunhão com o Romano Pontífice. Os fiéis têm o *direito* de ter o sangue arterial fluindo livremente nas veias, na parcela do povo de Deus a que pertencem, evitando que se converta numa zona necrosada do Corpo Místico de Cristo. "Os fiéis têm *direito*" — exemplifica a Instrução *Redentoris Sacramentum* — "que a autoridade eclesiástica regule plena e eficazmente a sagrada liturgia, de tal modo que ela jamais se pareça com uma 'propriedade particular de alguém'" (n. 18).

Nada do que nós pastoreamos nos pertence como *propriedade particular*. Todos estamos a serviço do Reino, não do "feudo particular". Faltaria visão universal se viéssemos a fomentar um comportamento paroquial, uma programação pastoral ou litúrgica tão *particular*, tão *personalista*, que viesse a prejudicar a saúde de todo o Corpo e, em concreto, da nossa comunidade.

Sim, reiteramos, devemos ter o coração aberto, feito às dimensões da Igreja. Deveríamos sentir alergia diante de qualquer mentalidade estreita "bairrista", "provinciana". Essa mentalidade surgirá se não soubermos subordinar o paroquial ao diocesano e o diocesano ao governo universal da Igreja. Isso se daria se programássemos, por exemplo, uma atividade paroquial que entrasse em conflito com a diocesana (pense-se na procissão de *Corpus Christi*, organizada na paróquia quando foi solicitada a confluência numa única procissão diocesana) ou se a diocese organizasse uma atividade que prejudique a participação em um evento nacional (Congresso Eucarístico Nacional, por exemplo).

Desejaríamos apresentar muitas facetas desse importante capítulo, mas, na impossibilidade de abordar tantas situações e modalidades diferentes, vamos referir-nos apenas a um exemplo que revela falta de abertura e compreensão universal das necessidades da Igreja: trata-se da polarização unilateral em torno de determinadas linhas — a social, a carismática —, o que empobrece a universalidade da Igreja. É o caso do padre que dá uma orientação exclusivamente carismática à sua atuação e aquele que segue uma orientação desproporcionalmente social.

As celebrações do primeiro são vibrantes; as suas homilias — sem que falte um embasamento evangélico e doutrinal — procuram o lado emocional mais do que o intelectual, visando mover os sentimentos dentro de um fervoroso clima espiritual. A ação do segundo norteia-se predominantemente em direção aos problemas de índole social e política: a análise das conjunturas, a denúncia de injustiças sociais e das clamorosas diferenças de classe etc. A este não lhe falta também uma fundamentação espiritual e sacramental. A diretriz, contudo, é eminentemente social.

Há de se compreender que existem muitas nuances e facetas entre esses extremos. Mas temos necessidade de simplificar para ressaltar que esta polarização é extremamente empobrecedora. Um presbítero não pode ser única e exclusivamente um *padre carismático*, obrigando a todos os fiéis a essa forma concreta de manifestação religiosa. Isso não é justo. "Na casa de meu pai" — diz o Senhor — "há muitas moradas" (Jo 14, 2). Nela cabem, ao lado dos carismáticos, os vicentinos, os agentes da Cáritas, os que trabalham na pastoral da terra, na pastoral social, da criança e do menor etc., aos quais é necessário prestar igualmente a máxima atenção.

O mesmo poderíamos dizer do presbítero que se orienta num sentido eminentemente social. Deve acolher, também, os movimentos que tendem mais à vida Eucarística e à devoção ao Sagrado Coração (por exemplo, o Apostolado da Oração) e a Nossa Senhora (por exemplo, a Congregação Mariana, as Filhas de Maria etc.), o Movimento Eucarístico Jovem, a Renovação Carismática etc. Não podem impor uma orientação preponderantemente sociopolítica, muito menos se esta é partidarista.

Já ouvi alguns padres dizerem: "Não aceito na minha paróquia a Renovação Carismática". Os motivos alegados são de diferente índole: não se sujeitam ao projeto pastoral da paróquia; fazem programações paralelas; têm uma forma ruidosa, perturbadora e esquisita de manifestar-se etc. A esses sacerdotes caberia dizer que este é um movimento aprovado pela Igreja; que em não poucos lugares aproximaram muitas pessoas afastadas da Igreja; que têm suscitado muitas vocações para a vida sacerdotal e religiosa; que já implantaram inúmeros grupos de oração extremamente fervorosos; que têm atraído não poucos jovens desinteressados e apáticos... Não se lhes pode negar o direito de existir e desenvolver--se. Se há desordens ou desobediências, é preciso fazer as oportunas advertências e restrições, mas não impedir a sua existência: a árvore frondosa que cresce desordenadamente não se arranca, mas se poda.

Apresentamos apenas esses dois exemplos esquematicamente simplificados. Poderíamos multiplicá-los. Mas o importante é entender que o verdadeiro presbítero não pode ter o coração limitado, *monovalente*; tem de ser universal, católico, *polivalente*: abrir-se para os sábios e para os ignorantes, para os pobres e para os ricos, para atividades eminentemente espirituais e para as ações que venham a denunciar e diminuir as clamorosas e injustas diferenças sociais infelizmente existentes.

Temos de pedir a Deus que nos outorgue um *coração universal*, dilatado pelo amor, como o de Jesus Cristo.

Pastorais prioritárias

Em primeiro lugar, vale sublinhar o valor e o mérito que possuem as pastorais e os movimentos no âmbito da pastoral de conjunto de uma paróquia e de uma diocese. A sua diversidade e peculiaridade possibilitam que os fiéis possam engajar-se naquela que corresponde melhor às suas inclinações pessoais e aos seus "carismas".

Daí o respeito que devemos ter com cada uma dessas pastorais e a importância de esforçarmo-nos para que haja a interligação necessária para integrar uma autêntica Pastoral de Conjunto.

Na nossa ação pastoral temos de saber concentrar a nossa atenção em algumas pastorais que julgamos mais importantes. Há, nesse sentido, uma grande liberdade de opção. Todavia, peço que me permitam sugerir uma série de prioridades de acordo com algumas colocações do Magistério Pontifício e de minha experiência pessoal. A ordem que se seguirá não guarda um critério de importância, mas, em certa forma, de sequência lógica em termos pastorais.

Catequese

A *catequese* é fundamental. Daí parte tudo. Temos de começar desde muito cedo a preocupar-nos com a formação das crianças. A *pré-catequese* representa uma base importante para a *catequese da primeira Eucaristia*. Não podemos contentar-nos com um número reduzido. Como já disse, em alguma visita pastoral, diante da satisfação do pároco e das catequistas ao contar com um número superior a 300 crianças, questionei se não haveria pelo menos 2 mil crianças no território da paróquia, com possibilidades de receber esse ensino fundamental. Concordaram, mas alegaram falta de espaço e de professores. Neste caso, é válido um princípio que nem sempre é verdadeiro ou aplicável indistintamente: *a função cria órgão*. As necessidades e os problemas suscitados por um número crescido de catequizandos têm de aumentar a nossa criatividade, para multiplicar as salas de aulas e o número dos catequistas e das catequistas. O "problema" fomenta o crescimento e a ampliação da capacidade pastoral. O que não podemos fazer é acomodarmo-nos, contentarmo-nos com o que estamos fazendo, justificando-nos por termos obtido uma média razoável. São Bernardo costumava repetir: "Não se pode chamar bom àquele que não está disposto a ser melhor".

Pastoral familiar

A família é a base de toda comunidade, a célula fundamental da sociedade. O que a família não faz é difícil que o complete outra instância, outra instituição, inclusive a paróquia. Os homens nascem e morrem numa família; crescem cultural e espiritualmente ou se deterioram numa família. A família é a fonte emergente de todos os valores.

João Paulo II disse aos Bispos do Brasil umas palavras que muito bem podem aplicar-se aos párocos de cada comunidade: "Em cada diocese — vasta ou pequena, rica ou pobre, dotada ou não de clero — o Bispo estará agindo com sabedoria pastoral, estará fazendo investimento altamente compensador, estará construindo, em médio prazo, a sua Igreja particular, à medida que der o máximo apoio a uma Pastoral Familiar efetiva"[8]. Deveríamos gravar essas palavras do Papa. Traduzindo-as e imprimindo-as na memória, talvez estejamos agindo com uma maior ou menor *sabedoria pastoral*, fazendo um melhor ou pior *investimento* do nosso tempo, como pastores, à medida que dermos o *máximo apoio* à Pastoral Familiar efetiva de uma paróquia.

---

8   São João Paulo II. *Diretrizes aos Bispos do Brasil*. Editora Loyola, São Paulo.

Diríamos que a organização da Pastoral Familiar — no nível paroquial — *não é uma opção, é uma obrigação.* A formação de crianças, adolescentes e jovens depende em grande parte da orientação que recebem nas famílias. Pouco ajudam os encontros de preparação para a vida matrimonial, os "cursos de noivos", se estes não aprendem na família os valores humanos e cristãos do matrimônio. Cada família é como a sementeira — o seminário — de novos cristãos. A verdadeira e mais profunda catequese é a que faz a família.

Desta ideia procede "a prioridade e centralidade da Pastoral Familiar", à qual faz referência o documento de Santo Domingo (n. 222).

O pároco não pode ficar tranquilo enquanto não iniciar, na sua paróquia, a Pastoral Familiar propriamente dita, que não se confunde com os diferentes movimentos e serviços familiares (Encontro de Casais com Cristo — ECC; Equipes de Nossa Senhora — ENS; Movimento Familiar Cristão — MFC; Encontro do Diálogo — ED etc.). A Pastoral Familiar é como um grande guarda-chuva que protege e orienta todos esses movimentos e entidades.

Para estabelecer os fundamentos da Pastoral Familiar é muito útil servir-se do "Guia de Implantação da Pastoral Familiar na paróquia", elaborado pela Comissão Nacional da Pastoral Familiar[9], e igualmente do "Guia de orientação para Casos Especiais"[10], da mesma Pastoral.

---

9   Secretaria Executiva Nacional da Pastoral Familiar — SECREN, 5ª ed., Brasília, DF, 2002.

10 Comissão Nacional da Pastoral Familiar da CNBB, 1ª ed., Brasília-DF, 2004.

Pastoral da Juventude e Pastoral Universitária

A Pastoral da Juventude, que compreende a Pastoral Universitária, é de capital importância.

Uma paróquia que não dê uma especial atenção à juventude pode vir a sofrer algumas das características da caduquice. A juventude traz consigo um novo sangue, um novo brilho e entusiasmo.

A atenção prioritária e específica que devemos dar à Pastoral da Juventude deve-se também ao fato de ser um trabalho que, pela sua própria índole — compreende uma faixa etária limitada —, é *de per si* flutuante. Por outro lado — nós mesmos experimentamos isso no nosso caso pessoal —, a juventude facilmente se entusiasma e também facilmente se desanima.

Os jovens comunicam à paróquia a vibração própria da sua índole peculiar. É necessário envidar esforços para a formação de grupos que integrem essa pastoral. O pároco tem de incentivar os jovens nesse sentido, abrir espaço para eles e dar-lhes a autonomia de que precisam.

A formação integral da personalidade de jovens e adolescentes reclama, especialmente nesta época tão conturbada, uma educação sexual e afetiva e uma orientação vocacional criteriosas. Igualmente, nos termos dessa formação integral, deve-se procurar despertar nos jovens uma *consciência social* aberta aos problemas do país e orientada pela *Doutrina Social da Igreja*. Nesse contexto, há de cuidar-se que a Pastoral da Juventude não venha a ter uma tendência político-partidarista.

Pastoral Vocacional

Cada Igreja particular alimenta-se das vocações sacerdotais. O crescimento da população brasileira, a expansão da evangelização e a proliferação das diferentes denominações cristãs exigem, sem demoras, a implantação de novas capelas e de novas paróquias e uma evangelização capilar que chegue à última rua do último bairro. E o número de presbíteros que se ordena cada ano — levando em consideração o conjunto das dioceses do Brasil como um todo — é absolutamente insuficiente.

Cada pároco deve ter, nesse sentido, uma acentuada responsabilidade. É muito triste que uma comunidade não consiga, no decorrer dos anos, algumas vocações sacerdotais. Algo errado está acontecendo com essa comunidade e com o seu pároco.

O bispo sabe que pode contar, em primeiro lugar, com a colaboração do seu presbitério. Todo ele é solidário e coesponsável na procura e promoção das vocações sacerdotais. De fato, como afirma o Concílio, "cabe aos sacerdotes, como educadores da fé, cuidar por si ou por meio de outros para que cada fiel seja levado, no Espírito Santo, a cultivar a própria Vocação"[11]. É esta "uma função que faz parte da própria missão sacerdotal, em virtude da qual o presbítero é feito participante da solicitude de toda a Igreja, para que jamais faltem, na Terra, operários para o Povo de Deus"[12]. "A própria vida dos padres, a sua dedicação incondicional ao rebanho de Deus, o seu testemunho de amoroso serviço ao Senhor

---
11 Decreto sobre o Ministério e a Vida dos Sacerdotes, *Presbyterorum Ordinis*, n. 6.
12 *Ibid.*, n. 11.

e à sua Igreja — testemunho assinalado pela opção da cruz acolhida na esperança e na alegria pascal —, a sua concórdia fraterna e o seu zelo pela evangelização do mundo são o primeiro e mais persuasivo fator de fecundidade vocacional[13]."

A maior alegria de um padre é ganhar para o Senhor uma vocação sacerdotal. E a maior tristeza deveria decorrer dessa esterilidade espiritual que não soube dar à Igreja um filho sacerdote.

É clara nesse sentido a *Carta do Santo Padre João Paulo II aos Sacerdotes por ocasião da Quinta-Feira Santa de 2005*, a última que nos enviou e, talvez, a derradeira mensagem que o seu zelo pastoral deixou à sua Igreja:

> No contexto da nova Evangelização, as pessoas têm direito de dirigir-se aos sacerdotes com a esperança de "ver" a Cristo neles (cf. Jo 12, 21). Sentem necessidade disso particularmente os jovens, que Cristo continua a chamar a si para fazer deles seus amigos e propor a alguns a doação total à causa do Reino. Não hão de certamente faltar as vocações, se subirmos de tom a nossa vida sacramental, se formos mais santos, mais alegres, se nos mostrarmos *mais apaixonados no exercício do nosso ministério. Um sacerdote "conquistado" por Cristo* (cf. Fl 3, 12) *pode mais facilmente "conquistar" outros para a opção de fazerem a mesma aventura*[14].

No âmbito das comunidades diocesanas e paroquiais, devese estimar e promover aqueles *grupos vocacionais* cujos membros oferecem sua contribuição de sacrifício

---

13 Cf. Concílio Ecumênico Vaticano II. Decreto sobre a Formação Sacerdotal *Optatam Totius*, n. 2.
14 São João Paulo II. Carta aos Sacerdotes por ocasião da Quinta-Feira Santa de 2005.

e de oração pelas vocações sacerdotais e religiosas, além de sua procura e descoberta, assim como no seu sustento moral e material. Pode ser muito útil, nesse sentido, formar um bom grupo de "coroinhas" e, entre eles, ir suscitando vocações incipientes que encontrarão acolhida e acompanhamento no âmbito da Pastoral Vocacional diocesana.

O mais importante, contudo, é a oração. Assim o expressa Bento XVI, glosando as palavras do Senhor: "Rogai, portanto, ao Senhor da messe para que envie trabalhadores para a sua messe!". Significa que a messe existe, mas Deus quer servir-se dos homens, a fim de que ela seja levada ao celeiro. Deus tem necessidade de homens. Precisa de pessoas que digam: "Sim, estou disposto a tornar-me o teu trabalhador na messe, estou disposto a ajudar, a fim de que esta messe que está a amadurecer nos corações dos homens possa verdadeiramente entrar nos celeiros da eternidade e tornar perene comunhão divina de alegria e de amor". "Rogai, portanto, ao Senhor da messe!". Isto quer dizer também que não podemos simplesmente "produzir" vocações, elas devem vir de Deus. Não podemos, como talvez noutras profissões, por meio de uma propaganda bem orientada, mediante, por assim dizer, estratégias adequadas, simplesmente recrutar pessoas. Antes de tudo, rogar ao Senhor da messe significa certamente rezar para isso, despertar o coração e dizer: "Fazei, por favor! Incentivai os homens! Acendei neles o entusiasmo e a alegria pelo Evangelho! Fazei-lhes entender que este é o tesouro mais precioso do que todos os outros tesouros e que quem o descobriu deve transmiti-lo!"[15].

---

15 Encontro do Santo Padre com os Presbíteros e Diáconos Permanentes na Catedral. Freising, 14 de setembro de 2006.

A oração e a Eucaristia: os pressupostos da nossa ação evangelizadora

Por assim dizer, os presbíteros foram "concebidos" por Jesus durante a prolongada noite de oração que precedeu a escolha dos doze Apóstolos, dos quais nós seríamos os sucessores[16].
Em decorrência desse fato,

> [...] os presbíteros manterão vivo o seu ministério mediante uma vida espiritual, à qual darão absoluta preeminência, evitando esquecê-la por causa das diversas atividades. Precisamente para poder realizar frutuosamente o ministério pastoral, o sacerdote tem necessidade de entrar numa particular e profunda sintonia com Cristo Bom Pastor, o qual permanece sempre o único protagonista principal[17].

Toda a eficácia prodigiosa de Pentecostes foi precedida pela oração: "Todos perseveravam em oração ao lado de Maria, a Mãe de Jesus" (cf. At 2, 41). Foi na oração que os apóstolos encontraram toda a força expansiva de uma ação que nada tem a invejar em relação à eficácia do programa de *marketing* de uma empresa multinacional. A oração foi como a mola comprimida, cujo impulso chegou até os últimos confins do Império Romano.

Queremos uma eficaz ação pastoral? Entremos diariamente no clima do Cenáculo; recolhamo-nos em oração.

---

16 Cf Lc 6, 12; Jo 17, 15-20.
17 *Diretório para o Ministério e a Vida do Presbítero*. Congregação para o Clero, Vaticano, 1994, n. 38.

Seria necessário proclamar a altos brados o segredo da eficiência da nossa atividade sacerdotal: oração, oração, oração!

O Senhor nos diz "Sem mim nada podeis fazer" (Jo 15, 5), mas com Ele tudo: "Tudo posso naquele que me dá forças" (Fl 4, 13).

João Paulo II, na Carta Apostólica *Novo Millennio Ineunte*, na qual nos dá as orientações fundamentais para o início do terceiro milênio, oferece-nos esta indicação preciosa, marcando a condição indispensável para a eficácia pastoral: "É necessário um *cristianismo que se destaque, antes de mais nada, na arte da oração*"[18].

Essas palavras, que já foram transcritas anteriormente por nós, são tão significativas como as que se seguem, também repetidas anteriormente:

> As nossas comunidades, amados irmãos e irmãs, devem *tornar-se autênticas escolas de oração*, onde o encontro com Cristo não se exprima apenas em pedidos de ajuda, mas também em ação de graças, louvor, adoração, contemplação, escuta, afetos da alma, até se chegar a um coração verdadeiramente apaixonado. Por isso, *é preciso que a educação para a oração se torne de qualquer modo um ponto qualificativo de toda a programação pastoral*[19].

A coisa está bem clara: sem oração não há eficácia pessoal, sem oração não podemos constituir verdadeiras comunidades eclesiais.

E nós temos de ser os *mestres, os educadores* dessas *autênticas escolas de oração*.

Um presbítero que falhe na oração — ninguém de nós pode ter nisto a menor dúvida — é um presbítero

---

18   São João Paulo II. *Novo Millennio Ineunte*, 17 de março de 2001, n. 32.
19   São João Paulo II. *Ibidem*, n. 32 e 33.

que falhará em toda a sua ação pastoral. A maioria das decepções e dos fracassos que encontramos nos nossos presbíteros se deve a essa falha radical.

É por isso que, entre as dez coordenadas indispensáveis para a nossa ação como presbíteros, colocamos a oração como ápice e cume: *o ponto qualificativo de toda a programação pastoral*, no dizer de João Paulo II. A nossa ação pastoral há de ser como uma irradiação, um extravasamento da nossa união pessoal com Jesus Cristo, real e verdadeiramente presente na Eucaristia.

"A Eucaristia é verdadeiramente uma fenda no céu que se abre sobre a terra. É um raio de glória da Jerusalém celestial, que penetra nas nuvens da nossa história e projeta luz sobre o nosso caminho"[20]. E a Eucaristia cobra o seu valor mais eminente na Santa Missa, o próprio sacrifício do calvário que se renova todos os dias, de forma incruenta, nas toalhas brancas do altar. No lugar mais insignificante da terra, "quando se celebra sobre o pequeno altar de uma Igreja no campo" — escreve o Santo Padre —, "a Eucaristia se celebra, de certo modo, *sobre o altar do mundo*; une o céu e a terra. Abraça e impregna toda a criação"[21]. Por isso as preces da Santa Missa, como a oração diante do sacrário, tornam-se mais vivas e eficazes. Parece que o Senhor imolado na consagração e encerrado no Sacrário — "prisioneiro por amor" — incita-nos a não nos encerrar em nós mesmos, em pôr-nos em movimento, em navegar para o alto-mar, para águas mais profundas: *Duc in Altum*.

---

20 São João Paulo II. *Encíclica "Ecclesia in Eucharistia"*, 17 de abril de 2003, n. 19.
21 *Ibidem*, n. 8.

"Os dois discípulos de Emaús" — escreve João Paulo II na Carta Apostólica *Mane Nobiscum* —, "depois de terem reconhecido o Senhor, partiram sem demora" (Lc 24, 33) para comunicar aquilo que tinham visto e ouvido. Quando se faz verdadeira experiência do Ressuscitado, nutrindo-se do seu Corpo e do seu Sangue, não se pode ter apenas para si a alegria provada. O encontro com Cristo, aprofundado de modo contínuo na intimidade eucarística, suscita na Igreja e em cada cristão *a urgência de testemunhar e de evangelizar*: entrar em comunhão com Cristo significa, ao mesmo tempo, experimentar o dever de fazer-se missionário"[22].

Essas palavras do Santo Padre não precisam de comentários: façamos nós a experiência íntima de uma via eucarística profunda e não nos faltará nunca a vibração necessária para evangelizar com o nosso testemunho e a nossa ação, de um modo extraordinariamente eficaz.

Evangelização missionária em extensão

A força e a vibração que nos outorga a oração e a Eucaristia deve mover-nos, de forma veemente, a uma incansável ação apostólica e missionária.

Não podemos instalar-nos num trabalho paroquial consolador, aconchegante, que não possua a santa inquietação de comunicar o fogo de Cristo a todas as pessoas que nos rodeiam. É incompatível com o ardor missionário uma "Pastoral de manutenção".

A nossa paróquia não deveria ser apenas um porto pacífico onde venham se abrigar as almas necessitadas

---

22   São João Paulo II. *Carta Apostólica Mane Nobiscum*. 2004, n. 24.

de consolo, mas também um porto do qual partam as barcas evangelizadoras à procura dessas outras almas que navegam em águas amargas, sem sentido para a vida e para a morte.

O grito do Senhor, *Duc in Altum*, que reascendeu João Paulo II no início do milênio, deve remover as nossas entranhas, deve ressoar na nossa oração e nos nossos sonhos. Tem de ser um arremesso para o mar alto, uma catapulta que nos impulsione às águas mais profundas.

Não podemos acomodar-nos num trabalho pastoral "conservador". É preciso lançar-nos à aventura das águas desconhecidas, a pescarias empenhativas e arriscadas.

Há um ponto do livro *Caminho* que com frequência vem à minha memória como um acicate, um estímulo: "Dizes que não podes fazer mais!? — Não será que... não podes fazer menos?"[23].

Não podemos contentar-nos com pouco. Os horizontes de Cristo são planetários: "Ide pelo mundo inteiro, evangelizai a gente de toda raça e de toda língua" (cf. Mt 28, 19; Mc 16, 15).

É uma missão magnânima, de dimensões mundiais, uma evangelização de vanguarda.

Penso que essa tarefa poderia ser orientada em dois sentidos: *em extensão e em profundidade*.

Há uma consciência generalizada de que a Igreja, em alguns ambientes, está perdendo terreno, sofrendo uma "sangria" provocada pela propaganda, às vezes desleal, de certas seitas que pouco têm de "evangélicas",

---

[23] São Josemaria Escrivá. *Caminho*, Editora Quadrante, 13ª ed., São Paulo, 2022, p. 33, n. 23.

e secundada pela atitude, um tanto acomodada, de alguns fiéis e pastores.

Diante dessa situação devemos tomar uma atitude decidida e urgente para realizar — em *extensão* — uma dilatada ação missionária. Como exemplo da mesma, a CNBB lançou o Projeto Nacional de Evangelização "Queremos ver Jesus — Caminho, Verdade e Vida", que tem uma riqueza muito grande de aspectos.

Dentre eles, o projeto cobra uma importância fundamental às chamadas "Missões Populares". Na atual conjuntura, essas missões estão revestidas de um caráter peculiar. Não consistem em grandes concentrações, eventos ou sermões, mas num contato pessoal — corpo a corpo — feito por um grande número de leigos e concretizada em *visitas domiciliares*.

O Santo Padre nos conclama a uma evangelização viva com *novo ardor, novos métodos* e *novas expressões*, e faz cristalizar esse desejo evangelizador naquele *Duc in Altum* — guia ao alto-mar, a águas mais profundas — que é como o lema da atitude apostólica do terceiro milênio.

Duc in Altum: não podemos pescar, apenas, em águas rasas, beirando a praia, no terreno conhecido, no ambiente católico ou paroquial. Temos de aventurar-nos em ambientes abertos a todos os ventos culturais, implantando comunidades católicas em cada rua e igrejas domésticas em cada lar. Não podemos acomodarnos: "O amor de Cristo urge-nos" (2 Cor 5, 14). Cada um de nós deveria sentir por dentro aquele clamor de Paulo: "Ai de mim se não evangelizar!" (1 Cor 9, 16).

Para um empreendimento dessas dimensões é necessário preparar um grande número de missionários que tenham formação suficiente para realizar uma ação rápida e eficaz. A formação dos missionários pode ter vários estágios cada vez mais aprofundados, mas pode-se começar com uma formação elementar e rápida que os preparará para fazer de modo adequado as *visitas domiciliares*, objetivo imediato mais forte e significativo do projeto missionário "Queremos ver Jesus".

Este projeto é, apenas, um exemplo. Podemos nós mesmos arquitetar outros vários. Todos, porém, hão de concretizar esse desejo de evangelizar *a gente de toda raça e de toda língua* (cf. Mt 28, 19).

Deveríamos unir-nos aos sentimentos do Episcopado da América Latina e Caribe, proclamando de forma pessoal e íntima que

> [...] assumimos o compromisso de uma grande missão em todo o Continente, que de nós exigirá aprofundar e enriquecer todas as razões e motivações que permitam converter cada cristão em discípulo missionário. Necessitamos desenvolver a dimensão missionária da vida de Cristo. *A Igreja necessita de forte comoção que a impeça de se instalar na comodidade, no estancamento e na indiferença, à margem do sofrimento dos pobres do Continente. Necessitamos que cada comunidade cristã se transforme num poderoso centro de irradiação da vida em Cristo. Esperamos um novo Pentecostes que nos livre do cansaço, da desilusão, da acomodação ao ambiente; esperamos uma vinda do Espírito que renove nossa alegria e nossa esperança.* Por isso, é imperioso assegurar calorosos espaços de oração comunitária que alimentem o fogo de um ardor incontido e tornem possível um atraente testemunho de unidade "para que o mundo creia" (Jo 17, 2 1)[24].

---

24 *Documento de Aparecida*, 13 a 31 de maio de 2007, 362.

Todos nós somos convocados "a *navegar mar adentro* para uma pesca abundante. Trata-se de sair de nossa consciência isolada e de nos lançarmos, com ousadia e confiança, à missão de toda a Igreja"[25].

Evangelização de vanguarda, em profundidade

Não basta uma ação em *extensão*, é preciso desenvolvê-la também em *profundidade*.
O que quer dizer isso? Quer dizer que não podemos contentar-nos com uma formação de caráter catequético. É preciso aprofundar. Um adolescente, de nível médio, que, talvez, esteja preparando-se para um curso universitário, tem atualmente uma capacitação técnica — com facilidade para o acesso à informática, à *internet*, ao mundo virtual, aos recursos eletrônicos — muito superior às informações humanas que recebe na catequese paroquial — que, em média, mal ultrapassam um nível primário e que não chegam ao superior ou universitário. Cria-se, assim, um desnível entre os seus conhecimentos técnicos e a sua formação acadêmica e cultural por um lado e, por outro, a informação e os recursos didáticos fornecidos pela paróquia.

A cabeça adquire capacidade para solucionar problemas de índole superior, mas a formação católica fica num nível elementar: não está preparada para enfrentar todas as questões que apresentam a mídia dominante, a vida social e universitária: relações entre razão e fé; conflitos entre os problemas sociais e políticos atuais

---

25 *Documento de Aparecida*, 13 a 31 de maio de 2007, 363.

e a doutrina social da Igreja; questões de sexualidade e de bioética: a justificação de algum tipo de aborto, a manipulação de embriões humanos, a utilização de células-tronco, os métodos artificiais de controle da natalidade etc.

O que acontece quando se dá essa desproporção entre capacidade intelectual superior e ensinamento religioso primário? Aparecem as dúvidas de fé, os questionamentos sobre a necessidade de uma adaptação da Igreja aos critérios secularizantes da modernidade (se não se quer ficar, dizem, incrustado na cultura da Idade Média), a revisão dos princípios sobre o relacionamento homem-mulher, sobre o homossexualismo, sobre o valor da "revolução sexual", da situação dos "recasados", da ordenação de mulheres, dos problemas de bioética etc.

Daí se deduz, em conclusão, a importância iniludível de nos empenharmos seriamente em dar uma formação profunda e completa aos leigos.

É certo que existe uma tentativa cada vez mais acentuada de formar "agentes de pastoral". Isso é relevante. Mas não se trata *apenas* disso. Trata-se de formar leigos para que sejam católicos atuantes no seu próprio meio: na família, no campo profissional, na participação em organizações culturais, empresariais, operárias, políticas etc. É este o trabalho *específico* dos leigos de acordo com a *Lumen Gentium* e a Exortação Apostólica *Christifideles Laici*: "Os leigos" — diz a *Lumen Gentium* — "vivem no meio do mundo, isto é, no meio de todas e cada uma das atividades e profissões, e nas circunstâncias ordinárias da vida familiar e social, as quais como que tecem a sua existência. Aí os chama Deus a contribuir, do interior, à maneira de *fermento, para a santificação do mundo, através de sua própria função*"[26].

O leigo não tem como função *específica* ajudar o padre. Não pode ser formado, apenas, para ser um *agente de pastoral*, mas um cidadão preparado, atuante, capacitado, que com a sua conduta coerente venha a dar testemunho de sua fé no seu próprio meio, a fim de "restaurar todas as coisas em Cristo" (Ef 1, 10).

Nós temos a responsabilidade inadiável e insubstituível de despertar nos leigos a consciência de que "a sua iniciativa é particularmente necessária quando se trata de descobrir, de inventar meios para impregnar as realidades sociais, políticas e econômicas com as exigências da doutrina e da vida cristã. Os fiéis leigos estão na linha mais avançada da vida da Igreja: graças a eles a Igreja é o princípio vital da sociedade humana"[27].

Poderíamos perguntar-nos: dentro dos planos pastorais da nossa paróquia, costumamos programar as atividades de tal forma que se procure capacitar realmente os fiéis da nossa comunidade — eles ao lado de outros — para que possam impregnar as realidades sociais, políticas e econômicas do nosso mundo? Sabemos preparar os nossos leigos para que estejam na vanguarda da vida social, a fim de serem o *princípio vital* da realidade em que vivemos? Limitamo-nos simplesmente a prepará-los para que desempenhem as suas funções dentro da paróquia — como colaboradores nossos —, contentando-nos somente em que se tornem eficientes *agentes de pastoral* e mais nada?

---

26 Constituição *Lumem Gentium* (Concílio Vaticano II), n. 31.
27 *Catecismo da Igreja Católica*, n. 899.

SACERDOTES para o terceiro milênio

Não compreendemos que essa mentalidade reduz a paróquia a uma "panelinha" fechada, a uma "redoma" ou a um *"curral pastoral"*, como alguns costumam pejorativamente denominá-la? É preciso dilatar o coração, torná-lo universal. Pensar mais na Igreja como um todo, preocupar-nos com este nosso imenso país de dimensões continentais e formar os nossos leigos para que sejam verdadeiramente protagonistas dos nossos destinos e não simples "paroquianos" ou caudatários de uma cultura materialista e pagã.

> Hoje, um padre — diz o Pe. Francisco Faus — não pode ficar satisfeito dentro de sua "bolha" eclesiástica, ou seja, tendo na paróquia ou comunidade, nas associações e movimentos, grupos fervorosos de fiéis que rezam, frequentam a Eucaristia, preparam celebrações excelentes, fazem reuniões maravilhosas, mas *tudo dentro da "bolha"*, sem se abrirem à responsabilidade de ser, cada um no seu ambiente (familiar, profissional, social e cívico), uma verdadeira tocha de luz para guardar e defender a verdade da criação, da Lei divina, atacada por todos os lados, de modo cada vez mais descarado, arrogante e agressivo.
> Não se pode contemplar o espetáculo com um cântico piedoso na boca e uma medalha no pescoço. É preciso sair à luta, com fé e espírito positivo — cada qual com os meios honestos ao seu alcance — para defender "o esplendor da verdade", hoje constantemente abafado, conspurcado, deturpado. Deve-se incentivar e articular uma *ação positiva de formação muito séria*, com cursos especializados a cargo de especialistas bem-preparados que ministrem uma orientação de atuação cívica fundamental, a fim de eles estarem capacitados para atuarem em organismos de classe, para apresentarem reivindicações aos políticos, às empresas, à mídia; elaborar artigos de sólido pensamento ou cartas aos jornais e à televisão etc.

Católicos fervorosos que não assumam essa responsabilidade, com coragem humilde, mas militante, no próprio coração do mundo (como pede a *Lumen Gentium* e todo o Magistério pós-concililar), esses católicos são os "novos beatos", os "novos 'carolas'".

Isso deve fazer pensar a nós, padres. Nós, que devemos proporcionar a mais sólida formação aos leigos. *Será que temos um preparo doutrinal e uma cultura à altura dessa tarefa? Será que não precisamos de uma revisão profunda do que nós entendemos por formação dos leigos?* É evidente que a base de tudo sem a qual tudo desmoronaria é a *catequese habitual e a piedade, a intensa vida de oração e a vida sacramental;* mas as circunstâncias atuais nos pedem para prepararmos, com uma séria formação, muitos leigos responsáveis (quantos mais, melhor), que conheçam a fundo os critérios relativos à lei divina natural, especialmente nos campos do matrimônio, da família, da sexualidade, da moda, do namoro, da santidade da vida conjugal, da bioética (que são os campos mais violentamente deturpados hoje em dia).

Neste sentido, é necessário preparar bem — vale a pena insistir — *cursos, ciclos de catequese, programas de conferências com especialistas de bom critério etc.*, para dar uma formação de altura.

É possível que muitos pastores tenham se contentado com fazer crescer a vida litúrgica e as obras de caridade, mas no campo da ética, da moral, das outras grandes virtudes, tenham ficado, sem reparar, num *panorama de "mínimos"* ("pode fazer, não é pecado!", é o mais que muitos sabem dizer), como que amedrontados, acocorados perante o ambiente pagão do mundo, que afeta e desorienta profundamente os católicos, e temerosos de exigir *o nível cristão da vida interior, da formação permanente, do apostolado pessoal, da castidade e da fidelidade, que é necessário que os leigos responsáveis possuam.* Ora, isso será impossível se não se puxa para uma forte vida de oração (*Novo Millennio Ineunte*, n. 32ss.) e de frequência de Sacramentos.

É preciso, sem dúvida, *ultrapassar essas linhas mínimas, medrosas, nada evangélicas*. E ajudar os leigos a deslancharem, com alegria, segurança e coragem, no caminho do *apostolado na família, no seu próprio ambiente e no coração do mundo*: não trabalharem só junto da túnica do padre e nos recantos das sacristias, mas no lar, na rua, no escritório, na oficina, no clube, no sindicato, nas organizações de classe, na mídia, no ambiente do esporte, na vida pública etc. (cf. *Lumen Gentium*, n. 34-36; *Christifideles Laici*, Cap. III e V etc.)[28].

É todo um programa ambicioso e exigente que representa um desafio para nós e mexe com os nossos brios apostólicos.

Nós, padres, devemos envidar esforços para que não falte, na nossa ação evangelizadora, o crescimento *tanto em extensão como em profundidade*. Temos de tentar abranger o maior número de pessoas e também formar em profundidade leigos, para que estes se empenhem em cristianizar as próprias estruturas sociais, em atingir o próprio coração do mundo político, empresarial, econômico, cultural, científico, e influir nos decisivos meios de comunicação social, para colocar Cristo no âmago e no cimo de todas as atividades humanas.

Para esse imenso trabalho, o padre tem de contar com a colaboração indispensável dos leigos. Assim o afirma enfaticamente Bento XVI: "O pároco não pode fazer tudo! É impossível! Não pode ser um 'solista', não pode fazer tudo, mas precisa de outros agentes pastorais. O pároco não deve só 'fazer', mas também 'delegar'"[29].

---

28 Francisco Faus. www.presbíteros.com.br.
29 Discurso do Papa Bento XVI durante o Encontro com os Sacerdotes da Diocese de Albano (Itália). Sala dos Suíços, Palácio Pontifício de Castel Gandolfo, 31 de agosto de 2006.

João Paulo II lembra nesse clamor — *Duc in Altum!* — as exigências da *nova evangelização*, que deverá representar para cada um como um novo Pentecostes: "Repeti muitas vezes nestes anos a 'chamada' à *nova evangelização*. Reitero-a agora, sobretudo para indicar que faz falta reavivar em nós o impulso das origens, *deixando-nos impregnar pelo ardor da pregação apostólica depois de Pentecostes*. Temos de reviver em nós o sentimento apremiante de Paulo, que exclamava: 'Ai de mim se não evangelizar!'" (1 Cor 9, 16)[30].

Maria, a estrela da nova evangelização

Antes de terminar não podemos deixar de lembrar-nos de Maria, a "Estrela da nova evangelização".

O extraordinário efeito evangelizador de Pentecostes, já dizíamos, encontra o seu pressuposto no prolongado espaço dedicado pelos apóstolos à oração, junto a Maria. Ela, como Mãe, reúne, entrelaça e funde na unidade os filhos entre si. Não por acaso estavam os discípulos "unidos em oração ao lado de Maria" (At 1, 14). A devoção à Virgem pode ser um dos laços mais fortes para vincular na unidade uma família, uma comunidade, uma diocese, e também um dos requisitos necessários mais eficazes para a nossa fecunda ação apostólica.

Foi patente em Pentecostes a força impetratória de Maria. É por isso que João Paulo II nos indica que "a imploração insistente da Mãe de Deus apoia-se na confiança de que a sua materna intercessão tudo pode no coração do Filho. Ela é 'onipotente por graça'". E o

---

30 São João Paulo II. Carta Apostólica *Novo Millennio Ineunte*, 6 de janeiro de 2001.

Papa, enriquecendo a sua assertiva, cita a interpretação estupenda dessa verdade que faz o grande poeta Dante: "Mulher, sois tão grande e tanto valeis que quem deseja uma graça e a vós não se dirige é como se quisesse voar sem asas"[31].

Neste nosso ininterrupto Pentecostes da vida, permaneçamos sempre implorando a ajuda do Paráclito ao lado de Maria. Assim estaremos preparados para receber a efusão contínua do Espírito Santo, indispensável para essa extraordinária missão de *pescadores de homens* que nos está destinada nesta alvorada do terceiro milênio.

Todo pescador precisa ter uma "isca". A nossa melhor "isca" é a alegria cristã, que atrai e cativa. Maria é invocada, na ladainha lauretana, como "Causa da Nossa Alegria". Com frequência, ela se apresentou aos homens — como em Lourdes — sorrindo de uma maneira encantadora. Santa Bernadette Soubirous, a vidente de Lourdes, diz-nos que a característica mais sedutora na extraordinária beleza de Maria era o seu sorriso[32].

Perto da Virgem Santíssima está também intercedendo por nós João Paulo II, proclamado *Santo* por uma multidão de mais de 300 mil fiéis que lotavam a Praça de São Pedro na manhã de 8 de abril de 2005, dia do seu enterro. Sim, João Paulo II, que quis representar Maria com um M maiúsculo sublinhado com o seu lema *Totus Tuus* — Maria, sou todo teu —, intercederá por nós para que aquela que é "Causa da Nossa Alegria" estampe em nós o seu sorriso cativante, a fim de

---

31 Dante Alighieri, *Divina Comédia*, par. XXXIII, 13-15.
32 François Trochu. *Bernardette Soubirous, la vidente de Lourdes*. Editora Herder. Barcelona, 1958, p. 101.

que os homens, ao olhar-nos, sintam-se atraídos por essa "isca" inigualável: assim nós poderemos tornar--nos verdadeiros "pescadores de homens", nesta *nova evangelização* a que o Papa nos conclama.

BIBLIOGRAFIA

ADAM, Karl. *Jesus Cristo*. São Paulo: Editora Quadrante, 1986.

ALEIXANDRE, Dolores, RSCJ. *Mémoire vive du "Jeu Pascal", Mystique et Taches de la Vie Réligieuse aujourd'hui*, Conferência na *Unione Internazionale Superiore Generali*, Roma, 3 de maio de 1998, texto poligrafado.

ALIGHIERI, Dante. *Divina Comédia*, Par. XXXIII, 13-15.

AQUINO, SÃO TOMÁS DE. *Summa Theologica*, I-II.

ARGENTINE, Beria Di. "A síndrome da subjetividade".

ARIAS, Juan. "Conclave pode eleger um santo", in: *O Globo*, 9 de abril de 2005.

BAUR, Benedikt. *A Vida Espiritual*. 3ª ed., Lisboa: Editora Rei dos Livros, 1995.

BENTO XVI. *Carta Encíclica Deus Caritas Est*, 25 de dezembro de 2005.

_____. *Discurso aos Sacerdotes e Diáconos da Diocese de Roma*. Cátedra de São João de Latrão, 13 de maio de 2005.

_____. *Discurso durante o Encontro com os Sacerdotes da Diocese de Albano (Itália)*. Sala dos Suíços, Palácio Pontifício de Castel Gandolfo, 31 de agosto de 2006.

_____. *Discurso no Encontro com os Sacerdotes e Religiosos*. Catedral de Varsóvia, 25 de maio de 2006.

_____. *Encontro do Santo Padre com os Presbíteros e Diáconos Permanentes na Catedral*. Freising, 14 de setembro de 2006.

_____. *Homilia durante a Concelebração Eucarística para a Ordenação de 22 Sacerdotes no Domingo do Bom Pastor.* Domingo, 29 de abril de 2007.

_____. *Homilia na Eucaristia de inauguração da V Conferência Geral do Episcopado Latino-americano*, 13 de maio de 2007, Aparecida, Brasil.

_____. *Homilia na Missa Crismal de Quinta-Feira Santa.* Basílica de São Pedro, 13 de abril de 2006.

_____. *Mensagem do Papa Bento XVI para o 43º Dia Mundial de Oração pelas Vocações*, 7 de maio de 2006 — IV Domingo de Páscoa.

_____. *Situação atual da fé e da teologia.* Conferência pronunciada no Encontro de Presidentes de Comissões Episcopais da América Latina para a Doutrina da Fé, celebrado em Guadalajara, México, 1996. Publicado em *L'Osservatore Romano*, em 1º de novembro de 1996.

CATECISMO DA IGREJA CATÓLICA.

CHARLES, Pierre. *Generosidade.* São Paulo: Editora Quadrante, 1982.

CHAUTARD, Jean-Baptiste. *L'ame de todo apostolat.* Lyon: Vitt, 1934.

CINTRA, Luiz F. *A oração.* São Paulo: Editora Quadrante.

COMISSÃO NACIONAL DA PASTORAL FAMILIAR DA CNBB. 1ª ed., Brasília-DF, 2004.

COMISSÃO NACIONAL DE PRESBÍTEROS. *O presbítero no mundo globalizado.* Itaici, São Paulo, 4 a 10 de fevereiro de 2004.

CONCÍLIO VATICANO II. *Constituição Lumem Gentium.*

_____. *Decreto sobre a Formação Sacerdotal Optatam Totius.*

_____. *Decreto sobre o Ministério e a Vida dos Sacerdotes Presbyterorum Ordinis.*

_____. *Congregação para o Clero — Diretório para o Ministério e a Vida do Presbítero*, Vaticano, 1994.

CORÇÃO, Gustavo. *Lições do Abismo.* Rio de Janeiro: Editora Agir, 1962.

_____. *O assunto é padre.* Rio de Janeiro: Editora Agir, 1968.

CRUZ, SÃO JOÃO DA. *Canções da alma e chama de amor viva.*

_____. *Lettere Spirituali*, Roma, 1669.

DACQUINO, Jiacomo. "Problemas psicológicos na vida do sacerdote", in: *Secularização e sacerdócio.* Braga, 1971.

DAL-GAL, Girolamo. *Pio X El Papa santo.* Madri: Ed. Palabra, 1985.

DAUJAT, Jean. *Viver o Cristianismo.* 2ª ed., Lisboa: Ed. Aster, 1973.

DOCUMENTO DE APARECIDA. *Texto conclusivo da V Conferência Geral do Episcopado Latino-Americano e do Caribe.* Ed. CNBB, Paulus e Paulinas, 13 a 31 de maio de 2007.

ELCID, Daniel. *El Hermano Francisco.* Madri: Editora Bac, 1981.

ESCRIVÁ, SÃO JOSEMARIA. *Amigos de Deus.* São Paulo: Editora Quadrante, 2000.

_____. *Caminho.* 13ª ed. São Paulo: Editora Quadrante, 2022.

_____. *É Cristo que passa.* São Paulo: Editora Quadrante, 1975.

_____. *Sacerdotes per l'eternità.* Milano, 1975.

FAUS, F. www.presbiteros.com.br.

FRANKL, Viktor. *Presença ignorada de Deus*. São Paulo, 1985.

GARRIGOU-LAGRANGE, Réginald. *Lastres edades de la vida interior*, 8ª ed., Madri: Editora Palabra, 1995.

GANDHI. *Palavras de Paz*. São Paulo: Editora Cidade Nova, cit. por CINTRA, Luiz F. *A oração*. Ed. Quadrante.

GEBSATTEL, Freiherr von. *La Comprensión del hombre desde uma perspectiva cristiana*. Madri: Editora Rialp, 1966.

IRMÃ LÚCIA. *O segredo de Fátima*. São Paulo: Editora Loyola, 1974.

São João Paulo II. *Carta aos Sacerdotes por ocasião da Quinta--Feira Santa de 2005*.

_____. *Carta Apostólica Mane Nobiscum*, 2004.

_____. *Carta Apostólica Novo Millennio Ineunte*, 6 de janeiro de 2001.

_____. *Diretrizes aos Bispos do Brasil*. São Paulo: Editora Loyola.

_____. *Discurso às organizações católicas de caridade e de consistência social*. San Antonio, Texas, 13 de setembro de 1987.

_____. *Encíclica Ecclesia in Eucharistia*, 17 de abril de 2003.

_____. *Exortação Apostólica Pastores Dabo Vobis*, 25 de março de 1992.

_____. *Homilia da Missa de Ordenação de Sacerdotes*. Maracanã, Rio de Janeiro, 2 de julho de 1980.

_____. *Levantai-vos! Vamos!* Barcelona: Editora Plaza & Janés, 2004.

BIBLIOGRAFIA

JORGENSEN, Johanes. *Francisco de Assis.* Lisboa: Editora Áster, 1960.

Jornal *O Globo*, 20 de fevereiro de 2000, p. 26.

LAMA, Enrique de la & SECO, Lucas F. Mateo. *Boletim sobre espiritualidade sacerdotal.* Scripta Theologica 31 (1999/3).

LA ROCHEFOUCAULD, François. *Reflexões e Máximas Morais.* São Paulo: Editora Cultrix, 1962.

LAUAND, Luiz Jean. *Ética: questões fundamentais.*

LEIBNITZ, Gottfried W. "Discurso sobre la Metafísica, 36, 37", in: MARÍAS, Julián. *La Felicidad Humana.* Madri: Editora Alianza, 1981.

LIGÓRIO, SANTO AFONSO MARIA DE. *A prática do amor a Jesus Cristo.* Aparecida: Editora Santuário, 2002.

LISIEUX, Santa Teresa de Ávila DE. *Manuscritos autobiográficos,* C25r.

LLANO CIFUENTES, Rafael. *A Força da Juventude.* Petrópolis: Editora Vozes, 1999.

_____. *A Maturidade.* São Paulo: Editora Quadrante, 2003.

_____. *Crises conjugais e conflitos afetivos,* São Paulo: Editora Quadrante, 2001.

MARÍAS, Julián. *La Felicidad Humana.* Madri: Editora Alianza, 1981.

MARIN, A. Royo, OP. *Teologia de la Perfeccion Cristiana.* Biblioteca de Autores Cristianos, Madri, 1968.

MOHANA, João. *Paz pela Oração.* Rio de Janeiro: Editora Agir, 1977.

MOOG, Vianna. *Bandeirantes e pioneiros.* Rio de Janeiro: Editora Globo, 1977.

PAULO VI. *Revista Palabra*. Madri, março de 1978.

PLUTARCO. *Alexandre, o Grande*. Editora Ediouro, 2004.

PORTILLO, Álvaro Del. *Escritos sobre el Sacerdocio*. Madri: Editora Palabra, 1970.

POSSRN10. *Vita Sancti Aurelli Augustini*, 31: PL. 32.

POSTULACIÓN DE LA CAUSA DE BEATIFICACIÓN Y CANONIZACIÓN DEL SIERVO DE DIÓS JOSEMARÍA ESCRIVÁ DE BALAGUER, Roma, 1979.

PRADA, Andrés V. de. *O fundador do Opus Dei*. São Paulo: Editora Quadrante, 1989.

RADEMACHER Arnold. *Religião e Vida*. Lisboa: Editora Áster, 1964.

RIAUD, Alexis. *A ação do Espírito Santo*. São Paulo: Editora Quadrante, 1998.

RIBET, Jerôme. *L'ascétique chrétienne*. e. 41.

ROYO MARIN, Antonio, OP. *Teologia de la Perfeccion Cristiana*, Biblioteca de Autores Cristianos. Madri, 1968.

ROJAS, Enrique. *El hombre light*. 13ª ed., Madri: Editora Temas de Hoy. 1997.

SAINT-EXUPÉRY, Antoine. *Terra dos homens*. 17ª ed., Rio de Janeiro: Editora José Olympio, 1973.

SALES, SÃO FRANCISCO DE. *Introdução à vida devota*. 6ª ed., Petrópolis: Editora Vozes, 1948.

SANTA TERESA DE ÁVILA. *As Fundações*, Petrópolis: Editora Vozes, 1956.

_____. *Livro da Vida*. Cap. 33, Petrópolis: Editora Vozes, 1951.

_____. *Obras completas* — *Livro da Vida*. Cap. XII. Petrópolis: Editora Vozes, 1961.

_____. *Pensamentos*, cap. VIII.

_____. *Poesias*, cap. XIX.

SANTO AGOSTINHO. *Confissões*.

_____. *Comentário ao Evangelho de São João*, 30.

_____. *De Natura et Gratia*, c. 43.

SÃO BERNARDO. *In Cant. Serm.* 18.

SÃO PIO X. *Exortação Harent Animo.* No quinto aniversário da sua ordenação sacerdotal.

SCHELER, Max. *El Sentimiento de La Moral.* Madri: Editora Caparrós, 1993.

SECREN — Secretaria Executiva Nacional da Pastoral Familiar. 5ª ed., Brasília-DF, 2002.

SELLMAIR, Josef. *O Sacerdote do mundo.* Lisboa: Editora Áster, 1965.

SGARFOSSA, Maria & GIOVANNINI, Luigi. *Um Santo para cada dia.* São Paulo: Edições Paulinas, 1983.

TEPE, Valfredo. *O sentido da vida.* 4ª ed., Salvador: Mensageiro da Fé, 1972.

THUẬN, CARD. F. X. NGUYỄN VĂN. *El gozo de la esperanza.* 2ª ed., Madri: Editora Ciudad Nueva, 2004.

TORELLO, Johannes Batista. *Psicologia aberta.* São Paulo: Editora Quadrante, 1987.

TRESE, Leo. *Diálogo sobre o Sacerdócio.* Lisboa: Editora Aster, 1967.

_____. *Vaso de Argila.* São Paulo: Editora Quadrante, 1988.

TROCHU, François. *Bernardette Soubirous. La vidente de Lourdes.* Barcelona: Editora Herder, 1958.

URIARTE, Juan Maria. *A espiritualidade do ministro presbiteral.* São Paulo: Editora Loyola, 2000.

URTEAGA, Jesús. *O valor divino do humano.* São Paulo: Editora Quadrante, 1968.

VIEUJEAN, Jean. *Teu outro eu.* Rio de Janeiro, 1960.

VIRGÍLIO. *Eneida I.*

WASSERMANN, Jakob. *Etzel.Andergast.* Buenos Aires, 1946.

WOHL, Louis de. *El oriente en llamas.* Biografia de São Francisco Xavier, Madrid: Edicciones Palabra.

Direção geral

Renata Ferlin Sugai

Direção de aquisição

Hugo Langone

Produção editorial

Sandro Gomes

Juliana Amato

Gabriela Haeitmann

Ronaldo Vasconcelos

Roberto Martins

Capa

Gabriela Haeitmann

Diagramação

Sérgio Ramalho

ESTE LIVRO ACABOU DE SE IMPRIMIR
A 01 DE JUNHO DE 2024,
EM PAPEL PÓLEN NATURAL 70 g/m².